KB189828

한 시간 만에
게임
만들기

한 시간 만에 게임 만들기

KOICHIJIKAN DE GAME WO TSUKURU: 7TSU NO TEIBAN GAME NO PROGRAMMING WO TAIKEN by Gamedokan
Copyright ⓒ 2022 Gamedokan
All rights reserved.
Original Japanese edition published by Gijutsu-Hyoron Co., Ltd., Tokyo

This Korean language edition published by arrangement with Gijutsu-Hyoron Co., Ltd., Tokyo in care of Tuttle-Mori Agency, Inc., Tokyo, through Shinwon Agency, Co., Ltd., Seoul.

ISBN 978-89-314-7846-4

독자님의 의견을 받습니다.
이 책을 구입한 독자님은 영진닷컴의 가장 중요한 비평가이자 조언가입니다. 저희 책의 장점과 문제점이 무엇인지, 어떤 책이 출판되기를 바라는지, 책을 더욱 알차게 꾸밀 수 있는 아이디어가 있으면 팩스나 이메일, 또는 우편으로 연락주시기 바랍니다. 의견을 주실 때에는 책 제목 및 독자님의 성함과 연락처(전화번호나 이메일)를 꼭 남겨 주시기 바랍니다. 독자님의 의견에 대해 바로 답변을 드리고, 또 독자님의 의견을 다음 책에 충분히 반영하도록 늘 노력하겠습니다.

주 소 : (우)08512 서울특별시 금천구 디지털로9길 32 갑을그레이트밸리 B동 10층 (주)영진닷컴
이메일 : support@youngjin.com
※ 파본이나 잘못된 도서는 구입처에서 교환 및 환불해드립니다.

STAFF

저자 게임도칸 | **총괄** 김태경 | **진행** 현진영 | **디자인·편집** 김효정
영업 박준용, 임용수, 김도현, 이윤철 | **마케팅** 이승희, 김근주, 조민영, 김민지, 김진희, 이현아
제작 황장협 | **인쇄** 예림

한 시간 만에 게임 만들기

게임도칸 저 | 유세라, 김은철 역

YoungJin.com **Y.**
영진닷컴

이 책의 예제는 다음의 환경에서 동작을 확인했습니다.

- Visual Studio 2022 Community Edition
- Windows 11, Windows 10

Visual Studio 2022 Community Edition은 개인 혹은 조건에 맞는 조직에서는 무료로 이용할 수 있습니다. 라이선스에 관한 자세한 내용은 다음 문서를 참조하세요.

https://visualstudio.microsoft.com/ko/license-terms/vs2022-ga-community/

이 책에 기재된 정보는 특별한 언급이 없는 한 번역 시점(2024년 3월)의 정보에 근거합니다. 사용할 때는 변경되었을 가능성이 있으니 주의하시길 바랍니다.

이 책에 기재되어 있는 회사명·제품명은 일반적으로 각 회사의 등록 상표 또는 상표입니다. 이 책 안에서는 TM, ©, ® 마크 등은 표시하지 않습니다.

이 책은 컴퓨터 게임의 각 장르를 대표하는 7편의 게임 제작 방법을 실제 개발 절차 순으로 설명합니다. 프로그래밍 경험이 없더라도 차례대로 따라가면 반드시 완성할 수 있도록 구성했습니다. 언어 기능 설명은 하지 않지만, 매 과정마다 동작 확인을 하므로 각 명령문의 역할을 이해하기 쉽게 구성했습니다.

사용하는 앱은 통합 개발 환경 "Visual Studio"뿐이며 특별한 라이브러리나 기존 코드는 전혀 사용하지 않고 모든 것을 처음부터 작성합니다. 다만, 키보드 입력 처리에 Windows 고유의 함수를 사용하므로 Windows 전용 프로그램이라고 할 수 있습니다.

이 책에서 사용하는 Visual Studio 버전은 무료판 "Community 2022"입니다. 버전이 다르면 프로젝트 작성 방법 등이 다를 수 있습니다. 사용하는 OS는 "Windows 11"이지만, "Windows 10"에서도 동작을 확인했습니다.

사용하는 언어는 "C 언어"의 상위 호환인 "C++"입니다. Java, C#, JavaScript 등 다른 언어는 알지만 C++는 모르는 사람도 이해하기 쉽도록 가능한 한 C++ 고유의 기능(포인터 등)은 사용하지 않으며 다른 언어와 공통 또는 동등한 기능을 사용합니다.

작성하는 게임의 그래픽은 콘솔(사용자와 컴퓨터가 문자열의 입출력을 통해 대화하는 창)에 출력하는 아스키아트(ASCII ART)만으로 재현합니다. 여기에는 '그래픽이 있는 경우에 비해 작업량이 줄어든다'는 장점과 '아스키아트만으로도 게임을 만들 수 있다!'는 재미가 있습니다.

수록 타이틀

이 책의 수록 타이틀은 인기가 있는 대표 장르 중 프로그래밍이나 게임 내용에 중복이 없도록 다양한 라인업을 준비했습니다. 난이도나 분량을 기반으로 장을 구성했으므로 순서대로 작성하는 것을 상정하였으나 어떤 것부터 시작해도 좋습니다.

제1장 왕도 RPG의 전투 장면

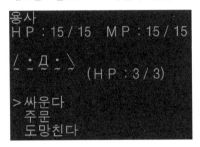

텍스트 기반의 클래식 RPG 전투 장면을 구현합니다. 회복 주문으로 HP를 회복시키면서 몬스터를 쓰러뜨립니다.

제2장 라이프 게임

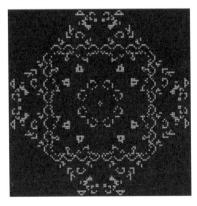

생명의 탄생, 번식, 도태 등을 재현한 보고 즐기는 시뮬레이션 게임입니다. 단순한 규칙을 지정해 주면 복잡하게 변화해 나갑니다. 만드는 법의 설명뿐만 아니라 기하학적으로 변화해 나가는 재미있는 패턴도 소개합니다.

제3장 리버시

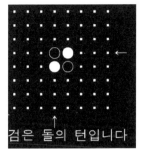

상대방의 돌을 자신의 돌로 막아 자신의 돌로 바꾸어 늘려가는 대표적인 보드게임입니다. 2명의 플레이어가 대결하는 대전 모드 외에 혼자서도 즐길 수 있는 AI와의 대전 모드, 또한 AI끼리의 대전을 통한 관전 모드도 추가합니다.

제4장 낙하물 퍼즐 게임

떨어지는 블록을 빈틈없이 채워서 가로줄을 맞춰 없애는 낙하물 퍼즐 게임입니다.

제5장 도트잇 게임

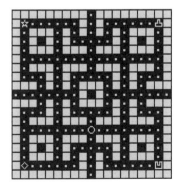

미로 안에 배치된 도트를 먹어 치우는 액션 게임입니다. 경로 탐색 알고리즘 등을 이용한 AI로, 개성적인 4종의 몬스터를 등장시켜 플레이어를 바짝 뒤쫓습니다.

제6장 유사 3D 던전 게임

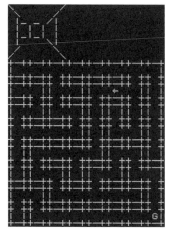

랜덤 미로를 생성하고 유사 3D 시점으로 탐험합니다. 디버그 기능으로 생성된 미로를 2D 맵으로 표시하는 기능도 구현합니다.

제7장 전국 시대 시뮬레이션 게임

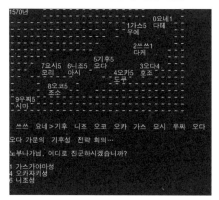

일본 전국 시대를 무대로 한 전략 시뮬레이션 게임입니다. 전쟁으로 영토를 확대하고 천하 통일을 목표로 합니다. 전국 지도를 배경으로 한 전략 장면과 공성전 장면을 구현합니다.

Appendix 1 삼국지

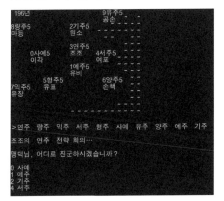

전국 시대를 무대로 한 제7장의 게임 데이터를 수정하여 삼국지 게임으로 개조합니다.

Appendix 2 왕도 RPG 완전판

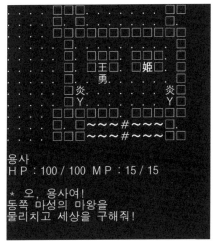

제1장의 RPG 전투 장면에 필드 장면을 추가하여 간단하면서 완전한 RPG로 완성시킵니다.

C++ 콘솔 프로그램의 개발 환경을 설정한다

이 책의 게임을 개발하기 위해 Visual Studio를 사용하는 C++ 개발 환경을 설정합니다.

Visual Studio를 설치한다

Visual Studio를 배포 페이지에서 다운로드하고 설치합니다.

❶ Visual Studio의 공식 사이트(https://visualstudio.microsoft.com/ko/vs/)를 엽니다.
❷ 「Visual Studio Community」를 바탕 화면 등 알기 쉬운 곳에 다운로드합니다.
❸ 다운로드한 설치 프로그램을 더블 클릭하여 설치를 시작합니다.
❹ 설치 중에 표시되는 [워크로드] 선택 화면에서는 [C++를 사용한 데스크톱 개발]에 체크합니다.

■ [C++를 사용한 데스크톱 개발]에 체크한다

❺ 「Microsoft 계정」의 입력을 요청하므로 작성합니다.

설치 관리자가 닫히면 완료입니다. 이제 C++ 개발 환경 설정이 완료되었습니다.

C++ 프로젝트를 생성한다

Visual Studio의 프로그램은 「프로젝트」라는 단위로 관리됩니다. 여기에는 프로그램을 기술하는 「소스 파일」 등이 포함됩니다.

이 책의 게임은 일부 프로그램을 공유하지 않고, 각각 완전히 독립된 프로젝트로 생성할 예정입니다.

그럼, Visual Studio에서 C++를 사용한 콘솔 앱 프로젝트를 생성합니다. 여기에서 생성하는 프로젝트는 각 장에서 작성하는 모든 게임의 공통 베이스가 됩니다.

❶ Visual Studio를 실행하여 대화상자가 열리면 [새 프로젝트 만들기]를 선택합니다.

■ Visual Studio 첫 화면

❷ [새 프로젝트 만들기] 대화상자에서 프로젝트 템플릿의 목록에서 [빈 프로젝트]를 선택하고 [다음]을 선택합니다.

■ [새 프로젝트 만들기] 대화상자

❸ [새 프로젝트 구성] 대화상자에서 [프로젝트 이름]과 [위치]를 설정하고 [만들기]를 선택합니다. [위치]는 프로젝트 파일이 생성되는 곳입니다. 데스크톱 등 알기 쉬운 곳으로 변경하는 것이 좋습니다.

■ [새 프로젝트 구성] 대화상자

프로젝트 생성이 끝나면 Visual Studio 창이 표시됩니다. 이제 C++ 프로젝트가 생겼습니다.

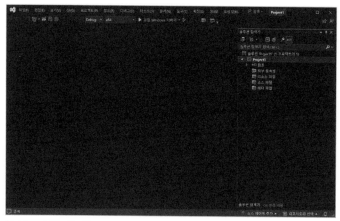

■ Visual Studio 창

소스 파일을 프로젝트에 추가한다

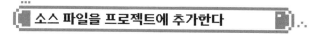

프로그램을 기술할 소스 파일을 프로젝트에 추가합니다.

❶ 메인 메뉴에서 [프로젝트]-[새 항목 추가] 순으로 선택하여, [새 항목 추가] 대화상자
를 엽니다.

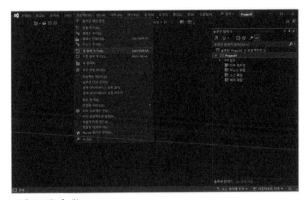

■ [프로젝트] 메뉴

❷ [C++ 파일]을 선택하고 [추가] 버튼을 누르면 소스 파일이 추가됩니다.

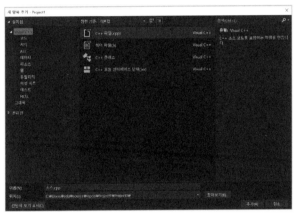

■ [새 항목 추가] 대화상자

창의 왼쪽에 표시되어 있는 것이 코드 에디터입니다. 프로그램은 여기에 기술합니
다. 오른쪽의 「솔루션 탐색기」는 여러 개의 소스 파일을 전환할 때 등에 사용하는
데, 이 책에서는 1개의 프로젝트당 1개의 소스 파일만 사용하므로 닫아도 됩니다.

역주 이 화면이 표시되지 않으면, 「새 항목 추가」 대화상자에서 「모든 템플릿 표시」를 선택하세요.

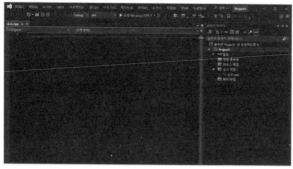

■ 코드 에디터

이제 C++ 프로그램을 개발할 준비가 되었습니다.

C++ 프로그램의 작성과 이 책을 읽는 방법

문자열을 표시하는 「Hello world」 프로그램을 작성한다

이 책에서는 최소한의 단계별로 처리를 분할하고, 이를 추가하면서 동작을 확인하는 형식으로 프로그램을 작성합니다. 따라서 간단한 프로그램 작성을 통해서 이 책을 어떻게 읽어나가며 프로그램을 작성하는지를 설명하겠습니다.

우선, 소스 파일의 어디에 무엇을 작성할지를 주석으로 표시해 둡니다. 주석은 프로그램에 영향을 미치지 않으므로 자유롭게 수정하거나 생략할 수 있습니다. [1] 다음에는 헤더 파일을 인클루드하는 코드를 작성하고, [2] 다음에는 함수의 선언을 작성합니다.

```
//  [2]  함수를 선언하는 곳
//  [2-1] 프로그램의 실행 시작점을 선언한다
```

소스 파일에 프로그램의 실행 시작점인 main() 함수를 선언하겠습니다. 이 책에서는 새롭게 추가하는 코드는 밝게 되어 있고, 이미 작성해 둔 코드는 어둡게 되어 있습니다. [2-1]은 함수를 선언하는 곳인 [2]에 작성하는 1번째 함수를 의미합니다.

```
// [2] 함수를 선언하는 곳

// [2-1] 프로그램의 실행 시작점을 선언한다
int main()
{
}
```

프로그래밍 언어로 작성된 소스 파일을 실행 가능한 파일로 변환하는 것을 빌드라고 합니다. F5 키를 누르면 프로그램이 빌드되고, 오류가 없으면 프로그램 디버그가 시작됩니다.

■ 콘솔이 표시된다

프로그램이 실행되면 콘솔 창이 열리고, 프로그램 종료를 알리는 메시지가 표시됩니다. 그러나 프로그램이 끝날 때마다 매번 이 메시지가 표시되는 것은 성가십니다.

■ 메뉴바에서 [옵션]을 선택

표시된 메시지에 따라 메인 메뉴에서 [도구]-[옵션]을 차례로 선택하여 옵션 대화상자를 엽니다.

[디버깅]-[디버깅이 중지되면 자동으로 콘솔 닫기]에 체크를 합니다.

■ 옵션 대화상자

실행하여 종료하면, 이번에는 종료할 때 메시지가 나타나지 않고 콘솔이 자동으로 닫힙니다.

다음으로 프로그램이 바로 종료되지 않도록 메인 루프를 추가합니다. 이는 프로그램이 종료될 때까지 반복하는 무한 루프입니다. [2-1-3]은 [2-1]의 main() 함수에 기술하는 3번째 코드입니다. 이것은 이 다음에 이 위의 행에 2개의 코드가 추가된다는 의미입니다.

```cpp
// [2-1] 프로그램의 실행 시작점을 선언한다
int main()
{
    // [2-1-3] 메인 루프
    while(1)
    {
    }
}
```

창이 계속해서 표시됩니다.

■ 창이 계속해서 표시된다

문자열을 표시하기 위해서 <stdio.h>를 인클루드합니다.

```
// [1] 헤더를 인클루드하는 곳
#include <stdio.h> // [1-1] 표준 입출력 헤더를 인클루드한다
```

문자열 「Hello world」를 출력합니다. 「Hello world」는 「Hello world」라는 문자
열을 표시하는 프로그램의 통칭입니다. C 언어 이외의 모든 언어에서도 최초로
작성하는 가장 단순한 프로그램으로 유명합니다. 이 책에서도 이에 따라 「Hello
world」부터 시작합니다.

　　메인 루프에 들어가기 전에 문자열 「Hello world」를 printf() 함수로 출력합니
다. …은 이미 작성된 코드의 표기를 생략한다는 의미입니다.

```
// [2-1] 프로그램의 실행 시작점을 선언한다
int main()
{
    printf("Hello world"); // [2-1-1] 문자열을 표시한다

    ...
}
```

실행하면 콘솔에 문자열 「Hello
world」가 표시됩니다.

■ 문자열이 표시된다

메시지를 전각 알파벳으로 표시한다

　　이 책에서는 기본적으로 전각 문자를 사용한 아스키아트로 게임 화면을 구성
합니다. 이번에는 전각 문자로 「ＨＥＬＬＯ　　ＷＯＲＬＤ」라고 출력합니다.

```
// [2-1] 프로그램의 실행 시작점을 선언한다
int main()
{
    printf("Hello world"); // [2-1-1] 문자열을 표시한다
    printf("ＨＥＬＬＯ　ＷＯＲＬＤ"); // [2-1-2] 전각 문자열을 표시한다
    ...
}
```

실행하면 이번에는 문자열 「HELLO
WORLD」도 표시됩니다. 그러나 연
속으로 표시되면 보기 힘듭니다.

■ 1행으로 표시된다

그래서 각 문자열의 마지막에 줄바꿈 코드 \n을 추가합니다.

```
    printf("Hello world\n"); // [2-1-1] 문자열을 표시한다
    printf("ＨＥＬＬＯ　ＷＯＲＬＤ\n"); // [2-1-2] 전각 문자열을 표시한다
```

실행하면 이번에는 줄바꿈되어 보기
쉽습니다.

■ 각 행이 줄바꿈된다

위의 「Hello world」는 지워도 되지만, 나중에 다시 표시하고 싶을 수도 있으니, 코
드는 남겨두고 실행되지 않게 합니다. 행의 앞에 //를 추가하여 주석 처리합니다.

```
//[2-1] 프로그램의 실행 시작점을 선언한다
int main()
{
//    printf("Hello world\n"); // [2-1-1] 문자열을 표시한다
```

```
    ...
}
```

■ 반각 문자열이 주석 처리된다

실행하면 이번에는 문자열은 사라지고 전각 문자열만이 표시됩니다.

축하합니다! 이제 첫 프로그램이 완성되었습니다. 아직 문자열만 표시한 것이지만 제로에서부터 확실한 한 걸음을 내디뎠습니다. 전각 문자 출력 방법을 모른다면 P.116을 참고하세요.

게임에 맞는 화면 레이아웃을 설정한다

이 책에서 앞으로 작성하는 게임은 게임 화면이 커지도록 각 장별로 개별 설정을 실시합니다.[1] 이 프로그램도 화면이 커지도록 콘솔 설정을 변경하겠습니다.

실행 중인 콘솔의 타이틀 바를 우클릭하고, [속성]을 선택하여 속성 대화 상자를 엽니다.

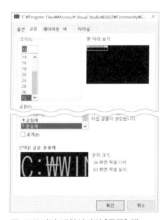

[글꼴] 탭으로 전환하면 문자 크기와 글꼴을 선택할 수 있습니다. [크기]를 [72], [글꼴]을 [돋움체]로 설정합니다.

■ 프로퍼티 대화상자의 [글꼴] 탭

1 이 책에서 소개하는 설정은 풀 HD(1920x1080)용입니다. 사용하는 디스플레이의 해상도에 맞게 조정하세요.

[레이아웃] 탭에서 화면 크기를 문자 단위로 설정할 수 있습니다. [화면 버퍼 크기]와 [창 크기]의 [폭]을 24, [높이]를 2로 설정하고 [확인]을 선택합니다.

■ 속성 대화상자의 [레이아웃] 탭

설정이 완료되면 콘솔의 레이아웃이 변경됩니다. 이로써 프로그램의 표시 내용에 맞는 콘솔의 설정을 완료했습니다.

■ 콘솔 설정이 적용된다

글자 깨짐 현상이 발생할 경우의 대처

샘플 코드를 실습하면 1장, 3장, 5장, 6장, 9장에서 글자 깨짐이 발생합니다.
글자 깨짐을 고치기 위해 우선은 Visual Studio에서 다루는 문자 코드를 UTF-8로 변경합니다.

■ 프로젝트의 속성 설정

❶ 메뉴 바에서 [프로젝트]–[Project 1 속성]을 선택하고 프로젝트 속성 대화 상자를 엽니다.
❷ [구성 속성]–[C/C++]–[명령줄]을 선택합니다.
❸ [추가 옵션]에 인코딩 설정으로 「/utf-8」을 추가합니다.
❹ [확인]을 선택하여 변경 사항을 저장합니다.

다음에 콘솔의 문자 세트를 UTF-8로 설정합니다.

```
// [6] 프로그램 실행의 시작점을 선언한다
int main()
{



    ...

}
```

마지막으로 표준 라이브러리 헤더가 인클루드되어 있지 않다면 인클루드합니다.

```
#include <stdlib.h> // [1-2] 표준 라이브러리 헤더를 인클루드한다
```

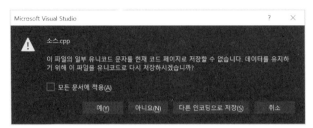

■ 알림이 표시된다

설정한 문자열에 기본 인코딩(MS949)에서는 표시할 수 없는 문자를 포함하고 있어서 알림이 표시됩니다. 여기는 「예」를 선택하고 소스 코드의 인코딩을 UTF-8로 변경합니다. MS949에서는 1 문자가 2 바이트지만, UTF-8에서는 1 문자가 3 바이트입니다. 참고로 샘플 코드를 실습하면 1장, 3장, 5장, 9장에서 인코딩 알림이 표시됩니다.

여기까지로 이 책의 전체 장에서 공통의 프로그램 베이스 부분이 되는 C++ 프로젝트의 작성과 콘솔에 문자열 출력이 완성되었습니다. 이로써 모든 준비는 끝났습니다. 그럼, 다음 장부터 시작되는 게임 프로그래밍 모험을 떠나 어려운 퀘스트도 하나씩 클리어하며 미지의 세계를 정복합시다!

샘플 코드 다운로드

이 책에서 개발하는 게임의 샘플 코드는 다음의 지원 페이지에서 다운로드할 수 있습니다.

https://github.com/Youngjin-com

목차

제 1 장 왕도 RPG의 전투 장면
명령 선택과 메시지 표시를 통한 턴제 배틀

제 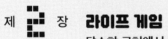 장 # 라이프 게임
단순한 규칙에서 생성되는 복잡한 생명 시뮬레이션

제　장

리버시
모눈 단위의 데이터 처리와 AI 구현

제 **4** 장 **낙하물 퍼즐 게임**
떨어지는 블록을 맞춰서 지우는 실시간 퍼즐

제 **5** 장   **도트잇 게임**
실시간 액션과 4종의 AI

제 **6** 장 **유사 3D 던전 게임**
아스키아트로 유사 3D를 재현

제 **7** 장 **전국 시뮬레이션 게임**

히데요시도 깜짝 놀랄걸! 하룻밤 사이에 전국 시뮬레이션

Appendix 1   전국 시뮬레이션 게임을 삼국지로 개조한다
데이터를 변경하여 전국을 삼국으로!

전국 시뮬레이션 게임의 데이터를 변경하여

Appendix **2**

왕도 RPG 완전판

전투 장면에 필드 장면을 추가하여
완전한 RPG로 완성하자!

제  장

왕도 RPG의 전투 장면

명령 선택과 메시지 표시를 통한 턴제 배틀

텍스트 기반으로 진행하는 RPG의 전투 장면

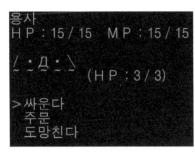

```
용사
H P : 15 / 15    M P : 15 / 15

/ : Д : \
          ( H P : 3 / 3 )

>싸운다
 주문
 도망친다
```

■ 이 장에서 만들 게임의 화면

이 장에서는 텍스트 기반으로 진행하는 RPG 전투 장면을 구현합니다. 플레이어의 명령을 선택하고, 플레이어와 적이 교대로 행동할 때까지를 1턴으로 설정하여, 이를 승부가 날 때까지 반복합니다.

이 전투 시스템은 비디오 게임의 초기인 1981년에 해외에서 등장한 PC 게임 『위저드리』에서 시작되어, 1986년에 패밀리 컴퓨터용으로 발매된 RPG 『드래곤 퀘스트』에 채용되고 폭발적으로 히트하여 정착되었습니다.

RPG에서 가장 흥분되는 순간은 최종 보스와의 라스트 배틀일 것입니다. 최종 보스와의 전투는 HP를 회복하면서 싸워야 하는 장기전이 기본입니다. 이 장의 게임에서는 이 최종 보스전이 성립하기 위한 최소한의 사양으로서 회복 주문을 구현합니다.

프로그램의 기본 구조를 작성한다

프로그램의 베이스 부분을 작성한다

첫 작업으로 소스 파일의 어디에 무엇을 기술할지를 주석으로 표시합니다.

```
// [1] 헤더를 인클루드하는 곳

// [2] 상수를 정의하는 곳

// [3] 열거 상수를 정의하는 곳
```

```
// [4] 구조체를 선언하는 곳

// [5] 변수를 선언하는 곳

// [6] 함수를 선언하는 곳
```

프로그램의 실행 시작인 main() 함수를 선언합니다.

```
// [6] 함수를 선언하는 곳

    // [6-6] 프로그램의 실행 시작점을 선언한다
    int main()
    {
    }
```

실행하면 창이 순간 표시되고 종료됩니다.

다음으로 전투 장면의 처리를 담당할 함수 Battle을 선언합니다.

```
// [6] 함수를 선언하는 곳

    // [6-4] 전투 장면의 함수를 선언한다
    void Battle()
    {
    }

    ...
```

main() 함수에서 전투 장면의 함수 Battle을 호출합니다.

```
// [6-6] 프로그램의 실행 시작점을 선언한다
int main()
{
    // [6-6-3] 전투 장면의 함수를 호출한다
    Battle();
}
```

이제 게임이 시작되면 전투 장면의 함수가 호출됩니다.

다음으로 콘솔이 바로 닫히지 않도록 키보드 입력 대기 상태로 만들겠습니다. 우선 그 처리에 필요한 콘솔 입출력 헤더 <conio.h>를 인클루드합니다.

```
// [1] 헤더를 인클루드하는 곳

#include <conio.h> // [1-5] 콘솔 입출력 헤더를 인클루드한다
```

전투 장면의 함수 Battle에서 키보드 입력 대기 상태로 만듭니다.

```
// [6-4] 전투 장면의 함수를 선언한다
void Battle()
{
    // [6-4-6] 키보드 입력을 기다린다
    _getch();
}
```

실행하면 키보드 입력 대기 상태가 되고 콘솔이 계속해서 표시됩니다. 키보드를 누르면 키보드 입력 대기 상태가 종료되고 프로그램도 종료됩니다.

■ 콘솔이 계속해서 표시된다

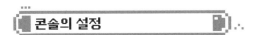

콘솔의 설정

콘솔 속성은 글꼴 크기를 72, 화면 버퍼와 창 너비를 32, 높이를 10으로 설정합니다.

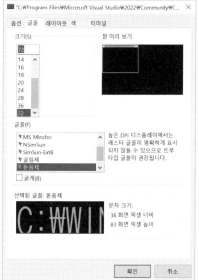

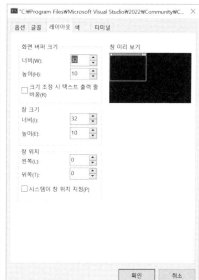

■ 글꼴 설정 　　　　　　　　■ 레이아웃 설정

캐릭터의 상태를 표시한다

우선 화면 위쪽에 플레이어의 상태를 표시합니다.

플레이어의 상태를 작성한다

캐릭터의 데이터를 보유하는 구조체 CHARACTER를 선언합니다. 멤버 변수의 hp는 HP, maxHp는 HP의 최댓값, mp는 MP, maxMp는 MP의 최댓값, name은 캐릭터 이름입니다. 문자열의 배열 name의 「4*3+1」이라는 크기는 「(4 글자)×(문자 3 바이트)+(문자열 종료 코드 1 바이트)」입니다.

```
// [4]구조체를 선언하는 곳

// [4-1]캐릭터의 구조체를 선언한다
typedef struct {
    int hp;                     // [4-1-1] HP
    int maxHp;                  // [4-1-2] 최대 HP
    int mp;                     // [4-1-3] MP
    int maxMp;                  // [4-1-4] 최대 MP
    char name[4 * 3 + 1];       // [4-1-6] 이름
} CHARACTER;
```

몬스터의 종류를 정의합니다. 플레이어에게도 몬스터와 같은 상태가 있으므로 몬스터의 일종으로 관리합니다.

```
// [3] 열거 상수를 정의하는 곳

// [3-1] 몬스터의 종류를 정의한다
enum
{
    MONSTER_PLAYER,     // [3-1-1] 플레이어
    MONSTER_MAX         // [3-1-4] 몬스터 종류의 수
};
```

몬스터의 초기 데이터를 보유하는 배열 monsters를 선언하고 플레이어의 초기 상태를 설정합니다.

```
// [5] 변수를 선언하는 곳

// [5-1] 몬스터 상태의 배열을 선언한다
CHARACTER monsters[MONSTER_MAX] =
{
    // [5-1-1] MONSTER_PLAYER     플레이어
    {
        15,             // [5-1-2] int hp              HP
        15,             // [5-1-3] int maxHp           최대 HP
        15,             // [5-1-4] int mp              MP
```

```
        15,              // [5-1-5] int maxMp                  최대 MP
        "용사",           // [5-1-7] char name[4 * 3 + 1]   이름
    },
};
```

전투에 등장하는 캐릭터의 종류를 정의합니다.

```
// [3]열거 상수를 정의하는 곳
...
// [3-2] 캐릭터의 종류를 정의한다
enum
{
    CHARACTER_PLAYER,     // [3-2-1] 플레이어
    CHARACTER_MONSTER,    // [3-2-2] 몬스터
    CHARACTER_MAX         // [3-2-3] 캐릭터 종류의 수
};
```

캐릭터의 데이터를 보유하는 배열 characters를 선언합니다.

```
// [5] 변수를 선언하는 곳
...

// [5-2] 캐릭터의 배열을 선언한다
CHARACTER characters[CHARACTER_MAX];
```

플레이어의 상태를 초기화한다

플레이어의 데이터를 초기화하기 위해 게임을 초기화하는 함수 Init를 선언합니다.

```
// [6] 함수를 선언하는 곳
...

// [6-1] 게임을 초기화하는 함수를 선언한다
void Init()
{
}
...
```

게임을 초기화하는 함수 Init를 main() 함수에서 호출합니다.

```
// [6-6] 프로그램의 실행 시작점을 선언한다
int main()
{
    // [6-6-2] 게임을 초기화하는 함수를 호출한다
    Init();
    ...
}
```

이제 게임을 시작하면 게임을 초기화하는 함수 Init가 호출됩니다.

다음으로 게임을 초기화하는 함수 Init로 플레이어의 상태를 초기화합니다.

```
// [6-1] 게임을 초기화하는 함수를 선언한다
void Init()
{
    // [6-1-1] 플레이어의 상태를 초기화한다
    characters[CHARACTER_PLAYER] = monsters[MONSTER_PLAYER];
}
```

이제 게임을 시작하면 플레이어의 초기 상태가 설정됩니다.

플레이어의 상태를 표시한다

플레이어의 상태를 표시합니다. 상태가 변화할 때마다 다시 그려야 하므로 기본 부분을 그리는 기능을 함수로 제작해 두겠습니다. 전투 장면 화면의 기본적인 부분을 그리는 함수 DrawBattleScreen을 선언합니다.

```
// [6] 함수를 선언하는 곳
...

// [6-2] 전투 장면의 화면을 그리는 함수를 선언한다
void DrawBattleScreen()
{
}
...
```

전투 장면인 함수 Battle에서 화면의 기본 부분을 그리는 함수 DrawBattle
Screen을 호출합니다.

```
// [6-4] 전투 장면의 함수를 선언한다
void Battle()
{
    // [6-4-4] 전투 장면의 화면을 그리는 함수를 호출한다
    DrawBattleScreen();

    ...
}
```

문자열을 표시하기 위해서 표준 입출력 헤더 <stdio.h>를 인클루드합니다.

```
// [1] 헤더를 인클루드하는 곳

#include <stdio.h>    // [1-1] 표준 입출력 헤더를 인클루드한다
#include <conio.h>    // [1-5] 콘솔 입출력 헤더를 인클루드한다
```

기본 부분을 그리는 함수 DrawBattleScreen에서 플레이어의 이름을 표시합니다.

```
// [6-2] 전투 장면의 화면을 그리는 함수를 선언한다
void DrawBattleScreen()
{
    // [6-2-2] 플레이어의 이름을 표시한다
    printf("%s\n", characters[CHARACTER_PLAYER].name);
}
```

실행하면 플레이어의 이름이 표시됩니
다.

■ 플레이어의 이름이 표시된다

다음으로, 플레이어의 상태도 표시합니다.

```
void DrawBattleScreen()
{

    ....

    // [6-2-3] 플레이어의 상태를 표시한다
    printf("HP : %d/%d  MP : %d/%d\n",
        characters[CHARACTER_PLAYER].hp,
        characters[CHARACTER_PLAYER].maxHp,
        characters[CHARACTER_PLAYER].mp,
        characters[CHARACTER_PLAYER].maxMp);
}
```

실행하면 플레이어의 상태도 표시
됩니다.

■ 플레이어의 상태도 표시된다

마지막으로 다음 표시에 대비해 1행 비워둡니다.

```
// [6-2] 전투 장면의 화면을 그리는 함수를 선언한다
void DrawBattleScreen()
{

    ....

    // [6-2-4] 1행 비운다
    printf("\n");
}
```

몬스터의 상태를 작성한다

몬스터의 종류로 조무래기 몬스터인 슬라임 MONSTER_SLIME을 추가합니다.

```
// [3-1] 몬스터의 종류를 정의한다
enum
{
    MONSTER_PLAYER,  // [3-1-1] 플레이어
    MONSTER_SLIME,   // [3-1-2] 슬라임
    MONSTER_MAX      // [3-1-4] 몬스터 종류의 수
};
```

슬라임의 상태를 설정합니다.

```
// [5-1] 몬스터 상태를 저장할 배열을 선언한다
CHARACTER monsters[MONSTER_MAX] =
{
    ...

    // [5-1-8] MONSTER_SLIME 슬라임
    {
        3,          // [5-1-9] int hp                    HP
        3,          // [5-1-10] int maxHp                최대 HP
        0,          // [5-1-11] int mp                   MP
        0,          // [5-1-12] int maxMp                최대 MP
        "슬라임",    // [5-1-14] char name[4 * 3 + 1] 이름
    },
};
```

캐릭터의 구조체 CHARACTER에 아스키아트를 보유하는 멤버 변수 aa를 추가
합니다.

```
// [4-1] 캐릭터의 구조체를 선언한다
typedef struct {
    ...
    char aa[256];  // [4-1-7] 아스키아트
} CHARACTER;
```

슬라임 데이터에 아스키아트를 설정합니다. 「Д」는 키릴 문자로 「드」라고 읽습니다.

```
// [5-1-8] MONSTER_SLIME 슬라임
{
    ...

    // [5-1-15] char aa[256] 아스키아트
    "／・Д・＼\n"
    "~~~~~~"
},
```

이제 슬라임 데이터가 완성되었습니다.

몬스터의 상태를 초기화한다

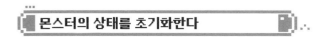

전투 장면의 함수 Battle을 호출할 때에 몬스터의 종류를 지정할 수 있게 합니다. 그래서 함수 Battle의 인수에 몬스터를 지정하는 인수 _monster를 추가합니다.

```
// [6-4] 전투 장면의 함수를 선언한다
void Battle(int _monster)
{
    ...
}
```

전투 장면의 함수 Battle을 호출할 때에 슬라임 MONSTER_SLIME을 설정합니다.

```
// [6-6] 프로그램의 실행 시작점을 선언한다
int main()
{
    ...

    // [6-6-3] 전투 장면의 함수를 호출한다
    Battle(MONSTER_SLIME);
}
```

전투 장면의 함수 Battle에 들어가면 몬스터의 데이터에 지정된 몬스터 데이터를 복사합니다.

```
// [6-4] 전투 장면의 함수를 선언한다
void Battle(int _monster)
{
    // [6-4-1] 몬스터의 상태를 초기화한다
    characters[CHARACTER_MONSTER] = monsters[_monster];
    ...
}
```

이제 전투가 시작될 때에 지정한 몬스터의 데이터가 설정됩니다.

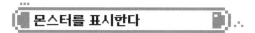 몬스터를 표시한다

기본 부분을 그리는 함수에서 몬스터의 아스키아트를 그립니다.

```
// [6-2] 전투 장면의 화면을 그리는 함수를 선언한다
void DrawBattleScreen()
{

    ...

    // [6-2-5] 몬스터의 아스키아트를 그린다
    printf("%s", characters[CHARACTER_MONSTER].aa);

}
```

실행하면 몬스터의 아스키아트가
표시됩니다.

■ 몬스터의 아스키아트가 표시된다

디버그를 위해서 몬스터 옆에 HP를 표시합니다.

```
// [6-2] 전투 장면의 화면을 그리는 함수를 선언한다
void DrawBattleScreen()
{

    ...

    // [6-2-6] 몬스터의 HP를 표시한다
    printf("(HP : %d/%d)\n",
        characters[CHARACTER_MONSTER].hp,
        characters[CHARACTER_MONSTER].maxHp);

}
```

실행하면 몬스터의 오른쪽에 HP 가 표시됩니다.

■ 몬스터의 HP도 표시된다

이제 몬스터를 표시할 수 있습니다. 마지막으로 메시지 표시를 대비해서 1행 비워 둡니다.

```
// [6-2] 전투 장면의 화면을 그리는 함수를 선언한다
void DrawBattleScreen()
{

    ...

    // [6-2-7] 1행 비운다
    printf("\n");

}
```

전투의 흐름을 작성한다

플레이어와 몬스터가 번갈아가며 공격하는 전투의 기본적인 흐름을 작성합니다.

전투 시작 메시지를 표시한다

전투 장면 함수의 처음에 몬스터와 조우했다는 메시지를 표시합니다.

```
// [6-4] 전투 장면의 함수를 선언한다
void Battle(int _monster)
{
    ...

    // [6-4-5] 전투 장면의 첫 메시지를 표시한다
    printf("%s이(가) 나타났다!\n", characters[CHARACTER_MONSTER].name);

    ...
}
```

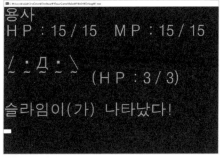

실행하면 몬스터와 조우했다는 메시지가 표시됩니다.

■ 전투의 첫 메시지가 표시된다

명령 데이터를 작성한다

전투에서 플레이어와 몬스터가 선택할 수 있는 명령의 종류를 정의합니다.

```
// [3] 열거 상수를 정의하는 곳
...
// [3-3] 명령의 종류를 정의한다
enum
{
    COMMAND_FIGHT,   // [3-3-1] 싸운다
    COMMAND_SPELL,   // [3-3-2] 주문
    COMMAND_RUN,     // [3-3-3] 도망친다
    COMMAND_MAX      // [3-3-4] 명령의 종류 수
};
```

캐릭터의 구조체 CHARACTER에 현재 선택 중인 명령을 보유하는 멤버 변수 command를 추가합니다.

```
// [4-1] 캐릭터의 구조체를 선언한다
typedef struct {
    ...
    int command;            // [4-1-8] 명령
} CHARACTER;
```

각 캐릭터에게 공격을 하게 만든다

전투 장면 함수인 Battle에서 전투가 종료될 때까지 무한 루프에 들어갑니다.

```
// [6-4] 전투 장면의 함수를 선언한다
void Battle(int _monster)
{
    ...

    // [6-4-7] 전투가 끝날 때까지 루프한다
    while (1)
    {
    }
}
```

전투 장면의 루프 안에서 플레이어와 몬스터를 반복합니다.

```
// [6-4-7] 전투가 끝날 때까지 루프한다
while (1)
{
    // [6-4-9] 각 캐릭터를 대상으로 반복한다
    for (int i = 0; i < CHARACTER_MAX; i++)
    {
    }
}
```

각 캐릭터가 어떤 명령을 선택하고 있는지에 따라 처리를 분기시킵니다.

```
// [6-4-9] 각 캐릭터를 대상으로 반복한다
for (int i = 0; i < CHARACTER_MAX; i++)
{
    // [6-4-11] 선택된 명령에 따라 분기한다
    switch (characters[i].command)
    {
    case COMMAND_FIGHT: // [6-4-12] 싸운다
        break;

    case COMMAND_SPELL: // [6-4-22] 주문
        break;

    case COMMAND_RUN:   // [6-4-35] 도망친다
        break;
    }
}
```

현재 상태에서는 캐릭터 데이터가 클리어된 상태이기 때문에 명령은 0번째의 「싸
운다」 명령이 선택될 것입니다. 「싸운다」 명령이 선택되면 공격을 하는 메시지를
표시하고 키보드 입력 대기 상태로 만듭니다.

```
// [6-4-11] 선택된 명령에 따라 분기한다
switch (characters[i].command)
{
case COMMAND_FIGHT: // [6-4-12] 싸운다
```

```
    // [6-4-13] 공격을 한다는 메시지를 표시한다
    printf("%s의 공격!\n", characters[i].name);

    // [6-4-14] 키보드 입력을 기다린다
    _getch();

    break;

    ...
}
```

실행하면 공격 메시지가 표시되지만, 처음의 인카운트* 메시지가 남아 있습 니다.

■ 공격 메시지가 표시된다

이 메시지를 지우기 위해서 행동하는 캐릭터가 바뀔 때마다 화면을 다시 그립니다.

```
// [6-4-9] 각 캐릭터를 반복한다
for (int i = 0; i < CHARACTER_MAX; i++)
{
    // [6-4-10] 전투 장면의 화면을 그리는 함수를 호출한다
    DrawBattleScreen();

    ...
}
```

*역주 RPG에서 적 캐릭터와 조우하여 전투화면으로 바뀌는 것을 가리키는 게임 용어

실행하면 화면이 연속으로 표시되어 흐트러집니다. 그래서 화면을 클리어하기 위한 표준 라이브러리 헤더가 인클루드되어 있지 않다면 <stdlib.h>를 인클루드합니다.

```
// [1] 헤더를 인클루드하는 곳

#include <stdio.h>   // [1-1] 표준 입출력 헤더를 인클루드한다
#include <stdlib.h>  // [1-2] 표준 라이브러리 헤더를 인클루드한다
#include <conio.h>   // [1-5] 콘솔 입출력 헤더를 인클루드한다
```

전투 장면의 화면을 그리는 함수 DrawBattleScreen의 처음에서 화면을 클리어합니다.

```
// [6-2] 전투 장면의 화면을 그리는 함수를 선언한다
void DrawBattleScreen()
{
    // [6-2-1] 화면을 클리어한다
    system("cls");

    ...
}
```

용사
H P : 15 / 15   M P : 15 / 15

∠ ˙ㅿ˙ \
            (H P : 3 / 3)

용사의 공격!

■ 인카운트 메시지가 표시되지 않는다

실행하면 이번에는 공격 메시지만 표시됩니다. 키보드를 눌러 계속 진행하면 플레이어와 몬스터가 번갈아 공격 명령을 실행합니다. 이제 플레이어와 몬스터가 번갈아 행동하는 전투 장면의 기본적인 루프가 완성되었습니다.

명령 선택 인터페이스를 구현한다

플레이어의 명령을 선택하는 인터페이스를 구현하겠습니다.

명령을 선택하는 함수를 호출한다

플레이어의 명령을 선택하는 함수 SelectCommand를 선언합니다.

```
// [6] 함수를 선언하는 곳

...

// [6-3] 명령을 선택하는 함수를 선언한다
void SelectCommand()
{
}

...
```

전투 루프에서 명령을 선택하는 함수 SelectCommand를 호출합니다.

```
// [6-4-7] 전투가 끝날 때까지 루프한다
while (1)
{
    // [6-4-8] 명령을 선택하는 함수를 호출한다
    SelectCommand();

    ...
}
```

이제 각 캐릭터가 행동하기 전에 명령을 선택하는 함수 SelectCommand가 호출
됩니다.

명령 목록을 표시한다

명령 목록에 표시하는 명령 이름의 배열 commandNames를 선언합니다.

```
// [5] 변수를 선언하는곳
...

// [5-3] 명령의 이름을 선언한다
char commandNames[COMMAND_MAX][4 * 3 + 1] = {
    "싸운다",      // [5-3-1] COMMAND_FIGHT 싸운다
    "주문",        // [5-3-2] COMMAND_SPELL 주문
    "도망친다"     // [5-3-3] COMMAND_RUN    도망친다
};
```

명령을 선택하는 함수 SelectCommand에서는 명령이 결정될 때까지 무한 루프에 들어갑니다.

```
// [6-3] 명령을 선택하는 함수를 선언한다
void SelectCommand()
{
    // [6-3-2] 명령이 결정될 때까지 루프한다
    while (1)
    {
    }
}
```

명령 선택 루프의 안에서 명령 목록을 표시합니다.

```
// [6-3-2] 명령이 결정될 때까지 루프한다
while (1)
{
    // [6-3-4] 명령 목록을 표시한다
    for (int i = 0; i < COMMAND_MAX; i++)
    {
        // [6-3-9] 명령의 이름을 표시한다
        printf("%s\n", commandNames[i])
```

```
        }
    }
```

실행하면 명령 목록이 대량으로 표시되어 화면이 흐트러집니다. 그래서 명령 목록을 표시하고 나면 키보드 입력 대기 상태로 전환시키겠습니다.

```
// [6-3-2] 명령이 결정될 때까지 루프한다
while (1)
{
    ...

    // [6-3-10] 입력된 키에 따라 분기한다
    switch (_getch())
    {
    }
}
```

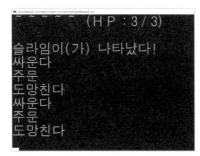

■ 명령 목록이 표시된다

실행하면 명령이 대량으로 표시되는 것이 멈추지만, 명령을 표시하기 전의 메시지가 남아 있습니다. 또한 키보드를 누르면 명령이 연속으로 표시됩니다.

그러므로 명령 목록을 그리기 전에 화면을 다시 그리겠습니다.

```
// [6-3-2] 명령이 결정될 때까지 루프한다
while (1)
{
    // [6-3-3] 전투 화면을 그리는 함수를 호출한다
    DrawBattleScreen();

    ...
}
```

실행하면 이번에는 키를 눌러도 명령이
연속으로 표시되지 않습니다. 이제 명령
목록 표시가 완성되었습니다.

■ 명령이 연속으로 표시되지 않는다

명령을 선택하는 커서를 추가한다

명령을 선택하는 데 사용하는 커서를 추가하겠습니다.

■ 커서를 그린다 ■

명령을 목록 표시하는 함수에서 플레이어가 선택 중인 명령을 그리기 전에 커서를
그립니다.

```
// [6-3-4] 명령 목록을 표시한다
for (int i = 0; i < COMMAND_MAX; i++)
{
    // [6-3-5] 선택 중인 명령이라면
    if (i == characters[CHARACTER_PLAYER].command)
    {
        // [6-3-6] 커서를 그린다
        printf(">");
    }

    ...
}
```

실행하면 플레이어가 기본으로 선택하고 있는 「싸운다」 명령의 왼쪽에 커서가 표시됩니다. 그러나 이렇게 하면 명령의 표시가 어긋납니다.

■ 선택된 명령에 커서가 표시된다

선택되지 않은 명령의 왼쪽에 전각 공백을 표시합니다.

```
// [6-3-4] 명령 목록을 표시한다
for (int i = 0; i < COMMAND_MAX; i++)
{
    // [6-3-5] 선택 중인 명령이라면
    if (i == characters[CHARACTER_PLAYER].command)
    {
        ...
    }
    // [6-3-7] 선택 중인 명령이 아니면
    else
    {
        // [6-3-8] 전각 공백을 넣는다
        printf("  ");
    }
    ...
}
```

실행하면 선택되지 않은 명령의 왼쪽에 공백이 표시되고, 선택 중인 명령과 그렇지 않은 명령의 이름 표시가 정리됩니다.

■ 선택되지 않은 명령에 공백이 표시된다

■ 키보드 입력으로 커서를 조작한다 ▶❖ ─ ─ ─ ─ ─ ─ ─ ─ ─ ─ ─ ─ ─ ─ ─ ─ ─

w s 키로 선택할 명령을 바꾸도록 코드를 추가합니다.

```
// [6-3-10] 입력된 키에 따라 분기한다
switch (_getch())
{
case 'w':    // [6-3-11] w 키를 누르면

        // [6-3-12] 위의 명령으로 바꾼다
        characters[CHARACTER_PLAYER].command--;

        break;

case 's':    // [6-3-13] s 키를 누르면

        // [6-3-14] 아래의 명령으로 바꾼다
        characters[CHARACTER_PLAYER].command++;

        break;
}
```

실행하면 명령을 선택할 수 있지만, 범위
밖을 선택하면 커서가 사라집니다.

■ 커서가 이동한다

커서가 선택 가능한 범위 내를 루프 이동하도록 명령의 선택값을 보정합니다. 명령
의 선택값이 범위 밖으로 되는 것은 최솟값(0) 미만이 되거나, 최댓값(COM
MAND_MAX)을 넘어 버리는 경우입니다. 최댓값을 넘는 경우는 선택값을 최댓값
으로 나눈 나머지(%COMMAND_MAX)로 하면 범위 내를 루프한 값이 됩니다.

```
// [6-3-2] 명령이 결정될 때까지 루프한다
while (1)
{
    ...

    // [6-3-17] 커서를 상하로 루프시킨다
    characters[CHARACTER_PLAYER].command =
        characters[CHARACTER_PLAYER].command % COMMAND_MAX;
}
```

그러나 이래서는 선택값이 최솟값 미만(음의 값)이 되는 경우에는 대응할 수 없습
니다. 그래서 선택값에 최댓값을 더해두면 선택값이 최솟값 미만이어도 범위 내를
루프한 값이 됩니다.

```
// [6-3-17] 커서를 상하로 루프시킨다
    characters[CHARACTER_PLAYER].command =
        (COMMAND_MAX + characters[CHARACTER_PLAYER].command) % COMMAND_MAX;
```

실행하면 커서가 상하의 범위 밖으로 이동하려고 해도 범위 내를 루프 이동하게
됩니다. 이제 명령을 선택하는 커서가 완성되었습니다.

■ 선택한 명령을 결정한다

커서 이동 이외의 키를 누르면 명령을 결정하는 코드를 추가합니다. 명령이 결정
되면 명령을 선택하는 함수 SelectCommand를 빠져나갑니다.

```
// [6-3-10] 입력된 키에 따라 분기한다
switch (_getch())
{
    ...

default:        // [6-3-15] 상기 이외의 키를 누르면
    return;     // [6-3-16] 함수를 빠져나간다
}
```

이제 명령을 선택하는 기능이 완성되었습니다.

싸우는 명령을 구현한다

「싸운다」 명령으로 적을 공격하는 기능을 구현하겠습니다. 캐릭터는 적과 아군 관계없이 배열로 되어 있기 때문에 「싸운다」 명령을 실행하려면 공격 대상의 캐릭터 번호가 필요합니다. 그러므로 캐릭터의 구조체 CHARACTER에 공격 대상을 보유하는 멤버 변수 target을 추가합니다.

공격 대상을 설정한다

우선 캐릭터의 구조체 CHARACTER에 공격 대상의 캐릭터 번호를 보유하는 멤버 변수 target을 추가합니다.

```
// [4-1] 캐릭터의 구조체를 선언한다
typedef struct {

    ...

    int target;  // [4-1-9] 공격 대상
}CHARACTER;
```

전투가 시작되면 플레이어의 공격 대상을 몬스터 CHARACTER_MONSTER, 몬스터의 공격 대상을 플레이어 CHARACTER_PLAYER로 설정합니다.

```
// [6-4] 전투 장면의 함수를 선언한다
void Battle(int _monster)
{
    ...

    // [6-4-2] 플레이어의 공격 대상을 몬스터로 설정한다
    characters[CHARACTER_PLAYER].target = CHARACTER_MONSTER;

    // [6-4-3] 몬스터의 공격 대상을 플레이어로 설정한다
    characters[CHARACTER_MONSTER].target = CHARACTER_PLAYER;

    ...
}
```

이제 각 캐릭터의 공격 대상 설정이 완성되었습니다.

상대에게 주는 대미지를 계산한다

상대를 공격하기 전에 주는 대미지를 계산하겠습니다. 대미지는 공격하는 캐릭터의 공격력이 바탕이 되므로 캐릭터의 구조체 CHARACTER에 공격력의 멤버 변수 attack을 추가합니다.

```
// [4-1] 캐릭터의 구조체를 선언한다
typedef struct {
    ...
    int attack;  // [4-1-5] 공격력
    ...
}CHARACTER;
```

몬스터의 배열 monsters의 선언에서 플레이어와 몬스터의 공격력 설정을 추가합니다.

```
// [5-1] 몬스터 상태의 배열을 선언한다
CHARACTER monsters[MONSTER_MAX] =
{
    // [5-1-1] MONSTER_PLAYER    플레이어
    {
        ...
        3,          // [5-1-6] int attack            공격력
        "용사",     // [5-1-7] char name[4 * 3 + 1]  이름
    },

    // [5-1-8] MONSTER_SLIME 슬라임
    {
        ...
        2,          // [5-1-13] int attack           공격력
        ...
    },
};
```

공격력 계산에 사용하는 난수를 얻기 위해 실행할 때마다 다른 난수의 시드가 필요합니다. 그래서 난수 시드에 사용하는 현재 시각을 얻기 위해 시간 관리 헤더

<time.h>를 인클루드합니다.

```
// [1]헤더를 인클루드하는 곳
...
#include <time.h>    // [1-4] 시간 관리 헤더를 인클루드한다
#include <conio.h>   // [1-5] 콘솔 입출력 헤더를 인클루드한다
```

main() 함수의 처음에서 현재 시각을 시드로 하여 난수를 섞습니다.

```
// [6-6] 프로그램의 실행 시작점을 선언한다
int main()
{

    // [6-6-1] 난수를 섞는다
    srand((unsigned int)time(NULL));


    ...
}
```

상대에게 주는 대미지로서 「1~공격력」의 난수를 구하여 변수 damage에 보유합
니다. case 안에서 변수를 선언하므로 {}으로 감쌉니다.

```
// [6-4-11] 선택된 명령에 따라 분기한다
switch (characters[i].command)
{
case COMMAND_FIGHT: // [6-4-12] 싸운다
{

    ...

        // [6-4-15] 적에게 주는 대미지를 계산한다
        int damage = 1 + rand() % characters[i].attack;


    break;
}

...
}
```

이제 대미지 계산이 완성되었습니다.

상대에게 대미지를 준다

공격에 의해 상대의 HP를 줄이겠습니다. 적의 HP를 받을 대미지만큼 줄이고, 화면을 다시 그립니다.

```
// [6-4-11] 선택된 명령에 따라 분기한다
switch (characters[i].command)
{
case COMMAND_FIGHT: // [6-4-12] 싸운다
{

    ...


        // [6-4-16] 적에게 대미지를 준다
        characters[characters[i].target].hp -= damage;

        // [6-4-19] 전투 장면의 화면을 다시 그리는 함수를 호출한다
        DrawBattleScreen();

    break;
}

...
}
```

실행하여 몬스터를 공격하면 몬스터의 HP가 줄어듭니다.

다음으로 상대에게 대미지를 준 메시지를 표시하고, 키보드 입력 대기 상태로 만듭니다.

```
// [6-4-11] 선택된 명령에 따라 분기한다
switch (characters[i].command)
{
case COMMAND_FIGHT: // [6-4-12] 싸운다
{

    ...
```

```
// [6-4-20] 적에게 대미지를 주었다는 메시지를 표시한다
printf("%s에게 %d의 대미지!\n",
    characters[characters[i].target].name,
    damage);

// [6-4-21] 키보드 입력을 기다린다
_getch();

break;
}

...

}
```

실행하면 공격 메시지가 표시되지만, 몬스터의 HP가 마이너스가 되어도 공격해 옵니다.

■ 상대에게 대미지를 준다

HP가 마이너스가 되면 버그처럼 보이기 때문에 마이너스가 되지 않게 0 미만이면 0으로 보정합니다.

```
// [6-4-11] 선택된 명령에 따라 분기한다
switch (characters[i].command)
{
case COMMAND_FIGHT: // [6-4-12] 싸운다
{
    ...

    // [6-4-17] 적의 HP가 음의 값이 되었는지를 판정한다
    if (characters[characters[i].target].hp < 0
```

```
        }
            // [6-4-18] 적의 HP를 0으로 한다
            characters[characters[i].target].hp = 0;
        }

        ...

        break;
    }

    ...
}
```

실행하면 이번에는 HP가 줄어들어도 0에서 멈춥니다.

적을 쓰러뜨렸을 때의 처리를 구현한다

공격하여 상대의 HP를 줄였으면 상대의 HP가 0 이하가 되었는지의 여부로, 상대를 쓰러뜨렸는지 판정합니다.

```
// [6-4-9] 각 캐릭터를 대상으로 반복한다
for (int i = 0; i < CHARACTER_MAX; i++)
{
    ...

        // [6-4-39] 공격 대상을 쓰러뜨렸는지 판정한다
        if (characters[characters[i].target].hp <= 0)
        {
        }
    }
}
```

쓰러진 캐릭터가 플레이어인지 몬스터인지에 따라 메시지를 변경해야 하므로, 어느 것이었는지에 따라 분기하고 키보드 입력 대기 상태로 전환합니다.

```
// [6-4-39] 공격 대상을 쓰러뜨렸는지 판정한다
if (characters[characters[i].target].hp <= 0)
{
    // [6-4-40] 공격 대상에 따라 처리를 분기시킨다
    switch (characters[i].target)
    {
    // [6-4-41] 플레이어라면
    case CHARACTER_PLAYER:
        break;

    // [6-4-43] 몬스터라면
    case CHARACTER_MONSTER:
        break;
    }

    // [6-4-47] 키보드 입력을 기다린다
    _getch();
}
```

쓰러뜨린 것이 몬스터였다면 승리 메시지를 표시합니다.

```
// [6-4-40] 공격 대상에 따라 처리를 분기시킨다
switch (characters[i].target)
{
...

// [6-4-43] 몬스터라면
case CHARACTER_MONSTER:

    // [6-4-46] 몬스터를 쓰러뜨렸다는 메시지를 표시한다
    printf("%s을(를) 쓰러뜨렸다!\n", characters[characters[i].target].name);

    break;
}
```

실행하여 몬스터를 쓰러뜨리면 플레이어가 승리했다는 메시지가 표시됩니다. 그러나 몬스터를 쓰러뜨렸을 때 여전히 몬스터의 기운찬 모습이 표시되는 것은 이상합니다.

■ 몬스터를 쓰러뜨렸다는 메시지가 표시된다

그러므로 「몬스터를 쓰러뜨렸다」는 메시지가 표시되면 몬스터를 지우도록 합니다. 우선 몬스터의 아스키아트를 바꾸기 위해 문자열 조작 헤더 <string.h>를 인클루드합니다.

```
// [1] 헤더를 인클루드하는 곳
...
#include <string.h>    // [1-3] 문자열 조작 헤더를 인클루드한다
...
```

「몬스터를 쓰러뜨렸다」는 메시지를 표시하기 전에 몬스터의 아스키아트를 아무것도 표시하지 않는 문자열로 다시 작성하여 화면을 다시 그립니다.

```
// [6-4-40] 공격 대상에 따라 처리를 분기시킨다
switch (characters[i].target)
{
...

// [6-4-43] 몬스터라면
case CHARACTER_MONSTER:

    // [6-4-44] 몬스터의 아스키아트를 아무것도 표시하지 않게 다시 작성한다
    strcpy_s(characters[characters[i].target].aa, "\n");

    // [6-4-45] 전투 장면의 화면을 다시 그리는 함수를 호출한다
    DrawBattleScreen();
```

```
    ...
    break;
}
```

실행하여 몬스터를 쓰러뜨리면 쓰러진 몬스터가 표시되지 않습니다. 그러나 계속 진행하면 쓰러뜨린 몬스터가 반격해 옵니다.

■ 쓰러뜨린 몬스터가 사라졌다

어느 쪽이 이기든 전투는 종료이므로, 승부 메시지를 표시한 후에 키보드를 누르면 전투 장면의 함수 Battle을 빠져나와 프로그램을 종료합니다.

```
// [6-4-39] 공격 대상을 쓰러뜨렸는지 판정한다
if (characters[characters[i].target].hp <= 0)
{
    ...

    // [6-4-48] 전투 장면의 함수를 빠져나간다
    return;
}
```

실행하여 전투가 끝나면 프로그램이 종료됩니다. 하지만 상대가 슬라임이라 너무 약해서 상대가 되지 않습니다.

마왕 강림!-적을 최종 보스로 바꾼다

그럼 여기에서 최종 보스로 마왕을 등장시킵니다.

최종 보스 데이터를 추가한다

몬스터 종류로 마왕 MONSTER_BOSS를 추가합니다.

```
// [3-1] 몬스터의 종류를 정의한다
enum
{

    ...
    MONSTER_BOSS,   // [3-1-3] 마왕
    MONSTER_MAX     // [3-1-4] 몬스터 종류의 수
};
```

몬스터의 상태를 보유하는 배열의 선언 부분에서 마왕의 상태를 설정합니다.

```
// [5-1] 몬스터 상태의 배열을 선언한다
CHARACTER monsters[MONSTER_MAX] =
{

    ...

    // [5-1-16] MONSTER_BOSS 마왕
    {
        255,        // [5-1-17] int hp              HP
        255,        // [5-1-18] int maxHp           최대 HP
        0,          // [5-1-19] int mp              MP
        0,          // [5-1-20] int maxMp           최대 MP
        50,         // [5-1-21] int attack          공격력
        "마왕",      // [5-1-22] char name[4 * 3 + 1] 이름

        // [5-1-23] char aa[256] 아스키아트
        "    A@A\n"
        "ψ（▼皿▼）ψ"
    }
};
```

이제 마왕 데이터가 완성되었습니다.

몬스터를 최종 보스로 바꾼다

전투 장면의 함수의 호출에서 지정하는 몬스터를 슬라임 MONSTER_SLIME에서
마왕 MONSTER_BOSS로 변경합니다.

```
// [6-6]  프로그램의 실행 시작점을 선언한다
int main()
{
    ...

// [6-6-3]  전투 장면의 함수를 호출한다
    Battle(MONSTER_BOSS);
}
```

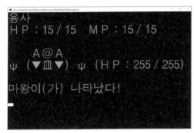

실행하면 몬스터가 슬라임에서 마왕으로
바뀝니다. 마왕과 싸워서 플레이어가 지
면 그 이후의 처리를 아직 구현하지 않아
서 프로그램이 갑자기 종료합니다.

■ 몬스터가 마왕으로 바뀐다

플레이어가 사망했다는 메시지를 표시한다

플레이어가 진 경우, 플레이어가 사망했다는 메시지를 표시합니다.

```
// [6-4-40]  공격 대상에 따라 처리를 분기시킨다
switch (characters[i].target)
{
// [6-4-41]  플레이어라면
case CHARACTER_PLAYER:

    // [6-4-42]  플레이어가 사망했다는 메시지를 표시한다
    printf("당신은 사망했습니다.");
```

```
        break;

        ...
    }
```

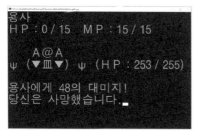

실행하여 플레이어가 지면 이번에는 프
로그램이 종료되기 전에 플레이어가 사
망했다는 메시지가 표시됩니다.

■ 플레이어가 사망했다는 메시지가 표시된다

용사의 능력을 다시 작성하여 강하게 만든다

이대로 마왕을 이길 수 없을 것 같습니다. 플레이어의 상태를 다시 작성하여 마왕
에 대항할 수 있게 만들겠습니다.

```
// [5-1] 몬스터 상태의 배열을 선언한다
CHARACTER monsters[MONSTER_MAX] =
{
    // [5-1-1] MONSTER_PLAYER    플레이어
    {
        100,        // [5-1-2] int hp             HP
        100,        // [5-1-3] int maxHp          최대 HP
        15,         // [5-1-4] int mp             MP
        15,         // [5-1-5] int maxMp          최대 MP
        30,         // [5-1-6] int attack         공격력
        "용사",     // [5-1-7] char name[4 * 3 + 1] 이름
    },

    ...
}
```

```
용사
H P : 0 / 100   M P : 15 / 15

   A@A
ψ (▼皿▼) ψ (H P : 171 / 255)

용사에게 25의 대미지!
당신은 사망했습니다.▮
```

실행하면 플레이어가 강해지지만, 그래도 힘이 모자라 역시 이길 수 없습니다.

■ 플레이어의 상태를 다시 작성한다

도망치는 명령을 구현한다

이대로는 이길 수 없을 것 같으므로 도망갈 수 있게 만들겠습니다. 「도망친다」 명령을 선택하면 「도망쳤다」 메시지를 표시하고, 키보드 입력 대기 상태로 전환합니다.

```
// [6-4-11] 선택된 명령에 따라 분기한다
switch (characters[i].command)
{
...

case COMMAND_RUN:    // [6-4-35] 도망친다

    // [6-4-36] 도망쳤다는 메시지를 표시한다
    printf("%s은(는) 도망쳤다!\n", characters[i].name);

    // [6-4-37] 키보드 입력을 기다린다
    _getch();

    break;
}
```

```
용사
H P : 100 / 100   M P : 15 / 15

   A@A
ψ (▼皿▼) ψ (H P : 255 / 255)

용사은(는) 도망쳤다!
```

■ 도망쳤다는 메시지가 표시된다

실행하여 「도망친다」 명령을 선택하면 메시지가 표시되지만 전투가 계속 진행됩니다. 도망쳤다는 메시지가 표시되어 있을 때 키보드를 누르면 전투 장면의 함수 Battle을 빠져나가게 합니다.

```
// [6-4-11] 선택된 명령에 따라 분기한다
switch (characters[i].command)
{
...

case COMMAND_RUN:     // [6-4-35] 도망친다
    ...

        // [6-4-38] 전투 처리를 빠져나간다
        return;

    break;
}
```

실행하여「도망친다」명령을 선택하면 프로그램이 종료됩니다. 이제「도망친다」
명령이 생겼지만 용사로서 이대로 물러설 수는 없습니다.

회복 주문 명령을 구현한다

여기서는 과거의 용사를 본받아 HP가 줄어들면 주문을 외워 회복할 수 있게 합니다.

주문을 발동시켜 HP를 회복시킨다

우선 주문 명령을 선택하면 주문을 외웠다는 메시지를 표시합니다.

```
// [6-4-11] 선택된 명령에 따라 분기한다
switch (characters[i].command)
{
...

case COMMAND_SPELL: // [6-4-22] 주문

        // [6-4-29] 주문을 외웠다는 메시지를 표시한다
```

```
        printf("%s은(는) 주문을 외웠다!\n", characters[i].name);

        // [6-4-30] 키보드 입력을 기다린다
        _getch();

        break;

    ...
    }
```

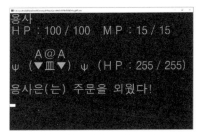

실행하여 주문 명령을 선택하면 주문을 외웠다는 메시지가 표시되고 키보드 입력 상태로 전환됩니다.

■ 주문을 외웠다는 메시지가 표시된다

다음으로 키보드를 누르면 주문을 외운 본인의 HP를 회복시키고 화면을 다시 그립니다.

```
// [6-4-11] 선택된 명령에 따라 분기한다
switch (characters[i].command)
{
...

case COMMAND_SPELL: // [6-4-22] 주문

    ...

        // [6-4-31] HP를 회복시킨다
        characters[i].hp = characters[i].maxHp;

        // [6-4-32] 전투 장면의 화면을 다시 그린다
        DrawBattleScreen();

        break;
```

```
    ...
}
```

실행하여 주문을 외우면 HP가 회복되지만, 그 메시지가 표시되지 않으므로 알기
어렵습니다. 그래서 HP가 회복됨과 동시에 HP가 회복되었다는 메시지를 표시하
고, 키보드 입력 상태로 전환합니다.

```
// [6-4-11] 선택된 명령에 따라 분기한다
switch (characters[i].command)
{
    ...

    case COMMAND_SPELL: // [6-4-22] 주문
        ...

        // [6-4-33] HP가 회복된 메시지를 표시한다
        printf("%s의 상처가 회복되었다!\n", characters[i].name);

        // [6-4-34] 키보드 입력을 기다린다
        _getch();

        break;
    ...
}
```

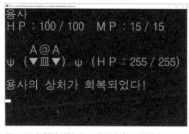

실행하여 주문을 외우면 HP가 회복되었
다는 메시지가 나오지만, MP를 소비하
지 않고 무제한으로 외울 수 있어 문제입
니다.

■ HP가 회복되었다는 메시지가 표시된다

주문을 외우면 MP를 소모하게 만든다

주문을 외우면 MP를 소모하게 합니다. 우선 소비 MP를 매크로 SPELL_COST로 정의합니다.

```
// [2] 상수를 정의하는 곳

#define SPELL_COST  (3) // [2-1] 주문의 소비 MP를 정의한다
```

주문을 외우면 MP를 소모시키고 화면을 다시 그립니다.

```
// [6-4-11] 선택된 명령에 따라 분기한다
switch (characters[i].command)
{
...

    // [6-4-27] MP를 소모시킨다
    characters[i].mp -= SPELL_COST;

    // [6-4-28] 화면을 다시 그린다
    DrawBattleScreen();

    ...

    break;
...
}
```

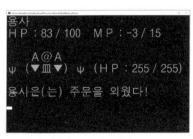

실행하면 MP를 소모하게 되지만, MP가 없어져도 외워집니다.

■ 주문을 외우면 MP를 소모한다

MP가 부족하면 주문을 외우지 못하게 만든다

MP가 부족할 경우는 주문을 외울 수 없도록 주문을 외우기 전에 MP가 충분한지 체크합니다.

```c
// [6-4-11] 선택된 명령에 따라 분기한다
switch (characters[i].command)
{
...

case COMMAND_SPELL: // [6-4-22] 주문

        // [6-4-23] MP가 충분한지 판정한다
        if (characters[i].mp < SPELL_COST)
        {
        }

        ...

    break;
...
}
```

주문을 외웠을 때에 만약 MP가 부족하면 MP가 부족하다는 메시지를 표시하고, 키보드 입력 대기 상태로 전환합니다.

```c
// [6-4-23] MP가 충분한지 판정한다
if (characters[i].mp < SPELL_COST)
{
        // [6-4-24] MP가 부족하다는 메시지를 표시한다
        printf("MP가 부족하다!\n");

        // [6-4-25] 키보드 입력을 기다린다
        _getch();
}
```

실행하여 MP가 부족한 상태에서 주문을 외우면 MP가 부족하다는 메시지가 표시되지만, 키보드를 눌러 진행하면 결국 외울 수 있게 됩니다. MP가 부족하면 주문 선택 명령 처리에서 빠져나오게 만들겠습니다.

■ MP가 부족하다는 메시지가 표시된다

```
// [6-4-23] MP가 충분한지 판정한다
if (characters[i].mp < SPELL_COST)
{
    ...

        // [6-4-26] 주문을 외우는 처리에서 빠져나온다
        break;
}
```

실행하면 이번에는 MP가 부족하면 주문이 발동되지 않습니다. 이제 회복 주문을 외우는 기능이 완성되었습니다. 그러나 명령 커서가 이전 명령을 선택한 상태로 남아있으면 키보드를 연타한 경우, 실수로 주문을 연속해서 외우는 경우가 있습니다. 따라서 명령을 선택하는 함수 SelectCommand의 첫 부분에서 플레이어의 명령 선택을 리셋합니다.

```
// [6-3] 명령을 선택하는 함수를 선언한다
void SelectCommand()
{
        // [6-3-1] 플레이어의 명령을 초기화한다
        characters[CHARACTER_PLAYER].command = COMMAND_FIGHT;

    ...
}
```

실행하면 명령 선택으로 돌아갈 때마다 커서의 위치가 리셋됩니다.

최종 결전-타도 마왕!

준비는 다 되었습니다. 마왕과의 최종 결전입니다. 남은 HP를 신경쓰면서 회복 주
문을 구사하여 마왕을 쓰러뜨립시다!

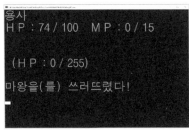

실행하여 마왕에게 승리하면 게임이 종
료됩니다.

■ 마왕을 쓰러뜨렸다!

축하합니다! 이제 RPG의 전투 장면이 완성되었습니다. 다양한 주문과 명령을 추
가하여 더욱 전략적인 전투를 즐길 수 있을 것입니다. 또한 여러 캐릭터를 만들어
파티끼리의 전투도 재미있을 것입니다.

제 2 장

라이프 게임

단순한 규칙에서 생성되는
복잡한 생명 시뮬레이션

라이프 게임
단순한 규칙에서 발전되는 복잡한 생명 시뮬레이션

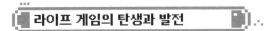

라이프 게임의 탄생과 발전

라이프 게임은 1970년에 영국의 수학자 존 호턴 콘웨이에 의해 고안된 생명 시뮬레이션입니다. 모눈판에 배치된 셀(세포)이 서로 영향을 주고받아 증감하며 생명의 「탄생」, 「번식」, 과소나 과밀에 의한 「쇠퇴」를 시뮬레이션합니다. 도시경영 시뮬레이션 게임 『심시티』의 개발자로 유명한 윌 라이트가 라이프 게임에 열중하고 있었다는 일화가 있는데, 필자가 라이프 게임에 흥미를 갖게 된 계기였습니다.

■ 라이프 게임의 화면

왼쪽 이미지는 라이프 게임의 화면입니다. 「글라이더 총」이라는 「번식형」 패턴으로 위의 두 이동 물체가 좌우로 반복 이동하며 충돌할 때마다 「글라이더」라는 비행 물체를 오른쪽 아래 방향으로 발사합니다. 라이프 게임의 필드는 게임이 진행하면 안정화되는(대부분의 셀이 소멸하여 작은 잔해만 남는다) 경우가 많지만, 패턴에 따라서는 「글라이더 총」과 같이 무한히 이동하거나 계속 증식하는 경우도 있습니다.

라이프 게임의 패턴은 단순한 규칙이면서 다양한 형태로 변화해 갑니다. 이러한 형태가 기하학적이고 아름다우며, 무언가를 재현하고 있는 것 같아 재미가 느껴져 많은 과학 팬을 매료시켰습니다. 이 장에서는 이 라이프 게임을 제작하고 장의 마지막에서 전 세계의 플레이어들이 발견한 흥미로운 패턴을 소개합니다.

라이프 게임의 규칙

라이프 게임의 규칙은 단순합니다. 2차원 평면상에 격자상으로 구분된 「셀」이라는 칸이 있으며, 각각의 셀이 「살아 있다」나 「죽어 있다」 중 하나의 상태에 있습니다. 라이프 게임은 턴제로 게임이 진행되는데, 이 턴의 단위를 「세대」라고 합니다. 각 셀이 다음 세대까지 살아남을지는 현 세대에서 몇 개의 살아 있는 셀과 인접해 있는지에 따라 결정합니다. 인접한 살아 있는 셀의 수에 따른 생사 판정은 다음과 같습니다.

■ 셀의 생사 판정

인접한 살아 있는 셀의 수	대상 셀의 생사 판정
2 미만	살아 있는 셀은 「과소」로 인해 사멸한다
2~3	살아 있는 셀은 계속 「생존」한다
3	죽은 셀에서 살아 있는 셀이 「탄생」한다
4 이상	살아 있는 셀은 「과밀」로 인해 사멸한다

다음의 예는 상기의 규칙을 기반으로 하여 중심의 셀이 인접한 셀의 상태에 따라 다음 세대에서 살 것인지 죽을 것인지를 어떻게 판정하는지를 보여줍니다*. 색칠된 칸을 살아 있는 셀로 하고, 그렇지 않은 칸은 죽은 셀로 합니다.

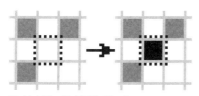

죽은 셀이 3개의 살아 있는 셀과 인접하는 경우는 「탄생」으로 인해 살아 있는 셀이 됩니다.

■ 살아 있는 셀이 「탄생」하는 예

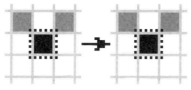

살아 있는 셀이 2개의 살아 있는 셀과 인접하는 경우는 계속 삽니다.

■ 살아 있는 셀이 「생존」하는 예

*이 예에서는 중심의 셀에만 판정했습니다.

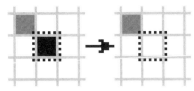

살아 있는 셀이 1개의 살아 있는 셀밖에 인접하지 않는 경우는 「과소」로 인해 사멸됩니다.

■ 살아 있는 셀이 「과소」로 사멸하는 예

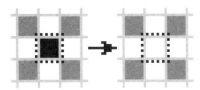

살아 있는 셀이 4개의 살아 있는 셀과 인접하고 있는 경우는 「과밀」로 인해 사멸합니다.

■ 살아 있는 셀이 「과밀」로 사멸하는 예

이러한 셀의 생성 판정을 모든 셀에서 수행하고 나면 다음 세대로 넘어갑니다. 라이프 게임이 종료되는 규칙은 없으며, 이를 영원히 반복합니다.

프로그램의 기본 구조를 작성한다

프로그램의 베이스 부분을 작성한다

첫 작업으로 소스 파일의 어디에 무엇을 기술할지를 주석으로 작성합니다.

```
//  [1] 헤더를 인클루드하는 곳

//  [2] 상수를 정의하는 곳

//  [3] 변수를 선언하는 곳

//  [4] 함수를 선언하는 곳
```

프로그램의 실행 시작점인 main() 함수를 선언합니다.

```
[4] 함수를 선언하는 곳

// [4-5] 프로그램 실행의 시작점을 선언한다
int main()
{
}
```

실행하면 창이 순간적으로 표시되고 종료되기 때문에 프로그램을 계속 진행하기
위해 메인 루프를 추가합니다.

```
// [4-5] 프로그램 실행의 시작점을 선언한다
int main()
{
    // [4-5-6] 메인 루프
    while (1)
    {
    }
}
```

실행하면 이번에는 프로그램이 계속 진행됩니다.

콘솔 설정

콘솔의 속성을 설정합니다. 글꼴 크기를 72, 화면 버퍼와 창의 너비를 24, 높이를 13
으로 설정합니다.

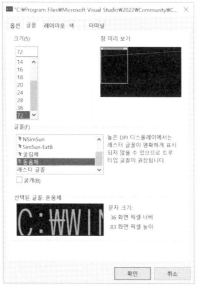

■ 글꼴 설정

■ 레이아웃 설정

필드를 그린다

라이프 게임의 무대가 되는 필드를 그리겠습니다.

필드의 데이터를 작성한다

우선은 필드 위의 각 셀의 상태를 보유하기 위해 필드의 크기를 정의합니다. 필드의
너비와 높이의 매크로 FIELD_WIDTH, FIELD_HEIGHT를 정의합니다.

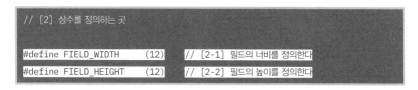

```
// [2] 상수를 정의하는 곳

#define FIELD_WIDTH     (12)    // [2-1] 필드의 너비를 정의한다
#define FIELD_HEIGHT    (12)    // [2-2] 필드의 높이를 정의한다
```

필드의 상태를 보유하는 배열 field를 선언합니다. 필드 각각의 셀이 살아 있으면 「1」, 죽어 있으면 「0」으로 합니다. 여기에서는 테스트로서 「글라이더」라는 셀이 소멸하지 않고 무한으로 계속 이동하는 「이동 물체」 패턴을 설정합니다.

```
// [3] 변수를 선언하는 곳


// [3-1] 필드를 선언한다
bool field[FIELD_HEIGHT][FIELD_WIDTH] =
{
    {0,1,0},
    {0,0,1},
    {1,1,1}
};
```

이제 필드 그리기에 필요한 데이터가 갖춰졌습니다.

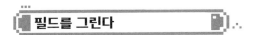

필드를 그린다

그럼 작성한 필드 field를 그립니다. 우선은 콘솔에 문자열을 출력하기 위해 표준 입출력 헤더 <stdio.h>를 인클루드합니다.

```
// [1] 헤더를 인클루드하는 곳

#include <stdio.h>   // [1-1] 표준 입출력 헤더를 인클루드한다
```

필드를 그리는 처리를 담당할 함수 DrawField를 선언합니다.

```
// [4] 함수를 선언하는 곳


// [4-1] 필드를 그리는 함수를 선언한다
void DrawField()
{

}
```

필드를 그리는 함수 DrawField를 메인 루프에서 호출합니다.

```
// [4-5-6] 메인 루프
while (1)
{
    DrawField();// [4-5-11] 필드를 그리는 함수를 호출한다
}
```

이제 필드 그리기가 연속적으로 이뤄집니다.

다음으로 필드를 그리는 함수 DrawField에서 모든 셀을 반복합니다.

```
// [4-1] 필드를 그리는 함수를 선언한다
void DrawField()
{
    // [4-1-2] 필드의 모든 행을 대상으로 반복한다
    for (int y = 0; y < FIELD_HEIGHT; y++)
    {
        // [4-1-3] 필드의 모든 열을 대상으로 반복한다
        for (int x = 0; x < FIELD_WIDTH; x++)
        {
        }
    }
}
```

각각의 셀이 살아 있으면 「■」를 그리고, 죽어 있으면 그리지 않는 대신에 「　」(전각 공백)를 그립니다.

```
// [4-1-2] 필드의 모든 행을 대상으로 반복한다
for (int y = 0; y < FIELD_HEIGHT; y++)
{
    // [4-1-3] 필드의 모든 열을 대상으로 반복한다
    for (int x = 0; x < FIELD_WIDTH; x++)
    {
        // [4-1-4] 셀이 살아 있으면「■」를, 죽어 있으면「　」를 그립니다
        printf("%s", field[y][x] ? "■" : "　");
    }
}
```

각 행을 다 그렸으면 다음 행을 그리기 위해 줄바꿈합니다.

```
// [4-1-2] 필드의 모든 행을 대상으로 반복한다
for (int y = 0; y < FIELD_HEIGHT; y++)
{

    ...

    printf("\n");// [4-1-5] 1행 그릴 때마다 줄바꿈한다
}
```

실행하면 칸이 대량으로 그려져서 화면이 흐트러져 버립니다. 이를 피하기 위해
화면을 그리기 전에 화면을 클리어합니다. 우선은 표준 라이브러리 헤더 <stdlib.
h>를 인클루드합니다.

```
// [1] 헤더를 인클루드하는 곳

#include <stdio.h>   // [1-1] 표준 입출력 헤더를 인클루드한다
#include <stdlib.h>  // [1-2] 표준 라이브러리 헤더를 인클루드한다
```

필드를 그리는 함수 DrawField의 첫 부분에서 화면을 클리어합니다.

```
// [4-1] 필드를 그리는 함수를 선언한다
void DrawField()
{
    system("cls");// [4-1-1] 그리기 전에 화면을 클리어한다

    ...

}
```

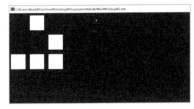

■ 패턴이 표시된다

실행하면 설정한 패턴이 왼쪽 위에 표시
됩니다. 이제 필드를 그릴 수 있지만 연
속해서 그리기 때문에 화면이 깜박거립
니다.

그럼 화면이 연속해서 그려지는 것을 막기 위해 그리기가 끝나면 키보드 입력 대기 상태로 전환하겠습니다. 우선은 콘솔 헤더 <conio.h>를 인클루드합니다.

```
// [1] 헤더를 인클루드하는 곳
...
#include <conio.h>    // [1-5] 콘솔 입출력 헤더를 인클루드한다
```

화면 그리기가 끝나면 키보드 입력 대기 상태로 전환합니다.

```
// [4-5-6] 메인 루프
while (1)
{
    ...

    _getch();// [4-5-12] 키보드 입력을 기다린다
}
```

이제 화면의 깜박거림이 멈추고, 키보드를 누르면 다시 그려지게 됩니다.

대상 셀이 몇 개의 살아 있는 셀과 인접해 있는지를 센다

칸마다 인접하는 칸의 상태를 체크한다

세대마다 모든 셀에 수행하는 처리로서, 각 셀이 「몇 개의 살아 있는 셀과 인접해 있는가」를 세는 함수인 GetLivingCellsCount를 선언합니다. 인수 _x, _y를 사용해서 대상이 되는 셀의 좌표를 지정합니다.

```
// [4] 함수를 선언하는 곳
...

// [4-2] 대상 셀과 인접하는 살아 있는 셀의 수를 구하는 함수를 선언한다
int GetLivingCellsCount(int _x, int _y)
```

```
      }
   }

   ...
```

살아 있는 셀의 수를 보유하는 변수 count를 선언하고 함수 GetLivingCells Count의 마지막에서 반환합니다.

```
// [4-2] 대상 셀과 인접한 살아 있는 셀의 수를 구하는 함수를 선언한다
int GetLivingCellsCount(int _x, int _y)
{
    int count = 0;// [4-2-1] 살아 있는 셀을 세는 카운터를 선언한다

    return count;// [4-2-13] 살아 있는 셀의 수를 반환한다
}
```

대상 셀과 인접하는 모든 셀 대상으로 반복합니다.

```
// [4-2] 대상 셀과 인접하는 살아 있는 셀의 수를 구하는 함수를 선언한다
int GetLivingCellsCount(int _x, int _y)
{
    int count = 0;// [4-2-1] 살아 있는 셀을 세는 카운터를 선언한다

    // [4-2-2] 대상 셀의 상하 1칸을 대상으로 반복한다
    for (int y = _y - 1; y <= _y + 1; y++)
    {
        // [4-2-6] 대상 셀의 좌우 1칸을 대상으로 반복한다
        for (int x = _x + -1; x <= _x + 1; x++)
        {
        }
    }

    return count;// [4-2-13] 살아 있는 셀의 수를 반환한다
}
```

이제 각 칸에 인접하는 모든 칸을 판정할 준비가 되었습니다.

필드 범위 밖의 좌표를 무시한다

현 상태로는 필드 범위 밖의 셀을 참조할 수도 있습니다. 범위 밖의 필드를 참조하면 올바른 결과를 얻을 수 없게 되고, 메모리의 부정 접근으로 프로그램이 충돌할 수도 있으므로 이를 방지하는 처리를 추가하겠습니다.

우선은 행의 반복 중에 대상 행이 필드 범위 밖이면 그 행의 반복을 스킵합니다.

```
// [4-2-2] 대상 셀의 상하 1칸을 대상으로 반복한다
for (int y = _y - 1; y <= _y + 1; y++)
{
    // [4-2-3] 상하로 루프시키지 않는 경우는 행이 범위 내인지 판정한다
    if ((y < 0) || (y >= FIELD_HEIGHT))
    {
        continue;// [4-2-4] 범위 밖의 행이므로 스킵한다
    }
    ...
}
```

열의 반복 중에 대상 열이 필드 범위 밖이면 그 열의 반복을 스킵합니다.

```
// [4-2-6] 대상 셀의 좌우 1칸을 대상으로 반복한다
for (int x = _x + -1; x <= _x + 1; x++)
{
    // [4-2-7] 좌우로 루프시키지 않는 경우는 열이 범위 내인지 판정한다
    if ((x < 0) || (x >= FIELD_WIDTH))
    {
        continue;// [4-2-8] 범위 밖의 열이므로 스킵한다
    }
}
```

이제 필드 범위 밖을 무시하는 처리가 완성되었습니다.

필드가 무한히 루프하도록 구현한다

필드의 범위 밖으로의 접근을 막는 또 하나의 방법으로 필드 상하좌우의 끝이 반대쪽과 연결되어 있는 것으로 처리하는 방법이 있습니다.

이 방법은 앞서 나온 「필드 범위 밖의 좌표를 무시하는」 방법과는 배타적이므로 이 처리를 하는 코드는 주석 처리해 둡니다.

```
// [4-2] 대상 셀과 인접하는 살아 있는 셀의 수를 가져오는 함수를 선언한다
int GetLivingCellsCount(int _x, int _y)
{
    int count = 0;// [4-2-1] 살아 있는 셀을 세는 카운터를 선언한다

    // [4-2-2] 대상 셀의 상하 1칸을 대상으로 반복한다
    for (int y = _y - 1; y <= _y + 1; y++)
    {
/*
        // [4-2-3] 상하로 루프시키지 않는 경우는 행이 범위 내인지 판정한다
        if ((y < 0) || (y >= FIELD_HEIGHT))
        {
            continue;// [4-2-4] 범위 밖의 행이므로 스킵한다
        }
*/

        // [4-2-6] 대상 셀의 좌우 1칸을 대상으로 반복한다
        for (int x = _x + -1; x <= _x + 1; x++)
        {
/*
            // [4-2-7] 좌우로 루프시키지 않는 경우는 열이 범위 내인지 판정한다
            if ((x < 0) || (x >= FIELD_WIDTH))
            {
                continue;// [4-2-8] 범위 밖의 열이므로 스킵한다
            }
*/
        }
    }
```

```
    return count;// [4-2-13] 살아 있는 셀의 수를 반환한다
}
```

대상 칸의 행 번호를 상하로 루프시킨 값으로 하여 변수 roopedY에 설정합니다.

```
// [4-2-2] 대상 셀의 상하 1칸을 대상으로 반복한다
for (int y = _y - 1; y <= _y + 1; y++)
{
    ...
    // [4-2-5] 상하로 루프한 Y좌표를 선언한다
    int roopedY = (FIELD_HEIGHT + y) % FIELD_HEIGHT;
    ...
}
```

열 번호를 좌우로 루프시킨 값으로 하여 변수 roopedX에 설정합니다.

```
// [4-2-6] 대상 셀의 좌우 1칸을 대상으로 반복한다
for (int x = _x + -1; x <= _x + 1; x++)
{
    ...
    // [4-2-9] 좌우로 루프한 X좌표를 선언한다
    int roopedX = (FIELD_WIDTH + x) % FIELD_WIDTH;
}
```

이제 필드의 상하좌우가 연결됩니다.

　이것으로 필드의 범위 밖에 대해서 「범위 밖의 칸을 무시한다」 처리를 추가하고, 「필드의 상하좌우를 루프시킨다」 처리로 수정했습니다. 라이프 게임은 본래 무한히 필드가 계속되는 것이므로, 셀이 필드의 끝에 도달하면 어느 방법으로도 올바른 결과를 얻을 수 없습니다. 그러나 메모리는 유한하므로, 어느 한쪽의 처리를 선택하여 필드 범위 밖으로의 접근을 방지해야 합니다. 어느 처리를 선택할지는 사용하는 패턴이나 취향에 따라 결정하세요.

인접하는 살아 있는 셀의 수를 센다

대상 셀이 「몇 개의 살아 있는 셀과 인접하고 있는가」를 세는 처리를 구현합니다. 우선 대상 셀 자체는 세지 않기 때문에 중심 좌표는 스킵합니다.

```
// [4-2-6] 대상 셀의 좌우 1칸을 반복한다
for (int x = _x + -1; x <= _x + 1; x++)
{
    ...

        // [4-2-10] 대상 좌표가 중심 셀과 같은지를 판정한다
        if ((roopedX == _x) && (roopedY == _y))
        {
            continue;// [4-2-11] 대상 좌표를 스킵한다
        }
}
```

대상 셀이 살아 있는지를 판정하고, 살아 있으면 「인접하는 살아 있는 셀의 수」를 더합니다.

```
// [4-2-6] 대상 셀의 좌우 1칸을 반복한다
for (int x = _x + -1; x <= _x + 1; x++)
{
    ...

        // [4-2-12] 대상 셀이 살아 있으면 1을, 죽어 있으면 0을 더한다
        count += field[roopedY][roopedX];
}
```

이제 「대상 셀과 인접하는 살아있는 셀」을 세는 함수 GetLivingCellsCount가 완성되었습니다.

세대를 진행시킨다

그럼 시뮬레이션을 실행하여 다음 세대로 진행하겠습니다.

키보드 입력으로 시뮬레이션을 진행시킨다

우선은 키보드를 누르면 게임이 진행되게 만들겠습니다.

■ 시뮬레이션 함수를 호출한다

시뮬레이션을 1세대만큼 실행하는 처리를 할 함수 StepSimulation을 선언합니다.

```
// [4] 함수를 선언하는 곳

...


// [4-3] 1 스텝만큼의 시뮬레이션을 실행하는 함수를 선언한다
void StepSimulation()
{
}

...
```

시뮬레이션을 실행하는 함수 StepSimulation을 메인 루프의 마지막에서 호출합니다.

```
// [4-5-6] 메인 루프
while (1)
{

    ...

    StepSimulation();// [4-5-13] 시뮬레이션을 진행한다
}
```

이제 키보드가 눌릴 때마다 시뮬레이션이 실행됩니다.

98   제 2 장 **라이프 게임** 단순한 규칙에서 생성되는 복잡한 생명 시뮬레이션

각 셀의 다음 세대에서의 생사를 판정한다 📭❖ - - - - - - - - - - - - - -

시뮬레이션 결과를 필드에 직접 써넣으면 나중에 처리하는 셀이 다음 세대의 필드를 참조하게 됩니다. 그러므로 현재 필드와는 별도로 다음 세대의 필드를 보유하는 배열 nextField를 선언하겠습니다.

```
// [4-3] 1 스텝만큼의 시뮬레이션을 실행하는 함수를 선언한다
void StepSimulation()
{
    // [4-3-1] 다음 세대의 필드를 선언한다
    bool nextField[FIELD_HEIGHT][FIELD_WIDTH] = {};
}
```

필드의 모든 셀을 대상으로 반복하여 각 셀의 생사를 판정하고 변수 livingCellCount에 보유합니다.

```
// [4-3] 1 스텝만큼의 시뮬레이션을 실행하는 함수를 선언한다
void StepSimulation()
{
    ...

    // [4-3-2] 모든 행을 대상으로 반복한다
    for (int y = 0; y < FIELD_HEIGHT; y++)
    {
        // [4-3-3] 모든 열을 대상으로 반복한다
        for (int x = 0; x < FIELD_WIDTH; x++)
        {
            // [4-3-4] 대상 셀과 인접하는 살아 있는 셀의 수를 선언한다
            int livingCellCount = GetLivingCellsCount(x, y);
        }
    }
}
```

대상 셀이 몇 개의 살아 있는 셀과 인접해 있는지에 따라 그 셀의 다음 세대에서의 생사를 판정합니다. 라이프 게임의 규칙에 따라 1개면 과소로 사멸, 2개면 현상 유지, 3개면 생존 또는 탄생, 4개 이상이면 과밀로 사멸합니다.

```
//  [4-3-3] 모든 열을 대상으로 반복한다
for (int x = 0; x < FIELD_WIDTH; x++)
{
    ...

        //  [4-3-5] 인접하는 살아 있는 셀의 수로 분기한다
        if (livingCellCount <= 1)// [4-3-5]1개면
        {
            //  [4-3-6] 대상 셀을 사멸시킨다
            nextField[y][x] = false;
        }
        else if (livingCellCount == 2)// [4-3-7] 2개면
        {
            //  [4-3-8] 현상 유지
            nextField[y][x] = field[y][x];
        }
        else if (livingCellCount == 3)// [4-3-9] 3개면
        {
            //  [4-3-10] 대상 셀을 탄생/생존시킨다
            nextField[y][x] = true;
        }
        else// [4-3-11] 4개 이상이면
        {
            //  [4-3-12] 대상 셀을 사멸시킨다
            nextField[y][x] = false;
        }
}
```

이제 시뮬레이션 기능이 완성되었지만 결과가 아직 화면에 반영되지 않습니다.

■ 시뮬레이션 결과를 화면에 반영시킨다 ▮❖ ─ ─ ─ ─ ─ ─ ─ ─ ─ ─ ─ ─ ─

메모리 복사를 하기 위해 문자열 조작 헤더 <string.h>를 인클루드합니다.

```
//  [1] 헤더를 인클루드하는 곳
...
#include <string.h> // [1-3] 문자열 조작 헤더를 인클루드한다
#include <conio.h>  // [1-5] 콘솔 입출력 헤더를 인클루드한다
```

시뮬레이션 결과가 나온 후에 시뮬레이션 결과 nextField를 현재의 필드 field에 복사합니다.

```
// [4-3] 1 스텝만큼 시뮬레이션을 실행하는 함수를 선언한다
void StepSimulation()
{
    ...

    // [4-3-13] 다음 스텝의 필드를 현재 필드에 복사한다
    memcpy(field, nextField, sizeof field);
}
```

실행하면, 키보드를 누를 때마다 셀의 집합이 형태를 바꾸면서 화면의 왼쪽 위에서 오른쪽 아래 방향으로 이동해 갑니다. 이제 라이프 게임이 완성되었습니다.

■ 키를 누를 때마다 패턴이 움직인다

시뮬레이션을 일정 시간마다 자동 진행시킨다

시뮬레이션 결과를 차근차근 확인하고 싶다면 키보드를 눌러 진행하는 방식이 좋지만, 실시간으로 자동 진행되는 모습을 보는 것도 재미있을 것입니다. 그러므로 키보드를 누르지 않아도 자동으로 진행되도록 만들겠습니다.

우선은 1초당 갱신 횟수의 매크로 FPS를 정의합니다.

```
// [2] 상수를 정의하는 곳
...
```

```
#define FPS  (10)       // [2-3] 1초당 갱신 횟수를 정의한다
```

FPS를 바탕으로 갱신의 간격을 밀리초(1/1000초 단위)로 나타내는 매크로로 IN
TERVAL을 정의합니다.

```
// [2] 상수를 정의하는 곳
...
#define INTERVAL  (1000/FPS)      // [2-4] 갱신 간격(밀리초)을 정의한다
```

현재의 시각을 구하기 위해 시간 관리 헤더 <time.h>를 인클루드합니다.

```
// [1] 헤더를 인클루드하는 곳

...
#include <time.h>     // [1-4] 시간 관리 헤더를 인클루드한다
#include <conio.h>    // [1-5] 콘솔 입출력 헤더를 인클루드한다
```

메인 루프에 들어가기 전에 이전 갱신 시각을 보유하는 변수 lastClock을 선언하
고 현재의 시각으로 초기화합니다.

```
// [4-5] 프로그램 실행의 시작점을 선언한다
int main()
{
    clock_t lastClock = clock();// [4-5-5] 이전 갱신 시간을 선언한다

    ...
}
```

메인 루프 내에서 현재의 시간을 얻고, 변수 newClock에 보유합니다.

```
// [4-5-6] 메인 루프
while (1)
{
    clock_t newClock = clock();// [4-5-7] 현재의 경과 시간을 선언한다
```

```
    ...
}
```

이전 갱신 시각에서 대기 시간이 경과하지 않으면 이후 처리를 스킵하고 루프의
처음으로 돌아갑니다.

```
// [4-5-6] 메인 루프
while (1)
{
    clock_t newClock = clock();// [4-5-7] 현재의 경과 시간을 선언한다

        // [4-5-8] 이전 갱신 시간에서 대기 시간이 경과하지 않으면
        if (newClock < lastClock + INTERVAL)
        {
            continue;// [4-5-9] 대기 상태로 돌아간다
        }

    ...
}
```

대기 시간이 경과하면 다음 처리로 넘어갑니다. 우선은 다음 갱신에 대비하여 이전
갱신 시각을 보유하는 변수 lastClock에 현재의 시각 newClock을 설정합니다.

```
// [4-5-6] 메인 루프
while (1)
{
    ...

        // [4-5-10] 이전 갱신 시간을 현재의 갱신 시간으로 갱신한다
        lastClock = newClock;

    ...
}
```

마지막으로 키보드 입력 대기 코드를 주석 처리합니다.

```
// [4-5-6] 메인 루프
while (1)
{
    ...

    _getch();// [4-5-12] 키보드 입력을 기다린다

    StepSimulation();// [4-5-13] 시뮬레이션을 진행한다
}
```

실행하면 시뮬레이션이 일정 시간마다 자동으로 이뤄지게 됩니다.

여기까지 키보드 입력으로 세대를 진행하는 기능을 구현하고, 실시간으로 진행
되도록 수정했습니다. 어느 쪽을 선택할지는 사용하는 패턴이나 취향에 따라 결정
하세요.

임의의 패턴을 필드의 중심에 배치한다

넓은 필드의 가운데에 작은 패턴을 써넣고 싶을 때가 있습니다. 그러므로 필드와
는 별도로 준비한 패턴을 필드의 임의의 위치에 복사하는 기능을 추가하겠습니다.

필드를 넓게 확장한다

우선 넓은 필드를 그리기 위해 콘솔 설정을 변경합니다. 글꼴 크기를 6, 화면 버퍼와
창의 너비를 321, 높이를 161로 합니다.

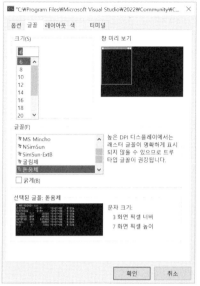

■ 글꼴 설정

■ 레이아웃 설정

다음으로 필드 크기를 변경합니다.

```
#define FIELD_WIDTH        (160)        // [2-1] 필드의 너비를 정의한다
#define FIELD_HEIGHT       (160)        // [2-2] 필드의 높이를 정의한다
```

■ 필드가 넓어진다

실행하면 필드가 넓어진 것을 확인할 수
있습니다. 이제 큰 패턴도 표시할 수 있
습니다.

패턴을 필드에 써넣는 함수를 작성한다

임의의 패턴을 필드의 임의의 장소에 써넣는 처리를 담당할 함수 PatternTrans fer를 선언합니다. 인수 _destX와 _destY는 복사 대상의 원점 좌표, _srcWidth와 _ srcHeight는 써넣는 패턴의 크기, _pPattern은 써넣는 패턴의 데이터 주소입니다.

```
// [4] 함수를 선언하는 곳

...

// [4-4] 패턴을 필드에 복사하는 함수를 선언한다
void PatternTransfer(
    int _destX, int _destY,
    int _srcWidth, int _srcHeight,
    bool* _pPattern)
{
}

...
```

복사 원본 패턴의 모든 칸을 대상으로 반복하여 복사 대상인 필드의 지정된 좌표에 복사합니다.

```
// [4-4] 패턴을 필드에 복사하는 함수를 선언한다
void PatternTransfer(...)
{
    // [4-4-1] 패턴 내의 모든 행을 대상으로 반복한다
    for (int y = 0; y < _srcHeight; y++)
    {
        // [4-4-2] 패턴 내의 모든 열을 대상으로 반복한다
        for (int x = 0; x < _srcWidth; x++)
        {
            // [4-4-3] 패턴을 필드에 복사한다
            field[_destY + y][_destX + x] = _pPattern[y * _srcWidth + x];
        }
    }
}
```

이제 패턴을 필드에 복사하는 함수 PatternTransfer가 완성되었습니다.

패턴을 필드에 써넣는 함수를 테스트한다

테스트용으로 초기화한 필드의 초기 설정을 주석 처리하거나 삭제합니다.

```
// [3-1] 필드를 선언한다
bool field[FIELD_HEIGHT][FIELD_WIDTH] =
{
/*
    ...
*/
};
```

실행하면 필드에는 아무것도 없는 상태가 됩니다.

다음으로 main() 함수의 처음에 복사할 패턴의 크기와 모양을 선언합니다. 사용하는 패턴은 셀이 무한히 증식하는 「번식형」 중에서 가장 셀의 수가 적은 패턴입니다.

```
// [4-5] 프로그램 실행의 시작점을 선언한다
int main()
{
    const int patternWidth = 10;// [4-5-1] 패턴의 너비를 선언한다
    const int patternHeight = 8;// [4-5-2] 패턴의 높이를 선언한다

    // [4-5-3] 패턴을 선언한다
    bool pattern[patternHeight][patternWidth] =
    {
        {0,0,0,0,0,0,0,0,0,0},
        {0,0,0,0,0,0,0,1,0,0},
        {0,0,0,0,0,1,0,1,1,0},
        {0,0,0,0,0,1,0,1,0,0},
        {0,0,0,0,0,1,0,0,0,0},
        {0,0,0,1,0,0,0,0,0,0},
        {0,1,0,1,0,0,0,0,0,0},
        {0,0,0,0,0,0,0,0,0,0}
    };
```

```
    ...

}
```

작성한 패턴을 필드의 중심에 써넣습니다.

```
// [4-5] 프로그램 실행의 시작점을 선언한다
int main()
{

    ...

    // [4-5-4] 패턴을 필드의 중심에 복사한다
    PatternTransfer(
        FIELD_WIDTH / 2 - patternWidth / 2,     // int _destX
        FIELD_HEIGHT / 2 - patternHeight / 2,   // int _destY
        patternWidth,                           // int _srcWidth
        patternHeight,                          // int _srcHeight
        (bool*)pattern);                        // bool* _pPattern

    ...

}
```

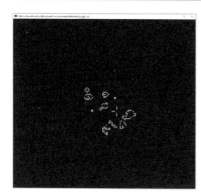

실행하면 필드의 가운데에 패턴이 나타
나고 증식해 나갑니다.

■ 패턴이 필드의 중심에 배치된다

축하합니다! 이제 이 장의 프로그램이 완성되었습니다. 마지막으로 다양한 패턴을
넣어 라이프 게임을 즐겨 봅시다.

패턴의 예

고정 물체

고정 물체는 적은 셀의 집합이 생사의 균형을 유지하며 형태가 변하지 않는 패턴입니다.

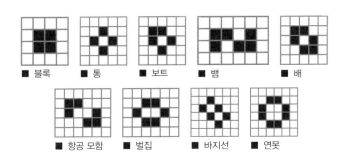

■ 블록   ■ 통   ■ 보트   ■ 뱀   ■ 배

■ 항공 모함   ■ 벌집   ■ 바지선   ■ 연못

진동자

진동자는 일정 주기로 같은 변화를 반복하는 패턴입니다.

■ 고정 물체(주기 2) ▓❖

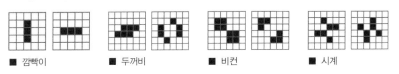

■ 깜빡이   ■ 두꺼비   ■ 비컨   ■ 시계

■ 펄서(주기 3) ▓❖

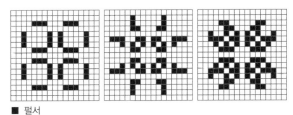

■ 펄서

■ 팔각형(주기 5) 📑❖

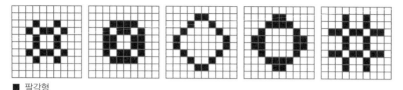

■ 팔각형

■ 은하(주기 8) 📑❖

■ 은하

■ 펜타데카슬론(주기 15) 📑❖

■ 펜타데카슬론(pentadecathlon)

장수형

장수형은 긴 세대에 걸쳐 불규칙한 변화를 지속하다가 일정 세대 후에 안정화되는 패턴입니다.

■ R-펜토미노 📑❖

R-펜토미노는 최초로 발견된 장수형 패턴입니다.

■ R-펜토미노

▪ 다이하드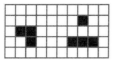

■ 다이하드

다이하드는 130세대 후에 모든 셀이 사멸하는 패턴입니다. 셀이 7개 이하인 패턴으로서는 소멸하기까지 기간이 최대일 것으로 예상됩니다.

▪ 도토리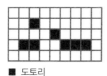

■ 도토리

도토리는 5206세대 동안 13개의 글라이더를 만들어내는 패턴입니다.

이동 물체

이동 물체는 셀의 집합이 계속 이동하는 패턴입니다.

▪ 글라이더

■ 글라이더

▪ 라이트급 우주선

■ 라이트급 우주선

▪ 미들급 우주선 📧❖

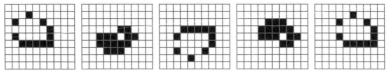

■ 미들급 우주선

▪ 헤비급 우주선 📧❖

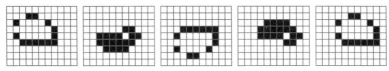

■ 헤비급 우주선

번식형

번식형은 셀이 무한히 계속 증식하는 패턴입니다. 번식형의 하나로 무한히「글라이더」를 계속 발사하는「글라이더 총」이 있습니다.

▪ 글라이더 총 📧❖

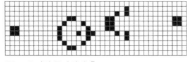

■ 고스퍼의 글라이더 총

고스퍼의 글라이더 총은 15세대에서 처음으로 글라이더를 발사하고, 그 이후는 30세대마다 글라이더를 발사합니다.

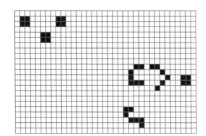

■ 심킨의 글라이더 총

심킨의 글라이더 총은 120세대마다 글라이더를 발사합니다.

▪ 작은 패턴 ▰✦ -

다음 패턴은 가장 작은 번식형 패턴입니다.

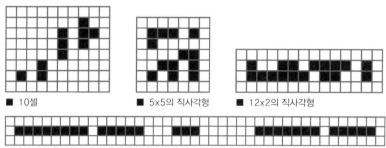

■ 10셀   ■ 5x5의 직사각형   ■ 12x2의 직사각형

■ 높이 1의 패턴

▪ 칙칙폭폭 열차 ▰✦ -

칙칙폭폭 열차는 증기 기관차가 연기를 내면서 달리는 듯한 번식형의 패턴입니다.
열차와 같은 물체가 오른쪽으로 이동하면서 증기처럼 생성되는 물체가 위로 이동
합니다.

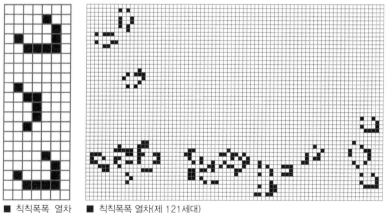

■ 칙칙폭폭 열차   ■ 칙칙폭폭 열차(제 121세대)
　(제 1세대)

맥스

맥스는 번식형의 일종으로, 마름모 모양의 도형이 무한히 확대되도록 변화합니다.

■ 맥스(제 1세대)

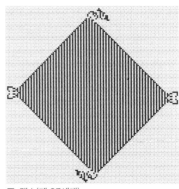

■ 맥스(제 97세대)

직선에서 신비로운 무늬

가로 일직선으로 2의 거듭제곱(2, 4, 8, 16, ...256, ...1024, ...)개의 셀을 나열하여 세대를 진행하면 신비로운 무늬가 그려집니다. 다음 예는 셀을 가로로 1024개 나열한 경우입니다. 처음에는 단순한 직선이지만 기하학적인 무늬를 그리면서 무한히 확장해 나갑니다.

■ 직선(제 1세대)

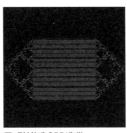

■ 직선(제 255세대)

■ 직선(제 511세대)

▪ 십자에서 신비로운 무늬 ▉✦ -

위 패턴의 직선을 십자로 하면 더욱 복잡한 만화경과 같은 무늬가 그려집니다. 다음 예는 1,024개의 셀을 십자 형태로 나열한 경우입니다.

■ 십자(제 1세대)　　　　■ 십자(제 127세대)　　　　■ 십자(제 255세대)

이 장에서 소개한 패턴은 입력하기 쉬운 작은 것들뿐이었지만, 더욱 크고 복잡한 패턴들이 많이 발견되어 공개되고 있습니다. 기하학적이고 아름다운 것이나 거대한 공장과 같이 복잡하고 규칙적인 움직임을 보이는 것들이 있으며, 라이프 게임의 끝없는 가능성을 느낄 수 있습니다.

작업 표시줄 하단의 'A' 또는 '가' 모양 아이콘 위에 마우스 커서를 올리고 마우스 오른쪽 버튼을 클릭하면 문자 너비를 변경할 수 있는 메뉴가 출력됩니다.

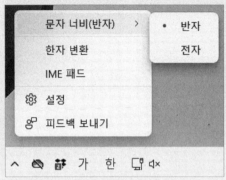

■ 반각 문자와 전각 문자를 선택할 수 있다

원하는 형태의 문자를 선택하면 출력되는 문자의 형태가 알맞게 변경됩니다.

제 장

리버시

모눈 단위의 데이터 처리와 AI 구현

2인 대전 보드게임의 정석 「리버시」

리버시는 19세기에 영국에서 고안된 보드게임입니다. 1973년에 일본에서 『오셀로』라는 이름으로 발매되어 히트하면서 유명해졌습니다. 2명의 플레이어가 교대로 돌을 놓고, 상대방의 돌을 자신의 돌로 끼워서 뒤집는 규칙입니다. 단순한 규칙이지만 깊이가 있고, 컴퓨터 연구와 세계 대회가 열리는 게임입니다.

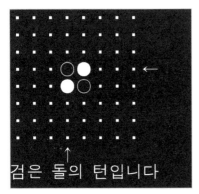

이 장에서 작성하는 리버시는 키보드 입력에 의한 커서 조작으로 돌을 놓습니다. 구현하는 모드는 2인 대전에 의한 2P 모드 외에 플레이어와 AI와 대전하는 1P 모드, 나아가 AI끼리의 대전을 관전하는 모드도 추가합니다.

■ 이 장에서 만들 게임의 화면

프로그램의 기본 구조를 작성한다

프로그램의 베이스 부분을 작성한다

첫 작업으로 소스 파일의 어디에 무엇을 기술할지를 주석으로 작성해 둡니다.

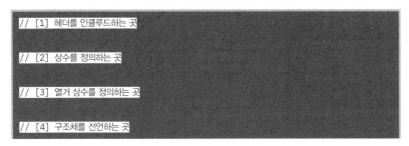

```
// [1] 헤더를 인클루드하는 곳

// [2] 상수를 정의하는 곳

// [3] 열거 상수를 정의하는 곳

// [4] 구조체를 선언하는 곳
```

```
// [5] 변수를 선언하는 곳

// [6] 함수를 선언하는 곳
```

프로그램의 실행 시작점인 main() 함수를 선언합니다.

```
// [6] 함수를 선언하는 곳

// [6-9] 프로그램 실행의 시작점을 선언한다
int main()
{
}
```

실행하면 창이 순간적으로 표시되고 종료되기 때문에 프로그램을 계속 진행하기
위해 메인 루프를 추가합니다.

```
// [6-9] 프로그램 실행의 시작점을 선언한다
int main()
{
    // [6-9-6] 메인 루프
    while (1)
    {
    }
}
```

실행하면 이번에는 프로그램이 계속 진행됩니다.

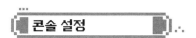

콘솔 설정

콘솔의 속성에서 글꼴 크기를 72, 화면 버퍼와 창의 너비를 22, 높이를 11로 설정
합니다.

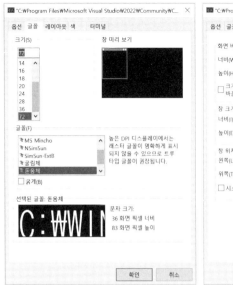

■ 글꼴 설정

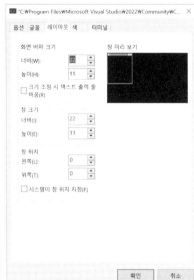

■ 레이아웃 설정

모눈판을 그린다

모눈판을 초기화한다

모눈판을 초기화하기 위해서 게임을 초기화하는 함수 Init를 선언합니다.

```
// [6] 함수를 선언하는 곳

// [6-7] 게임을 초기화하는 함수를 선언한다
void Init()
{
}

. . .
```

제 3 장 **리버시** 모눈 단위의 데이터 처리와 AI 구현

게임을 초기화하는 함수 Init를 main() 함수에서 호출합니다.

```
// [6-9] 프로그램 실행의 시작점을 선언한다
int main()
{
    Init();// [6-9-5] 게임을 초기화하는 함수를 호출한다

    ...
}
```

이제 게임을 시작할 때 초기화가 이뤄집니다.

다음으로 모눈판의 너비와 높이의 매크로 BOARD_WIDTH, BOARD_HEIG
HT를 정의합니다.

```
// [2] 상수를 정의하는 곳

#define BOARD_WIDTH      (8) // [2-1] 모눈판의 너비를 정의한다
#define BOARD_HEIGHT     (8) // [2-2] 모눈판의 높이를 정의한다
```

모눈판의 각 칸의 상태를 보유하는 배열 board를 선언합니다.

```
// [5] 변수를 선언하는 곳

// [5-5] 모눈판 각 칸의 상태를 선언한다
int board[BOARD_HEIGHT][BOARD_WIDTH];
```

각 칸의 상태를 정의합니다. 검정색과 흰색의 돌이 놓여 있는 상태 TURN_BLACK,
TURN_WHITE와 돌이 놓여있지 않은 상태 TURN_NONE이 있다고 합시다. 이
는 턴 제어에도 사용합니다.

```
// [3] 열거 상수를 정의하는 곳

// [3-1] 턴의 종류를 정의한다
enum
{
    TURN_BLACK, // [3-1-1] 검은 돌
```

```
    TURN_WHITE,   // [3-1-2] 흰 돌
    TURN_NONE,    // [3-1-3] 없음
    TURN_MAX      // [3-1-4] 턴의 개수
};
```

게임을 초기화하는 함수 Init에서 모눈판의 모든 칸을 돌이 놓여 있지 않은 상태 TURN_NONE으로 설정합니다.

```
// [6-7] 게임을 초기화하는 함수를 선언한다
void Init()
{
    // [6-7-1] 모눈판의 모든 행을 대상으로 반복한다
    for (int y = 0; y < BOARD_HEIGHT; y++)
    {
        // [6-7-2] 모눈판의 모든 열을 대상으로 반복한다
        for (int x = 0; x < BOARD_WIDTH; x++)
        {
            // [6-7-3] 대상 칸을 돌이 놓여 있지 않은 상태로 설정한다
            board[y][x] = TURN_NONE;
        }
    }
}
```

이제 모눈판이 초기화되었습니다.

모눈판을 그린다

모눈판을 그리기 위해서 화면 전체의 그리기 처리를 담당하는 함수 DrawScreen 을 선언합니다.

```
// [6] 함수를 선언하는 곳

// [6-5] 화면을 그리는 함수를 선언한다
void DrawScreen()
{
}
```

```
...
```

초기화 처리의 마지막에 화면을 그리도록 구현합니다.

```
// [6-7] 게임을 초기화하는 함수를 선언한다
void Init()
{
    ...

    DrawScreen();// [6-7-8] 화면을 그리는 함수를 호출한다
}
```

이제 게임이 시작되었을 때에 화면이 그려집니다.

다음으로 각 칸을 그리기 위한 아스키아트의 배열 diskAA를 선언합니다. 검은
돌을 ●(화면상에서는 ◘)로 하고, 흰 돌을 ○(화면상에서는 ◙)로 합니다.

```
// [5] 변수를 선언하는 곳


// [5-1] 돌의 아스키아트를 선언한다
const char* diskAA[TURN_MAX] =
{
    "●",       // [5-1-1] TURN_BLACK      검은 돌이 놓여 있다
    "○",       // [5-1-2] TURN_WHITE      흰 돌이 놓여 있다
    "·"        // [5-1-3] TURN_NONE       돌이 놓여 있지 않다
};
...
```

문자열을 표시하기 위해 표준 입출력 헤더 <stdio.h>를 인클루드합니다.

```
// [1] 헤더를 인클루드하는 곳

#include <stdio.h>   // [1-1] 표준 입출력 헤더를 인클루드한다
```

모눈판의 모든 칸을 대상으로 반복하여 각각의 칸을 아스키아트로 그립니다.

```
// [6-5] 화면을 그리는 함수를 선언한다
void DrawScreen()
{
    // [6-5-2] 모든 행을 대상으로 반복한다
    for (int y = 0; y < BOARD_HEIGHT; y++)
    {
        // [6-5-3] 모든 열을 대상으로 반복한다
        for (int x = 0; x < BOARD_WIDTH; x++)
        {
            printf("%s", diskAA[board[y][x]]);// [6-5-4] 돌을 그린다
        }
    }
}
```

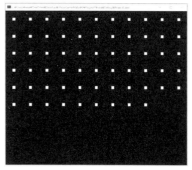

실행하면 각 칸이 그려지지만, 줄바꿈을
하지 않아서 표시가 흐트러집니다.
글자 깨짐 현상이 발생하면 p.20을 참고
하세요.

■ 모눈판 표시가 흐트러진다

그럼 각 행을 다 그린 다음에 줄바꿈합니다.

```
// [6-5-2] 모든 행을 대상으로 반복한다
for (int y = 0; y < BOARD_HEIGHT; y++)
{
    ...

    printf("\n");// [6-5-8] 행을 다 그리면 줄바꿈한다
}
```

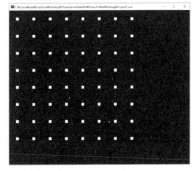

실행하면 이번은 올바르게 모눈판이 표
시됩니다.

■ 모눈판이 올바르게 그려진다

모눈판의 초기 배치를 설정한다

초기 배치로서 검은 돌을 모눈판의 중심에 2개 배치합니다.

```
// [6-7] 게임을 초기화하는 함수를 선언한다
void Init()
{
    ...

    // [6-7-4] 모눈판 중앙의 오른쪽 위와 왼쪽 아래에 검은 돌을 놓는다
    board[4][3] = board[3][4] = TURN_BLACK;

    DrawScreen();// [6-7-8] 화면을 그리는 함수를 호출한다
}
```

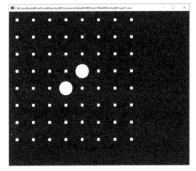

실행하면 검은 돌이 배치됩니다.

■ 검은 돌이 놓여진다

흰 돌도 마찬가지로 배치합니다.

```
// [6-7] 게임을 초기화하는 함수를 선언한다
void Init()
{

    ...

    // [6-7-5] 모눈판 중앙의 왼쪽 위와 오른쪽 아래에 흰 돌을 놓는다
    board[3][3] = board[4][4] = TURN_WHITE;


    DrawScreen();// [6-7-8] 화면을 그리는 함수를 호출한다
}
```

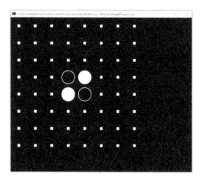

실행하면 흰 돌도 배치됩니다. 이제 모눈판이 완성되었습니다.

■ 흰 돌이 놓여진다

키보드 입력으로 칸을 선택한다

돌을 놓는 좌표를 지정하기 위한 커서를 만들겠습니다. 커서는 대상 좌표의 행과 열에 화살표를 표시해서 가리키고 있는 좌표를 나타냅니다.

커서를 그린다

우선은 커서의 좌표를 보유하기 위한 벡터 구조체 VEC2를 선언합니다. 멤버 변수 x, y가 대상의 좌표입니다.

```
// [4] 구조체를 선언하는 곳

// [4-1] 벡터 구조체를 선언한다
typedef struct {
    int x, y;    // [4-1-1] 좌표
} VEC2;
```

커서 좌표를 보유하는 변수 cursorPosition을 선언합니다.

```
// [5] 변수를 선언하는 곳
...

VEC2 cursorPosition;// [5-6] 커서의 좌표를 선언한다
```

커서가 가리키고 있는 행의 오른쪽에 왼쪽 방향의 화살표를 표시합니다.

```
// [6-5-2] 모든 행을 대상으로 반복한다
for (int y = 0; y < BOARD_HEIGHT; y++)
{
    ...

        // [6-5-6] 대상 행이 커서와 같은 행인지 판정한다
        if (y == cursorPosition.y)
        {
            printf("←"); // [6-5-7] 커서를 그린다
        }

    printf("\n"); // [6-5-8] 행 그리기의 마지막에 줄바꿈한다
}
```

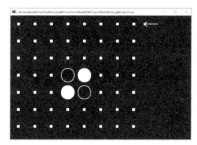

실행하면 커서 행의 오른쪽 끝에 왼쪽 방향의 화살표가 표시됩니다.

■ 커서 행에 왼쪽 방향 화살표가 그려진다

다음에 커서가 가리키고 있는 열의 아래에 위쪽 방향의 화살표를 표시합니다.

```
// [6-5] 화면을 그리는 함수를 선언한다
void DrawScreen()
{

    ...

        // [6-5-10] 모눈판의 열 개수만큼 반복한다
        for (int x = 0; x < BOARD_WIDTH; x++)
        {
            // [6-5-11] 커서와 같은 열인지 판정한다
            if (x == cursorPosition.x)
            {
                printf("↑");    // [6-5-12] ↑ 화살표를 표시한다
            }
            else
            {
                printf("  ");    // [6-5-13] 전각 공백을 표시한다
            }
        }
}
```

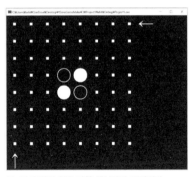

실행하면 커서 열의 아래에 위쪽 방향의 화살표가 표시됩니다. 이제 커서가 완성되었습니다.

■ 커서 열에 위쪽 방향 화살표가 그려진다

커서 그리기가 끝나면 다음 표시를 위해 줄바꿈합니다.

```
// [6-5] 화면을 그리는 함수를 선언한다
void DrawScreen()
```

제 3 장 **리버시** 모눈 단위의 데이터 처리와 AI 구현

```
{
    ...

    // [6-5-14] 커서 그리기가 끝나면 줄바꿈한다
    printf("\n");
}
```

커서를 키보드 입력으로 조작한다

커서를 키보드 입력으로 조작할 수 있게 만들겠습니다. 입력된 키에 따라 커서를 움직이고, 결정할 때까지의 처리를 담당할 함수 InputPosition을 선언합니다.

```
// [6] 함수를 선언하는 곳
...

// [6-8] 돌을 놓는 칸을 선택하는 함수를 선언한다
VEC2 InputPosition()
{
}
...
```

메인 루프에 들어가면 돌을 놓는 칸을 보유하는 변수 placePosition을 선언하고, 놓는 칸을 선택하는 함수 InputPosition에서 얻은 칸의 좌표를 보유해 둡니다.

```
// [6-9-6] 메인 루프
while (1)
{
    // [6-9-16] 돌을 놓는 칸을 선언한다
    VEC2 placePosition;

    // [6-9-18] 돌을 놓는 칸을 선택하는 함수를 호출한다
    placePosition = InputPosition();
}
```

돌을 놓는 칸을 선택하는 함수에서는 좌표가 결정될 때까지 입력을 계속 진행하므
로 무한 루프에 들어갑니다.

```
// [6-8] 돌을 놓는 칸을 선택하는 함수를 선언한다
VEC2 InputPosition()
{
    // [6-8-1] 놓는 칸이 선택될 때까지 무한 루프한다
    while (1)
    {
    }
}
```

키보드가 눌릴 때마다 커서의 위치가 바뀌기 때문에 그때마다 화면을 다시 그립니다.

```
// [6-8-1] 놓는 칸이 선택될 때까지 무한 루프한다
while (1)
{
    DrawScreen();// [6-8-2] 화면을 그리는 함수를 호출한다
}
```

화면을 클리어하기 위한 표준 라이브러리 헤더가 인클루드되어 있지 않다면
<stdlib.h>를 인클루드합니다.

```
// [1] 헤더를 인클루드하는 곳

#include <stdio.h>   // [1-1] 표준 입출력 헤더를 인클루드한다
#include <stdlib.h>  // [1-2] 표준 라이브러리 헤더를 인클루드한다
```

화면을 그리기 전에 화면을 클리어합니다.

```
// [6-5] 화면을 그리는 함수를 선언한다
void DrawScreen()
{
    system("cls");// [6-5-1] 화면을 클리어한다

    ...
}
```

실행하면 모눈판이 올바르게 그려지지만, 연속으로 그려지기 때문에 깜박거립니다. 이를 방지하기 위해, 키보드 입력 대기 상태로 만들기 전에 미리 콘솔 입출력 헤더 <conio.h>를 인클루드합니다.

```
// [1] 헤더를 인클루드하는 곳

#include <stdio.h>   // [1-1] 표준 입출력 헤더를 인클루드한다
#include <stdlib.h>  // [1-2] 표준 라이브러리 헤더를 인클루드한다
#include <conio.h>   // [1-4] 콘솔 입출력 헤더를 인클루드한다
```

화면 그리기가 끝나면 키보드 입력 상태로 전환합니다.

```
// [6-8-1] 놓는 칸이 선택될 때까지 무한 루프한다
while (1)
{
    DrawScreen();// [6-8-2] 화면을 그리는 함수를 호출한다

    // [6-8-3] 입력된 키에 따라 분기한다
    switch (_getch())
    {
    }
}
```

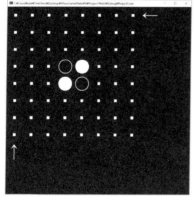

실행하면 깜박거림이 사라집니다. 이제 커서 그리기 기능이 완성되었습니다.

■ 화면이 정상적으로 그려진다

키보드를 누르면 w s a d 키 중 어느 것이 눌렸는지에 따라 분기하고, 커서를 이동시킵니다.

```
// [6-8-3] 입력된 키에 따라 분기한다
switch (_getch())
{
case 'w':               // [6-8-4] w 키를 누르면
    cursorPosition.y--; // [6-8-5] 커서를 위쪽으로 이동한다
    break;

case 's':               // [6-8-6] s 키를 누르면
    cursorPosition.y++; // [6-8-7] 커서를 아래쪽으로 이동한다
    break;

case 'a':               // [6-8-8] a 키를 누르면
    cursorPosition.x--; // [6-8-9] 커서를 왼쪽으로 이동한다
    break;

case 'd':               // [6-8-10] d 키를 누르면
    cursorPosition.x++; // [6-8-11] 커서를 오른쪽으로 이동한다
    break;
}
```

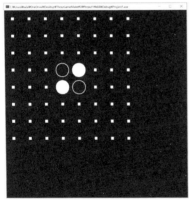

실행하면 커서를 움직일 수 있지만 범위 밖을 선택하면 커서가 화면 밖으로 사라집니다.

■ 커서가 화면 밖으로 사라진다

이를 방지하기 위해 커서가 상하좌우로 루프 이동이 가능하도록 수정하겠습니다.
우선은 열 번호를 좌우로 루프시킵니다.

```
// [6-8-1] 놓는 칸이 선택될 때까지 무한 루프한다
while (1)
{
    ...

    // [6-8-18] 커서를 좌우로 루프시킨다
    cursorPosition.x = (BOARD_WIDTH + cursorPosition.x) % BOARD_WIDTH;
}
```

실행하여 커서를 모눈판의 좌우 바깥쪽으로 이동시키려고 하면 반대쪽으로 루프
이동합니다.

커서의 위치를 초기화한다

게임이 시작되었을 때 처음으로 돌을 놓을 가능성이 높은 좌표 부근으로 커서 위치
를 초기화하겠습니다.

```
// [6] 함수를 선언하는 곳
...

// [6-7] 게임을 초기화하는 함수를 선언한다
void Init()
{
    ...

    cursorPosition = { 3,3 };// [6-7-7] 커서의 좌표를 초기화한다

    DrawScreen();// [6-7-8] 화면을 그리는 함수를 호출한다
}
```

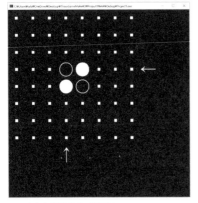

실행하면 커서의 초기 위치가 바뀝니다.

■ 커서의 위치가 초기화된다

키보드 입력으로 돌을 놓는다

키보드 입력으로 현재 턴의 플레이어가 돌을 놓는 것과 동시에 턴을 전환하여, 검은 돌과 흰 돌을 번갈아 가며 놓을 수 있도록 만들겠습니다.

현재 턴을 표시한다

턴의 전환이 되었는지 확인하기 위해, 현재, 검은 돌과 흰 돌 중 어느 돌을 놓을 턴인지 표시합니다. 우선은 현재의 턴을 보유하는 변수 turn을 선언합니다.

```
// [5] 변수를 선언하는 곳
...

int turn;// [5-7] 현재의 턴을 선언한다
```

게임을 초기화하는 함수에서 턴을 검은 돌로 초기화합니다.

```
// [6-7] 게임을 초기화하는 함수를 선언한다
void Init()
{
```

```
    ...

    turn = TURN_BLACK;// [6-7-6] 검은 돌의 턴으로 초기화한다

    ...
}
```

턴을 표시하기 위해서 각 턴의 이름을 담을 배열 turnNames를 선언합니다.

```
// [5] 변수를 선언하는 곳

// [5-2] 턴의 이름을 선언한다
const char* turnNames[] =
{
    "검은 돌",    // TURN_BLACK
    "흰 돌"      // TURN_WHITE
};
```

모눈판을 그린 다음에 현재 턴을 나타내는 메시지를 표시합니다.

```
// [6-5] 화면을 그리는 함수를 선언한다
void DrawScreen()
{
    ...

    // [6-5-16] 턴을 표시한다
    printf("%s의 턴입니다\n", turnNames[turn]);
}
```

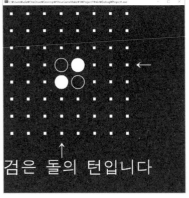

실행하면 현재 턴을 알리는 메시지가 표
시됩니다.

■ 현재 턴의 메시지가 표시된다

커서의 좌표에 돌을 놓는다

커서 이동 이외의 키를 누르면 커서의 좌표에 돌이 놓이게 하겠습니다. 돌을 놓는
칸을 선택하는 함수 InputPosition의 키보드 입력을 처리하는 부분에서, 이동 이
외의 키를 누르면 함수를 빠져나와 지정된 좌표를 반환하도록 수정합니다.

```
// [6-8-3] 입력된 키에 따라 분기한다
switch (_getch())
{
...

default:// [6-8-12] 상기 이외의 키를 누르면

    return cursorPosition;// [6-8-14] 커서의 좌표를 반환한다

    break;
}
```

돌을 놓는 칸을 선택하는 함수 InputPosition에서 얻은 좌표 placePosition에 현
재 턴의 돌 turn을 놓습니다.

```
// [6-9-6] 메인 루프
while (1)
{
    ...

    // [6-9-30] 현재 턴의 돌을 놓는다
    board[placePosition.y][placePosition.x] = turn;
}
```

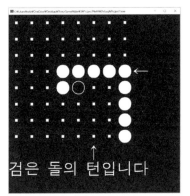

실행하면 현재 턴을 알리는 메시지가 표시
됩니다.

■ 현재 턴의 돌이 놓여진다

돌을 놓으면 턴을 넘긴다

그럼, 돌을 놓으면 턴을 넘겨 검은 돌과 흰 돌 교대로 놓을 수 있도록 만들겠습니다.

```
// [6-9-6] 메인 루프
while (1)
{
    ...

    turn ^= 1;// [6-9-31] 턴을 넘긴다
}
```

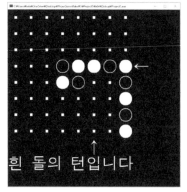

실행하면 돌을 놓을 때마다 턴이 바뀌어 검은 돌과 흰 돌을 교대로 돌을 놓을 수 있게 되지만, 아직 리버시 규칙상 놓아서는 안 되는 칸에도 둘 수 있습니다.

■ 돌을 놓을 때마다 턴이 바뀐다

돌을 놓을 수 있는지 판정한다

돌을 놓을 수 있는지 판정을 실시하여 놓을 수 없는 칸에는 놓을 수 없게 개선하겠습니다.

돌을 놓을 수 없는 경우의 처리를 구현한다

지정한 좌표에 돌을 놓을 수 있는지 판정을 담당할 함수 CheckCanPlace를 선언합니다. 인수 _color에 돌 색깔, 인수 _position에 좌표를 지정합니다.

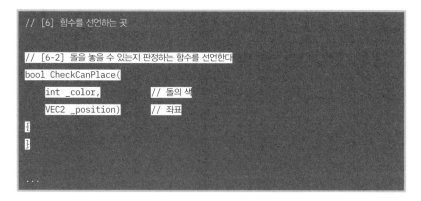

```
// [6] 함수를 선언하는 곳

// [6-2] 돌을 놓을 수 있는지 판정하는 함수를 선언한다
bool CheckCanPlace(
        int _color,             // 돌의 색
        VEC2 _position)         // 좌표
{
}

...
```

돌을 놓을 수 있는지에 대한 결과를 보유하는 변수 canPlace를 선언하고 함수의
마지막에 결과로 반환합니다.

```
// [6-2] 돌을 놓을 수 있는지 판정하는 함수를 선언한다
bool CheckCanPlace(...)
{
    bool canPlace = false;// [6-2-1] 놓을 수 있는지 여부의 플래그를 선언한다

    return canPlace;// [6-2-24] 돌을 놓을 수 있는지 반환한다
}
```

돌을 놓을 때에 놓을 수 있는지 판정하는 함수 CheckCanPlace를 호출하고, 놓을
수 있으면 지정된 좌표 cursorPosition을 반환하고, 놓을 수 없으면 아무것도 하
지 않도록 분기합니다.

```
// [6-8-3] 입력된 키에 따라 분기한다
switch (_getch())
{
...
default:// [6-8-12] 상기 이외의 키를 누르면

    // [6-8-13] 커서의 좌표에 돌을 놓을 수 있는지 판정한다
    if (CheckCanPlace(turn, cursorPosition))
    {
        return cursorPosition;// [6-8-14] 커서의 좌표를 반환한다
    }
    // [6-8-15] 놓을 수 없다면
    else
    {
    }

    break;
}
```

놓을 수 없는 경우는 메시지를 표시하고 키보드 입력 대기 상태로 선환합니다.

```
// [6-8-15] 놓을 수 없다면
else
{
    // [6-8-16] 놓을 수 없다는 메시지를 표시한다
    printf("놓을 수 없는 곳입니다\a");

    _getch();// [6-8-17] 키보드 입력을 기다린다
}
```

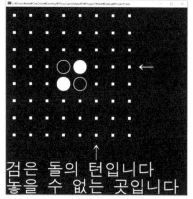

■ 놓을 수 없다는 메시지가 표시된다

실행하여 돌을 놓으려 하면 현 상태에서는 돌을 놓을 수 없다는 판정만 가능하기 때문에, 어디에 놓든 오류 메시지가 표시됩니다. 이제 돌을 놓을 수 없을 때의 처리가 완성되었습니다.

이미 돌이 놓여 있는 칸에는 놓을 수 없게 한다

돌을 놓을 수 있는지 판정하는 기능을 구현하겠습니다. 우선은 돌이 이미 놓여 있는 칸에는 돌을 겹쳐서 놓을 수 없게 합니다. 만약 지정한 칸에 이미 다른 돌이 놓여 있으면 놓을 수 없다는 결과를 반환합니다.

```
// [6-2] 돌을 놓을 수 있는지 판정하는 함수를 선언한다
bool CheckCanPlace(...)
{
    bool canPlace = false;// [6-2-1] 돌을 놓을 수 있는지 여부의 플래그를 선언한다

    // [6-2-2] 대상 좌표에 돌이 놓여 있지 않은지 판정한다
    if (board[_position.y][_position.x] != TURN_NONE)
```

```
        }
            return false;// [6-2-3] 돌이 놓여 있으면 놓을 수 없다는 결과를 반환한다
        }

    return canPlace;// [6-2-24] 돌을 놓을 수 있는지 반환한다
}
```

지정한 칸에 돌을 놓을 수 있을지 판정한다

지정한 칸에 돌을 놓은 경우, 이미 놓여 있는 자신의 돌과 함께 상대방의 돌을 끼울 수 있는지 체크하도록 만들겠습니다. 체크는 지정한 좌표의 주변 8방향으로 이루어지므로, 우선은 방향의 종류를 정의합니다.

```
// [3] 열거 상수를 정의하는 곳
...

// [3-2] 방향의 종류를 정의한다
enum
{
        DIRECTION_UP,              // [3-2-1] 위
        DIRECTION_UP_LEFT,         // [3-2-2] 왼쪽 위
        DIRECTION_LEFT,            // [3-2-3] 왼쪽
        DIRECTION_DOWN_LEFT,       // [3-2-4] 왼쪽 아래
        DIRECTION_DOWN,            // [3-2-5] 아래
        DIRECTION_DOWN_RIGHT,      // [3-2-6] 오른쪽 아래
        DIRECTION_RIGHT,           // [3-2-7] 오른쪽
        DIRECTION_UP_RIGHT,        // [3-2-8] 오른쪽 위
        DIRECTION_MAX              // [3-2-9] 방향 수
};
```

지정한 좌표를 중심으로 하여 모든 방향을 대상으로 반복합니다.

```
// [6-2] 돌을 놓을 수 있는지 판정하는 함수를 선언한다
bool CheckCanPlace(...)
{
```

```
...
// [6-2-5] 모든 방향을 대상으로 반복한다
for (int i = 0; i < DIRECTION_MAX; i++)
{
}

return canPlace;// [6-2-24] 돌을 놓을 수 있는지 반환한다
}
```

각 방향으로 한 칸씩 이동하면서 체크하기 때문에 현재 체크 중인 좌표를 보유하
는 변수 currentPosition을 선언합니다.

```
// [6-2-5] 모든 방향을 대상으로 반복한다
for (int i = 0; i < DIRECTION_MAX; i++)
{
    // [6-2-6] 현재 체크 중인 좌표를 선언한다
    VEC2 currentPosition = _position;
}
```

각 방향 벡터의 배열 directions를 선언합니다.

```
// [5] 변수를 선언하는 곳
...

// [5-4] 방향을 선언한다
VEC2 directions[DIRECTION_MAX] =
{
    { 0,-1},    // [5-4-1] DIRECTION_UP              위
    {-1,-1},    // [5-4-2] DIRECTION_UP_LEFT         왼쪽 위
    {-1, 0},    // [5-4-3] DIRECTION_LEFT            왼쪽
    {-1, 1},    // [5-4-4] DIRECTION_DOWN_LEFT       왼쪽 아래
    { 0, 1},    // [5-4-5] DIRECTION_DOWN            아래
    { 1, 1},    // [5-4-6] DIRECTION_DOWN_RIGHT      오른쪽 아래
    { 1, 0},    // [5-4-7] DIRECTION_RIGHT           오른쪽
    { 1,-1}     // [5-4-8] DIRECTION_UP_RIGHT        오른쪽 위
};
```

```
...
```

좌표를 임의의 방향으로 이동하기 위해 벡터를 더하는 함수 VecAdd를 선언합니다. 인수 _v0, _v1을 더한 벡터를 반환합니다.

```
// [6] 함수를 선언하는 곳

// [6-1] 벡터를 더하는 함수를 선언한다
VEC2 VecAdd(VEC2 _v0, VEC2 _v1)
{
    // [6-1-2] 더한 벡터를 반환한다
    return
    {
        _v0.x + _v1.x,
        _v0.y + _v1.y
    };
}
...
```

각 방향을 대상으로 반복 시 처음에 원점에서 진행 방향의 옆 칸으로 이동합니다.

```
// [6-2-5] 모든 방향을 대상으로 반복한다
for (int i = 0; i < DIRECTION_MAX; i++)
{
    ...

    // [6-2-7] 옆 칸으로 이동한다
    currentPosition = VecAdd(currentPosition, directions[i]);

}
```

상대의 돌 색깔을 얻고, 변수 opponent에 설정합니다. 자신이 검은 돌(0)이면 상대는 흰 돌(1), 자신이 흰 돌(1)이면 상대는 (0)이 됩니다.

```
// [6-2] 돌을 놓을 수 있는지 판정하는 함수를 선언한다
bool CheckCanPlace(..._
{

    ...

    int opponent = _color ^ 1;// [6-2-4] 상대의 돌 색을 선언한다

    ...

}
```

원점 옆의 돌이 상대의 돌이 아니면 끼울 수 없으므로 그 방향의 체크를 스킵합니다.

```
// [6-2-5] 모든 방향을 대상으로 반복한다
for (int i = 0; i < DIRECTION_MAX; i++)
{

    ...

    // [6-2-8] 상대의 돌이 아닌지 판정한다
    if (board[currentPosition.y][currentPosition.x] != opponent)
    {
        // [6-2-9] 상대의 돌이 아니면 그 방향의 체크를 중지한다
        continue;
    }
}
```

상대의 돌이 몇 개 늘어서 있는지는 확정할 수 없으므로 무한 루프에 들어갑니다.

```
// [6-2-5] 모든 방향을 대상으로 반복한다
for (int i = 0; i < DIRECTION_MAX; i++)
{

    ...

    // [6-2-10] 무한 루프한다
    while (1)
    {
    }
}
```

루프할 때마다 진행 방향의 옆 칸으로 이동합니다.

```
// [6-2-10] 무한 루프한다
while (1)
{
    // [6-2-11] 옆 칸으로 이동한다
    currentPosition = VecAdd(currentPosition, directions[i]);
}
```

모눈판의 범위 밖으로 나가면 끼울 수 없으므로 그 방향의 체크를 스킵합니다.

```
// [6-2-10] 무한 루프한다
while (1)
{
    ...

    // [6-2-12] 체크하는 칸이 모눈판의 범위 내인지 판정한다
    if ((currentPosition.x < 0)
        || (currentPosition.x >= BOARD_WIDTH)
        || (currentPosition.y < 0)
        || (currentPosition.y >= BOARD_HEIGHT))
    {
        // [6-2-13] 모눈판 바깥쪽으로 나가면 현재 방향의 체크를 빠져나간다
        break;
    }
}
```

그 칸에 돌이 놓여 있지 경우도 끼울 수 없으므로, 그 방향의 체크를 스킵합니다.

```
// [6-2-10] 무한 루프한다
while (1)
{
    ...
```

```
// [6-2-14] 체크하는 칸에 돌이 없는지 판정한다
if (board[currentPosition.y][currentPosition.x] == TURN_NONE)
{
    break;// [6-2-15] 돌이 없으면 현재 방향의 체크를 빠져나간다
}
}
```

자신의 돌이 발견되면 끼울 수 있음이 확정되므로, 대상 칸에 돌을 놓을 수 있는지 여부의 플래그를 true로 설정합니다.

```
// [6-2-10] 무한 루프한다
while (1)
{
    ...

    // [6-2-16] 체크하는 칸에 자신의 돌이 있으면
    if (board[currentPosition.y][currentPosition.x] == _color)
    {
        // [6-2-17] 돌을 놓을 수 있는 것이 확정된다
        canPlace = true;
    }
}
```

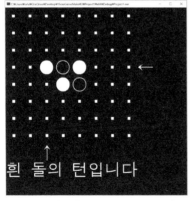

실행하면 끼울 수 있는 칸에만 돌을 놓을 수 있지만, 뒤집기는 아직 이뤄지지 않습니다.

■ 상대의 돌을 끼울 수 있는 칸에만 돌을 놓을 수 있다

끼운 상대의 돌을 뒤집는다

돌 뒤집기 기능은 돌을 놓을 수 있는지 판정하는 기능과 공통 부분이 많으므로, 돌을 놓을 수 있는지 판정하는 함수 CheckCanPlace에 기능을 추가하여 실시합니다.

돌을 뒤집는 기능을 추가한다

돌을 놓을 수 있는지 판정하는 함수 CheckCanPlace의 인수에 돌을 뒤집을지를 저장하는 플래그 _turnOver를 추가합니다.

```
// [6-2] 돌을 놓을 수 있는지 판정, 또는 돌을 뒤집는 함수를 선언한다
bool CheckCanPlace(
    int _color,              // 돌의 색
    VEC2 _position,          // 좌표
    bool _turnOver = false)  // 뒤집을지 여부
{
    ...
}
```

돌을 놓으면 반드시 돌 뒤집기가 발생하기 때문에 돌을 뒤집는 함수 CheckCanPlace를 호출합니다.

```
// [6-9-6] 메인 루프
while (1)
{
    ...

    // [6-9-29] 돌을 뒤집는다
    CheckCanPlace(turn, placePosition, true);

    ...
}
```

돌을 뒤집는다

돌을 놓을 수 있는지 각 방향을 체크하여 돌을 놓을 수 있음이 확정되면, 뒤집을
수 있는 플래그가 설정되어 있는지를 확인합니다.

```
// [6-2-16] 체크하는 칸에 자신의 돌이 있으면
if (board[currentPosition.y][currentPosition.x] == _color)
{

    ...

    // [6-2-18] 뒤집기 플래그가 설정되어 있는지를 확인한다
    if (_turnOver)
    {
    }
}
```

뒤집기 플래그가 설정되어 있으면 뒤집기 좌표를 보유하는 변수 reversePosition
을 선언하고 돌을 놓는 좌표 _position으로 초기화합니다.

```
// [6-2-18] 뒤집기 플래그가 설정되어 있는지 확인한다
if (_turnOver)
{
    // [6-2-19] 뒤집는 좌표를 선언한다
    VEC2 reversePosition = _position;
}
```

체크하는 칸을 체크 중인 방향으로 1칸 이동시킵니다.

```
// [6-2-18] 뒤집기 플래그가 설정되어 있는지 확인한다
if (_turnOver)
{

    ...

    // [6-2-20] 옆 칸으로 이동한다
    reversePosition = VecAdd(reversePosition, directions[i]);
}
```

몇 개의 돌을 끼우고 있는지는 확정할 수 없으므로 자신의 돌에 도달할 때까지 루프합니다.

```
// [6-2-18] 뒤집기 플래그가 설정되어 있는지 확인한다
if (_turnOver)
{
    ...

    // [6-2-21] 현재 턴의 돌을 찾을 때까지 반복한다
    do
    {
    } while (board[reversePosition.y][reversePosition.x] != _color);
}
```

루프 안에서 상대의 돌을 뒤집습니다.

```
// [6-2-21] 현재 턴의 돌을 찾을 때까지 반복한다
do
{
    // [6-2-22] 상대의 돌을 뒤집는다
    board[reversePosition.y][reversePosition.x] = _color;

} while (board[reversePosition.y][reversePosition.x] != _color);
```

뒤집을 때마다 옆 칸으로 이동합니다.

```
// [6-2-21] 현재 턴의 돌을 찾을 때까지 반복한다
do
{
    ...

    // [6-2-23] 옆 칸으로 이동한다
    reversePosition = VecAdd(reversePosition, directions[i]);

} while (board[reversePosition.y][reversePosition.x] != _color);
```

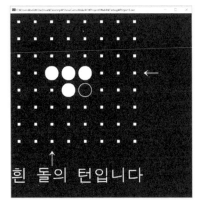

흰 돌의 턴입니다

■ 상대의 돌을 뒤집는다

실행하여 돌을 놓을 수 있는 칸에 돌을 놓으면 상대의 돌을 뒤집을 수 있습니다. 그러나 이대로 게임을 진행하다 어디에도 돌을 놓을 수 없게 되면 게임을 진행할 수 없습니다.

어디에도 돌을 놓을 수 없는 경우 패스한다

어디에도 놓을 수 없는 경우는 패스하여 상대에게 턴이 넘어가게 만들겠습니다.

돌을 놓을 수 있는 곳이 있는지 판정하는 함수를 작성한다

우선 모눈판의 모든 칸을 체크하여, 돌을 놓을 수 있는 칸이 하나라도 있는지 판정하는 함수 CheckCanPlaceAll을 선언합니다.

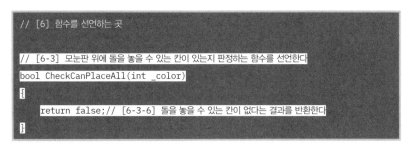

```
// [6] 함수를 선언하는 곳


// [6-3] 모눈판 위에 돌을 놓을 수 있는 칸이 있는지 판정하는 함수를 선언한다
bool CheckCanPlaceAll(int _color)
{
    return false;// [6-3-6] 돌을 놓을 수 있는 칸이 없다는 결과를 반환한다
}
```

모눈판의 모든 칸을 대상으로 반복하여, 판정하는 각 칸의 좌표를 보유하는 변수 position을 선언합니다.

```
// [6-3] 모눈판 위에 돌을 놓을 수 있는 칸이 있는지 판정하는 함수를 선언한다
bool CheckCanPlaceAll(int _color)
{
    // [6-3-1] 모눈판의 모든 행을 대상으로 반복한다
    for (int y = 0; y < BOARD_HEIGHT; y++)
    {
        // [6-3-2] 모눈판의 모든 열을 대상으로 반복한다
        for (int x = 0; x < BOARD_WIDTH; x++)
        {
            // [6-3-3] 판정할 좌표를 선언한다
            VEC2 position = { x, y };
        }
    }

    return false;// [6-3-6] 돌을 놓을 수 있는 칸이 없다는 결과를 반환한다
}
```

대상 칸에 돌을 놓을 수 있는지 판정하고, 놓을 수 있는 칸을 찾으면 「돌을 놓을
수 있는 칸이 있다」는 결과를 반환합니다.

```
// [6-3-2] 모눈판의 모든 열을 대상으로 반복한다
for (int x = 0; x < BOARD_WIDTH; x++)
{
    ...

    // [6-3-4] 대상 좌표에 돌을 놓을 수 있는지 판정한다
    if (CheckCanPlace(
        _color,     // int _color      돌 색
        position)) // VEC2 _position   좌표
    {
        return true;// [6-3-5] 돌을 놓을 수 있는 칸이 있다는 결과를 반환한다
    }
}
```

이제 돌을 놓을 수 있는 칸이 있는지 판정하는 함수가 완성되었습니다.

어디에도 돌을 놓을 수 없으면 패스한다

돌을 놓기 전에 돌을 놓을 수 있는 칸이 있는지 판정합니다.

```
// [6-9-6] 메인 루프
while (1)
{
    // [6-9-7] 놓을 수 있는 칸이 없는지 판정한다
    if (!CheckCanPlaceAll(turn))
    {
    }

    ...
}
```

돌을 놓을 수 있는 칸이 없으면 상대에게 턴을 넘겨 이후의 처리를 스킵합니다.

```
// [6-9-7] 놓을 수 있는 칸이 없는지 판정한다
if (!CheckCanPlaceAll(turn))
{
    turn ^= 1;// [6-9-8] 턴을 바꾼다

    continue;// [6-9-15] 상대의 턴으로 스킵한다
}
```

실행하여 어디에도 돌을 놓을 수 없는 상황이 되면 패스하여 상대에게 턴이 넘어가게 되지만, 상대도 돌을 놓을 수 없는 경우는 게임을 진행할 수 없습니다.

승패 결과를 표시한다

양측이 돌을 놓을 수 없는 상황이 되면 결과를 표시하고 게임을 종료시키도록 만들겠습니다.

결과 표시로 바뀐다

자신이 턴을 패스하고 상대에게 턴을 넘겼을 때, 상대가 돌을 놓을 수 있는지 판정합니다. 상대가 돌을 놓을 수 있다면 상대에게 턴을 넘기지만, 상대도 돌을 놓을 수 없으면 게임을 종료하고 결과를 표시하는 처리로 분기합니다.

```
// [6-9-7] 놓을 수 있는 칸이 없는지 판정한다
if (!CheckCanPlaceAll(turn))
{
    turn ^= 1;// [6-9-8] 턴을 넘긴다

    // [6-9-9] 놓을 수 있는 칸이 없는지 판정한다
    if (!CheckCanPlaceAll(turn))
    {
    }

    // [6-9-14] 상대에게 놓을 수 있는 칸이 있으면
    else
    {
        continue;// [6-9-15] 상대의 턴으로 스킵한다
    }
}
```

양쪽 모두 돌을 놓을 수 없으면 어느 플레이어의 턴도 아니고, 승부가 난 것으로 판정합니다.

```
// [6-9-9] 놓을 수 있는 칸이 없는지 판정한다
if (!CheckCanPlaceAll(turn))
{
    turn = TURN_NONE;// [6-9-10] 승부가 난 것으로 판정한다
}
```

화면을 다시 그리고 키보드 입력 대기 상태로 만듭니다. 승부가 난 경우는 화면을 그리는 함수 내에서 결과를 표시합니다.

```
// [6-9-9] 놓을 수 있는 칸이 없는지 판정한다
if (!CheckCanPlaceAll(turn))
{
    turn = TURN_NONE;// [6-9-10] 승부가 난 것으로 한다

    DrawScreen();// [6-9-11] 화면을 그리는 함수를 호출한다

    _getch();// [6-9-12] 키보드 입력을 기다린다
}
```

화면을 그리는 함수에서 턴을 알리는 메시지를 표시하기 전에 승부가 났는지 여부에 따라 분기합니다.

```
// [6-5] 화면을 그리는 함수를 선언한다
void DrawScreen()
{
    ...

    // [6-5-15] 승부가 났는지 판정한다
    if (turn != TURN_NONE)
    {
        // [6-5-16] 턴을 표시한다
        printf("%s의 턴입니다\n", turnNames[turn]);
    }
    // [6-5-17] 승부가 났다면
    else
    {
    }
}
```

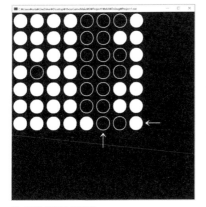

실행하여 양측이 돌을 놓을 수 없게 될 때까지 게임을 진행하면 턴이 표시되지 않습니다. 이것으로 승부가 났는지 판정하는 기능이 완성되었습니다.

■ 결과 표시로 바뀐다

승패를 판정하여 결과를 표시한다

양측의 돌의 수를 세어서 승패를 판정합니다. 우선은 임의의 색의 돌의 개수를 세는 함수 GetDiskCount를 선언합니다. 인수 _color로 어느 돌을 셀지를 지정합니다.

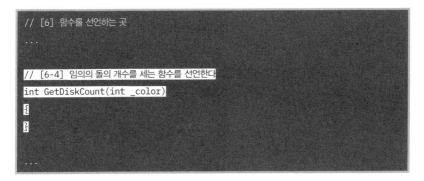

```
// [6] 함수를 선언하는 곳

...

// [6-4] 임의의 돌의 개수를 세는 함수를 선언한다
int GetDiskCount(int _color)
{
}

...
```

세는 돌의 개수를 보유하는 변수 count를 선언하고 함수 GetDiskCount의 마지막에 결과로 반환합니다.

```
// [6-4] 임의의 돌의 개수를 세는 함수를 선언한다
int GetDiskCount(int _color)
{
    int count = 0;// [6-4-1] 세는 돌의 개수를 보유하는 변수를 선언한다
```

```
        return count;// [6-4-6] 센 돌의 개수를 반환한다
}
```

모눈판의 모든 칸을 대상으로 반복하여 해당하는 색의 돌을 찾을 때마다 돌의 개
수 count에 1을 더합니다.

```
// [6-4] 임의의 돌의 개수를 세는 함수를 선언한다
int GetDiskCount(int _color)
{
    int count = 0;// [6-4-1] 세는 돌의 개수를 보유할 변수를 선언한다

    // [6-4-2] 모눈판의 모든 행을 대상으로 반복한다
    for (int y = 0; y < BOARD_HEIGHT; y++)
    {
        // [6-4-3] 모눈판의 모든 열을 대상으로 반복한다
        for (int x = 0; x < BOARD_WIDTH; x++)
        {
            // [6-4-4] 대상 칸에 해당하는 돌이 있는지 판정한다
            if (board[y][x] == _color)
            {
                count++;// [6-4-5] 돌의 개수를 1 증가시킨다
            }
        }
    }

    return count;// [6-4-6] 센 돌의 개수를 반환한다
}
```

돌의 개수를 세는 함수 GetDiskCount가 완성되었습니다. 이제 승부가 나면 돌의
개수를 세는 함수 GetDiskCount를 사용해서 양측 돌의 개수를 얻고, 변수
blackCount, whiteCount에 설정합니다.

```
// [6-5-17] 승부가 났다면
else
{
```

```
// [6-5-18] 검은 돌의 개수를 선언한다
int blackCount = GetDiskCount(TURN_BLACK);

// [6-5-19] 흰 돌의 개수를 선언한다
int whiteCount = GetDiskCount(TURN_WHITE);
}
```

승자를 보유하는 변수 winner를 선언하고 양측 돌의 수를 비교하여 승자를 판정
합니다. 우열을 가릴 수 없으면 무승부(TURN_NONE)입니다.

```
// [6-5-17] 승부가 났다면
else
{
    ...

    // [6-5-20] 승자를 보유하는 변수를 선언한다
    int winner;

    // [6-5-21] 승자를 판정한다
    if (blackCount > whiteCount)          // [6-5-22] 검은 돌이 많으면
    {
        winner = TURN_BLACK;              // [6-5-23] 검은 돌 승리
    }
    else if (whiteCount > blackCount)     // [6-5-24] 흰 돌이 많으면
    {
        winner = TURN_WHITE;              // [6-5-25] 흰 돌 승리
    }
    else                                  // [6-5-26] 같은 수라면
    {
        winner = TURN_NONE;               // [6-5-27] 무승부
    }
}
```

어떤 결과든 양측의 돌의 개수를 표시합니다.

```
// [6-5-17] 승부가 났다면
else
{
    ...

    // [6-5-28] 양측 돌의 개수를 표시한다
    printf("%s%d—%s%d\n",
        turnNames[TURN_BLACK],          // 검은 돌의 이름
        GetDiskCount(TURN_BLACK),       // 검은 돌의 개수
        turnNames[TURN_WHITE],          // 흰 돌의 이름
        GetDiskCount(TURN_WHITE));      // 흰 돌의 개수
}
```

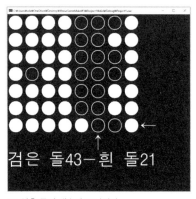

실행하여 승부가 나면 양측의 돌의 개수
가 표시됩니다.

■ 양측 돌의 개수가 표시된다

다음으로 승자를 표시합니다. 우열을 가릴 수 없으면 무승부, 승부가 났다면 승자
를 표시합니다.

```
// [6-5-17] 승부가 났다면
else
{
    ...

    // [6-5-29] 무승부인지 판정한다
    if (winner == TURN_NONE)
    {
```

```
        printf("무승부\n");// [6-5-30] 무승부 메시지를 표시한다
    }
    else// [6-5-31] 승부가 났다면
    {
        // [6-5-32] 승자를 표시한다
        printf("%s의 승리\n", turnNames[winner]);
    }
}
```

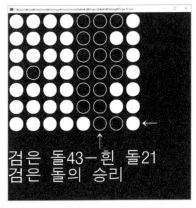

검은 돌43—흰 돌21
검은 돌의 승리

실행하여 게임 종료까지 진행하면 이번에는 승자도 표시되지만, 게임이 종료되지 않습니다.

■ 승자가 표시된다

게임이 종료되면 초기화한다

게임이 종료되면 초기 상태로 리셋시키겠습니다. 우선 게임 초기화 전에 점프할 곳의 라벨 start를 추가합니다.

```
// [6-9] 프로그램 실행의 시작점을 선언한다
int main()
{
start:      // [6-9-2] 시작 라벨
    ;       // [6 9-3] 빈 문장

    ...
}
```

결과 표시 중에 키를 누르면 초기화 전의 라벨 start로 점프합니다.

```
// [6-9-9] 놓을 수 있는 칸이 없는지 판정한다
if (!CheckCanPlaceAll(turn))
{

    ...

    goto start;// [6-9-13] 시작 라벨로 점프한다
}
```

실행하여 결과 표시 중에 키보드를 누르면 게임 시작 시의 상태로 리셋됩니다. 이 제 2인 대전 전용 리버시가 완성되었습니다.

게임 모드 선택 화면을 제작한다

혼자서도 플레이할 수 있게 컴퓨터와의 대전 모드를 추가하겠습니다. 우선은 모드 선택 화면을 추가합니다.

게임 모드 선택 화면으로 전환한다

모드를 선택하는 처리를 담당할 함수 SelectMode를 선언합니다.

```
// [6-6] 모드 선택 화면의 함수를 선언한다
void SelectMode()
{
}
```

게임을 초기화하기 전에 모드를 선택하는 함수 SelectMode를 호출합니다.

```
// [6-9] 프로그램 실행의 시작점을 선언한다
int main()
{
    ...
```

```
    SelectMode();// [6-9-4] 모드를 선택하는 함수를 호출한다

    ...
}
```

모드 선택 처리는 모드가 결정될 때까지 계속되므로 무한 루프에 들어갑니다.

```
// [6-6] 모드 선택 화면의 함수를 선언한다
void SelectMode()
{
    // [6-6-2] 무한 루프한다
    while (1)
    {
    }
}
```

루프할 때마다 화면을 클리어하여 모드 선택을 요청하는 메시지를 표시하고, 이후
의 표시를 위해 2행 비워 둡니다.

```
// [6-6-2] 무한 루프한다
while (1)
{
    system("cls");// [6-6-3] 화면을 클리어한다

    // [6-6-4] 메시지를 표시한다
    printf("모드를 선택하세요\n");

    printf("\n\n");// [6-6-5] 2행 비운다
}
```

■ 모드 선택을 요청하는 메시지가 표시된다

실행하면 모드 선택을 요청하는 메시지
가 표시되며, 연속해서 표시되기 때문에
화면이 깜박거립니다.

화면의 연속 표시를 방지하기 위해서, 표시가 끝나면 키보드 입력 대기 상태로 전환해야 합니다.

```
// [6-6-2] 무한 루프한다
while (1)
{
    ...

        // [6-6-10] 입력된 키로 분기한다
        switch (_getch())
        {
        }
}
```

실행하면 화면 깜박거림이 사라집니다.

게임 모드를 목록으로 표시한다

선택할 수 있는 모드의 목록을 표시하겠습니다. 우선 모드의 종류를 정의합니다.

```
// [3] 열거 상수를 정의하는 곳
...

// [3-3] 게임 모드의 종류를 정의한다
enum
{
    MODE_1P,    // [3-3-1] AI와 대전하는 모드
    MODE_2P,    // [3-3-2] 플레이어 간의 대전 모드
    MODE_MAX    // [3-3-4] 모드의 수
};
```

모드 이름의 배열 modeNames를 선언합니다.

```
// [5] 변수를 선언하는 곳
...

```

```
// [5-3] 모드의 이름을 선언한다
const char* modeNames[] =
{
    "1P  GAME",    // [5-3-1] MODE_1P    AI와 대전하는 모드
    "2P  GAME",    // [5-3-2] MODE_2P    플레이어 간의 대전 모드
};
```

모드 선택 중에 모든 모드를 반복하여 모드를 목록으로 표시합니다.

```
// [6-6-2] 무한 루프한다
while (1)
{
    ...

        // [6-6-6] 모든 모드를 반복한다
        for (int i = 0; i < MODE_MAX; i++)
        {
            printf("%s\n", modeNames[i]);// [6-6-8] 모드의 이름을 그린다

            printf("\n");// [6-6-9] 1행 비운다
        }

    ...
}
```

실행하면 모드의 목록이 표시됩니다.

■ 모드의 목록이 표시된다

게임 모드를 키보드 입력으로 선택한다

모드를 선택하는 커서를 작성하겠습니다.

■ 커서를 표시한다 ▶❖ -

현재 선택되어 있는 모드를 보유하는 변수 mode를 선언합니다.

```
// [5] 변수를 선언하는 곳
...

int mode;// [5-8] 현재의 게임 모드를 선언한다
```

게임의 모드를 선택하는 함수 SelectMode에 들어가면 게임 모드 mode를 초기
화합니다.

```
// [6-6] 모드 선택 화면의 함수를 선언한다
void SelectMode()
{
    mode = MODE_1P;// [6-6-1] 게임 모드를 초기화한다

    ...
}
```

각 모드의 이름을 표시하기 전에 선택 중인 모드에는 커서 「>」, 그 밖에는 전각 공
백 「　」을 표시합니다.

```
// [6-6-6] 모든 모드를 반복한다
for (int i = 0; i < MODE_MAX; i++)
{
    // [6-6-7] 현재의 모드에는 커서를, 그 밖에는 전각 공백을 그린다
    printf("%s ", (i == mode) ? ">":" ");

    ...
}
```

실행하면 선택 중인 모드에 커서가 표시 됩니다.

■ 커서가 표시된다

■ 키보드 입력으로 선택을 바꾼다 📑❖ -

키보드 입력 이동 기능을 만들어, w 키로 커서를 위쪽, s 키로 아래쪽으로 이동 하게 합니다.

```
// [6-6-10] 입력된 키로 분기한다
switch (_getch())
{
case 'w':    // [6-6-11] w 키를 누르면
    mode--;  // [6-6-12] 이전 모드로 바꾼다
    break;

case 's':    // [6-6-13] s 키를 누르면
    mode++;  // [6-6-14] 다음 모드로 바꾼다
    break;
}
```

실행하면 커서가 움직이지만 범위 밖을 선택하면 커서가 사라집니다.

■ 선택을 바꾼다

그럼, 커서 선택이 범위 내에서 루프하도록 합니다.

```
// [6-6-2] 무한 루프한다
while (1)
{
    ...

    // [6-6-25] 커서를 상하로 루프시킨다
    mode = (MODE_MAX + mode) % MODE_MAX;
}
```

실행하여 모드의 범위 밖을 선택하려고 하면 커서가 위아래로 루프하게 됩니다.
이제 커서 조작이 완성되었습니다.

선택을 결정하고 모드 선택 화면을 빠져나간다

모드를 결정할 수 있게 만들겠습니다. 커서 조작 이외의 키를 누르면 함수 Select
Mode를 빠져나갑니다.

```
// [6-6-10] 입력된 키로 분기한다
switch (_getch())
{
...
default:    // [6-6-15] 그 밖의 키를 누르면
    return;// [6-6-24] 모드 선택을 빠져나간다
}
```

실행하여 모드 선택 화면에서 키보드를 누르면 게임이 시작는데, 어떤 모드를
선택해도 2P 대전 모드인 채 그대로입니다.

모드별로 AI 담당을 설정한다

1P 모드를 구현하겠습니다. 2P 모드에서는 1P와 2P 양쪽 모두 플레이어가 조작하
였지만, 1P 모드에서는 2P를 AI가 담당합니다. 그래서 플레이어와 AI의 처리를 분

기시키기 위해 각 턴을 플레이어가 담당할지 AI가 담당할지를 판정해야 합니다. 우선 각 턴이 플레이어의 담당인지 아닌지 판정할 플래그를 보유할 배열 isPlayer 를 선언합니다.

```
// [5] 변수를 선언하는 곳
...

bool isPlayer[TURN_MAX];// [5-9] 각 턴의 담당을 저장할 플래그를 선언한다
```

모드가 결정되면 선택된 모드에 따라 분기합니다.

```
// [6-6-10] 입력된 키로 분기한다
switch (_getch())
{
default:// [6-6-15] 그 밖의 키를 누르면


    // [6-6-16] 선택된 모드로 분기한다
    switch (mode)
    {
    case MODE_1P:          // [6-6-17] AI와 대전하는 모드라면
        break;

    case MODE_2P:          // [6-6-20] 플레이어 간의 대전 모드라면
        break;
    }


    return;// [6-6-24] 모드 선택을 빠져나간다
}
```

1P 모드에서는 검은 돌은 플레이어의 담당으로 하고, 흰 돌은 플레이어의 담당이 아닌 것으로 합니다.

```
// [6-6-16] 선택된 모드로 분기한다
switch (mode)
{
case MODE_1P:          // [6-6-17] AI와 대전하는 모드라면
```

```
    isPlayer[TURN_BLACK] = true;        // [6-6-18] 검은 돌을 플레이어로 한다

    isPlayer[TURN_WHITE] = false;       // [6-6-19] 흰 돌을 플레이어로 하지 않는다


    break;


...
}
```

2P 모드에서는 양쪽 모두 플레이어가 담당하므로, 양쪽 전부 플레이어의 담당으로 설정합니다.

```
// [6-6-16] 선택된 모드로 분기한다
switch (mode)
{
...

case MODE_2P:          // [6-6-20] 플레이어 간의 대전 모드라면


    // [6-6-21] 양쪽을 플레이어의 담당으로 한다

    isPlayer[TURN_BLACK] = isPlayer[TURN_WHITE] = true;


    break;
}
```

이제 각 모드의 AI 설정이 완성되었습니다.

돌을 놓는 칸을 자동으로 판단하는 AI를 구현한다

1P 모드의 플레이어의 대전 상대가 되는 AI를 구현합니다. 놓을 수 있는 칸 중에서 랜덤으로 놓도록 구현하겠습니다.

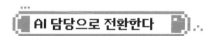

AI 담당으로 전환한다

돌을 놓을 때, 현재의 턴이 플레이어의 턴인지 여부로 분기합니다. 플레이어 턴이라면 기존처럼 돌을 놓지만 그렇지 않으면 AI 처리로 분기합니다.

```
// [6-9-6] 메인 루프
while (1)
{
    ...

    // [6-9-17] 현재 턴의 담당이 플레이어인지 판정한다
    if (isPlayer[turn])
    {
        // [6-9-18] 돌을 놓는 칸을 선택하는 함수를 호출한다
        placePosition = InputPosition();
    }
    // [6-9-19] 현재 턴의 담당이 플레이어가 아니라면
    else
    {
    }

    ...
}
```

실행하여 1P 모드를 선택하고 검은 돌의 플레이어가 돌을 놓으면 검은 돌이 흰 돌이 됩니다. 이는 검은 돌을 놓은 직후 흰 돌의 턴으로 전환되어 AI가 선택 중인 칸에 흰 돌을 무조건 놓기 때문입니다.

다음으로 AI 담당이라면 화면을 다시 그려 키보드 입력 대기 상태로 만듭니다.

```
//  [6-9-19] 현재 턴의 담당이 플레이어가 아니라면
else
{

    DrawScreen();// [6-9-20] 모눈판을 그리는 함수를 호출한다

    _getch();// [6-9-21] 키보드 입력을 기다린다

}
```

놓을 수 있는 칸 리스트를 작성한다

다음으로 흰 돌의 AI가 돌을 놓을 수 있는 곳에만 돌을 놓게 하겠습니다. 이를 위
해 돌을 놓을 수 있는 곳을 리스트업해야 합니다. 우선 돌을 놓을 수 있는 좌표 리
스트를 관리하기 위해서 벡터 헤더 <vector>를 인클루드합니다.

```
//  [1] 헤더를 인클루드하는 곳
...
#include <vector>    // [1-5] 벡터 헤더를 인클루드한다
```

AI가 돌을 놓을 때에 돌을 놓을 수 있는 좌표 리스트를 보유하는 동적 배열 변수
positions를 선언합니다.

```
//  [6-9-19] 현재 턴의 담당이 플레이어가 아니라면
else
{

    ...

    // [6-9-22] 놓을 수 있는 좌표를 보유하는 벡터를 선언한다
    std::vector<VEC2> positions;

}
```

모눈판의 모든 칸에 반복하여 각 칸의 좌표를 보유하는 변수 position을 선언합
니다.

```
// [6-9-24] 모눈판의 모든 열을 반복한다
for (int x = 0; x < BOARD_WIDTH; x++)
{

    ...

        // [6-9-26] 대상 좌표에 돌을 놓을 수 있는지 판정한다
        if (CheckCanPlace(turn, position))
        {
            // [6-9-27] 벡터에 대상 좌표를 추가한다
            positions.push_back(position);
        }
}
```

이제 돌을 놓을 수 있는 칸 리스트가 완성되었습니다.

놓을 수 있는 곳 중에서 랜덤으로 놓는다

작성한 놓을 수 있는 칸 리스트 중에서 랜덤으로 놓는 곳을 결정하도록 만들겠습니다. 우선은 난수의 시드에 사용할 현재 시각을 얻기 위해서 시간 관리 헤더 <time.h>를 인클루드합니다.

```
// [1] 헤더를 인클루드하는 곳
...
#include <time.h>     // [1-3] 시간 관리 헤더를 인클루드한다
...
```

main() 함수에 들어간 직후에 현재 시각을 시드로 난수를 생성합니다.

```
// [6-9] 프로그램 실행의 시작점을 선언한다
int main()
{
    srand((unsigned int)time(NULL));// [6-9-1] 난수를 생성한다

    ...
}
```

AI가 놓을 수 있는 칸 리스트를 작성한 후에, 놓을 칸을 리스트 중에서 랜덤으로 결정합니다.

```
// [6-9-19] 현재 턴의 담당이 플레이어가 아니라면
else
{
    ...

        // [6-9-28] 놓을 수 있는 곳을 랜덤으로 얻는다
        placePosition = positions[rand() % positions.size()];
}
```

실행하면 AI가 흰 돌을 놓을 수 있는 칸 중에서 랜덤으로 돌을 놓습니다. 그러나 AI의 턴에서도 커서가 표시되어 알아보기 어렵습니다.

AI 턴에는 커서를 안 보이게 한다

AI의 턴에서는 커서가 표시되지 않게 합니다. 우선 커서의 행을 가리키는 왼쪽 화살표를 표시하기 전에 현재 턴의 담당이 플레이어인지 판정합니다.

```
// [6-5-2] 모든 행을 대상으로 반복한다
for (int y = 0; y < BOARD_HEIGHT; y++)
{
    ...

        // [6-5-5] 플레이어의 담당인지 판정한다
        if (isPlayer[turn])
        {
            // [6-5-6] 대상 행이 커서와 같은 행인지 판정한다
            if (y == cursorPosition.y)
            {
                printf("←");// [6-5-7] 커서를 그린다
            }
        }
```

```
    printf("\n");// [6-5-8] 행 그리기의 마지막에 줄바꿈한다
}
```

실행하면 AI의 턴에는 커서 행을 가리키는 왼쪽 화살표가 표시되지 않습니다.

다음으로 커서의 열을 가리키는 화살표를 표시하기 전에도 현재 턴의 담당이 플레이어인지 판정합니다.

```
// [6-5] 화면을 그리는 함수를 선언한다
void DrawScreen()
{
    ...

    // [6-5-9] 플레이어의 담당인지 판정한다
    if (isPlayer[turn])
    {
        // [6-5-10] 모눈판의 열 수만큼 반복한다
        for (int x = 0; x < BOARD_WIDTH; x++)
        {
            ...
        }
    }
    ...
}
```

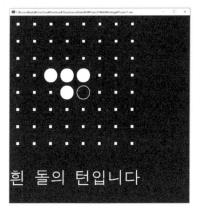

실행하면 AI의 턴에서는 커서의 열을 가리키는 위쪽 화살표도 표시되지 않습니다. AI의 턴에서 커서가 표시되지 않게 되어, 현재 어느 쪽의 턴인지 명확해졌습니다. 이제 1P 모드도 완성되었습니다.

■ AI의 턴에는 커서가 안 보인다

AI간 대전을 관전하는 모드를 추가한다

마지막으로 검은 돌과 흰 돌 모두를 AI로 설정하여 AI간 대전하는 관전 모드를 추가합니다. 일단은 모드의 종류에 관전 모드 MODE_WATCH를 추가합니다.

```
// [3-3] 게임 모드의 종류를 정의한다
enum
{
    MODE_1P,      // [3-3-1] AI와 대전하는 모드
    MODE_2P,      // [3-3-2] 플레이어 간의 대전 모드
    MODE_WATCH,   // [3-3-3] AI 간 대결의 관전 모드
    MODE_MAX      // [3-3-4] 모드의 수
};
```

모드 이름의 선언에서 관전 모드의 이름을 추가합니다.

```
// [5-3] 모드의 이름을 선언한다
const char* modeNames[] =
{
    "1P GAME",    // [5-3-1] MODE_1P     AI와 대전하는 모드
    "2P GAME",    // [5-3-2] MODE_2P     플레이어 간의 대전 모드
    "WATCH"       // [5-3-3] MODE_WATCH      AI간 대결의 관전 모드
};
```

실행하면 관전 모드가 추가되어 관전 모드를 선택할 수 있습니다.

■ 관전 모드가 추가된다

제 3 장 **리버시** 모눈 단위의 데이터 처리와 AI 구현

게임 모드 mode에서 분기할 때, 관전 모드 MODE_WATCH로 분기하도록 합니다.

```
// [6-6-16] 선택된 모드로 분기한다
switch (mode)
{
...

case MODE_WATCH:        // [6-6-22] AI간 대결의 관전 모드라면
    break;
}
```

관전 모드의 AI 턴을 설정할 때, 검은 돌과 흰 돌 양쪽 모든 플레이어의 턴이 아니라고 설정합니다.

```
// [6-6-16] 선택된 모드로 분기한다
switch (mode)
{
...

case MODE_WATCH:        // [6-6-22] AI간 대결의 관전 모드라면

    // [6-6-23] 양쪽 모두 플레이어의 턴으로 하지 않는다
    isPlayer[TURN_BLACK] = isPlayer[TURN_WHITE] = false;

    break;
}
```

실행하여 관전 모드를 선택하면 AI간의 대전이 자동으로 진행되고, 게임이 종료되면 모드 선택 화면으로 돌아갑니다.

축하합니다! 다양한 모드를 탑재한 리버시가 완성되었습니다. 현재 AI는 랜덤하게 돌을 놓기만 하여 약하지만, 어디에 놓는 것이 유리한지를 판정하는 AI 작성에 도전해 보는 것도 재미있을 것입니다.

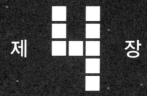

제 **4** 장

낙하물 퍼즐 게임

떨어지는 블록을 맞춰서 지우는 실시간 퍼즐

퍼즐 게임의 정석, 낙하물 퍼즐

■ 이 장에서 만들 게임의 화면

낙하물 퍼즐은 1984년에 구소련 과학자인 알렉세이 파지토노프에 의해 개발되어, 전 세계적으로 대히트한 『테트리스』를 시작으로 『뿌요뿌요』등 다양한 파생형이 생겨나 지금도 즐기는 게임 장르입니다.

이 장에서는 정통 낙하물 퍼즐 게임을 작성합니다. 떨어지는 블록을 빈틈없이 채워가고, 가로로 빈틈없이 채우면 그 라인의 블록이 지워지는 규칙입니다.

프로그램의 기본 구조를 작성한다

프로그램의 베이스 부분을 작성한다

첫 작업으로 소스 파일의 어디에 무엇을 기술할지를 주석으로 작성해 둡니다.

```
// [1] 헤더를 인클루드하는 곳

// [2] 상수를 정의하는 곳

// [3] 열거 상수를 정의하는 곳
```

```
// [4] 구조체를 선언하는 곳


// [5] 변수를 선언하는 곳


// [6] 함수를 선언하는 곳
```

프로그램의 실행 시작점인 main() 함수를 선언합니다.

```
// [6] 함수를 선언하는 곳


// [6-8] 프로그램 실행의 시작점을 선언한다
int main()
{
}
```

실행하면 창이 순간적으로 표시되고 종료되기 때문에 프로그램을 계속 진행하기
위해 메인 루프를 추가합니다.

```
// [6-8] 프로그램 실행의 시작점을 선언한다
int main()
{
    // [6-8-4] 메인 루프
    while (1)
    {
    }
}
```

실행하면 이번에는 프로그램이 계속 진행됩니다.

콘솔 설정

콘솔의 속성을 설정합니다. 글꼴 크기를 36, 화면 버퍼와 창의 너비를 26, 높이를 19
로 설정합니다.

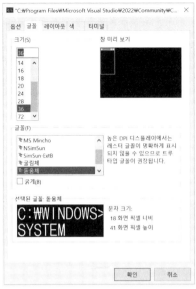

■ 글꼴 설정

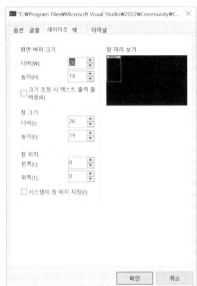

■ 레이아웃 설정

필드를 제작한다

필드를 그리기 전에 필드의 상태를 보유하는 버퍼를 생성하고, 초기화해야 합니다.

게임을 초기화하는 함수를 추가한다

게임 초기화를 담당할 함수 Init를 선언합니다.

```
// [6] 함수를 선언하는 곳

...

// [6-6] 게임을 초기화하는 함수를 선언한다
void Init()
{
}
```

제 4 장 **낙하물 퍼즐 게임** 떨어지는 블록을 맞춰서 지우는 실시간 퍼즐

게임을 초기화하는 함수 Init를 메인 루프에 들어가기 전에 호출합니다.

```
// [6-8] 프로그램 실행의 시작점을 선언한다
int main()
{
    // [6-8-2] 게임을 초기화하는 함수를 호출한다
    Init();

    ...
}
```

이제 게임이 시작될 때 초기화가 이뤄집니다.

화면을 그리는 함수를 추가한다

게임 화면을 그릴 함수 DrawScreen을 선언합니다.

```
// [6] 함수를 선언하는 곳

// [6-3] 화면을 그리는 함수를 선언한다
void DrawScreen()
{
}

...
```

화면을 그리는 함수 DrawScreen을 게임을 초기화하는 함수 Init에서 호출합니다.

```
// [6-6] 게임을 초기화하는 함수를 선언한다
void Init()
{
    DrawScreen();// [6-6-3] 화면을 그리는 함수를 호출한다
}
```

이제 게임이 시작될 때 화면이 그려집니다.

필드의 데이터를 작성한다

그릴 필드의 데이터를 준비하기 위해 우선은 크기를 정의해야 합니다. 필드의 너비와 높이 매크로 FIELD_WIDTH, FIELD_HEIGHT를 정의합니다. 이 값을 바꾸는 것만으로 필드의 크기가 바뀝니다.[1]

```
// [2] 상수를 정의하는 곳

#define FIELD_WIDTH     (12)    // [2-1] 필드의 너비를 정의한다
#define FIELD_HEIGHT    (18)    // [2-2] 필드의 높이를 정의한다
```

블록의 종류를 정의합니다. 블록이 없는 칸은 BLOCK_NONE(0), 지울 수 없는 블록이 있는 칸은 BLOCK_HARD(1)로 합니다.

```
// [3] 열거 상수를 정의하는 곳

// [3-1] 블록의 종류를 정의한다
enum
{
    BLOCK_NONE,    // [3-1-1] 블록 없음
    BLOCK_HARD,    // [3-1-2] 지울 수 없는 블록
    BLOCK_MAX      // [3-1-5] 블록 종류의 개수
};
```

필드의 각 칸의 상태를 보유하는 배열 field를 선언합니다.

```
// [5] 변수를 선언하는 곳

// [5-2] 필드를 선언한다
int field[FIELD_HEIGHT][FIELD_WIDTH];
```

필드의 초기 상태를 보유하는 배열 defaultField를 선언합니다. 각 칸의 값 0은 블록이 없는 칸을 나타내는 BLOCK_NONE, 1은 지울 수 없는 블록이 있는 칸을

---

1 정상적으로 표시하기 위해서는 콘솔 크기도 변경해야 합니다.

나타내는 **BLOCK_HARD**입니다. 이 장의 게임에서는 바닥 부분을 둥근 형태로 만들지만, 필드의 좌우와 바닥을 지울 수 없는 블록으로 둘러싸여 있으면 다른 형태도 문제없습니다.

```
// [5] 변수를 선언하는 곳

...

// [5-3] 필드의 초기 상태를 선언한다
int defaultField[FIELD_HEIGHT][FIELD_WIDTH] =
{
    {1,0,0,0,0,0,0,0,0,0,0,1},
    {1,0,0,0,0,0,0,0,0,0,0,1},
    {1,0,0,0,0,0,0,0,0,0,0,1},
    {1,0,0,0,0,0,0,0,0,0,0,1},
    {1,0,0,0,0,0,0,0,0,0,0,1},
    {1,0,0,0,0,0,0,0,0,0,0,1},
    {1,0,0,0,0,0,0,0,0,0,0,1},
    {1,0,0,0,0,0,0,0,0,0,0,1},
    {1,0,0,0,0,0,0,0,0,0,0,1},
    {1,0,0,0,0,0,0,0,0,0,0,1},
    {1,1,0,0,0,0,0,0,0,0,1,1},
    {1,1,0,0,0,0,0,0,0,0,1,1},
    {1,1,0,0,0,0,0,0,0,0,1,1},
    {1,1,0,0,0,0,0,0,0,0,1,1},
    {1,1,1,0,0,0,0,0,0,1,1,1},
    {1,1,1,0,0,0,0,0,0,1,1,1},
  {1,1,1,1,0,0,0,0,1,1,1,1},
  {1,1,1,1,1,1,1,1,1,1,1,1}
};
```

이제 필드 그리기에 필요한 데이터가 갖춰졌습니다.

필드를 그린다

필드 관련의 데이터를 복사하기 위해 문자열 조작 헤더 <string.h>를 인클루드합니다.

```
// [1] 헤더를 인클루드하는 곳

#include <string.h> // [1-3] 문자열 조작 헤더를 인클루드한다
```

게임을 초기화할 때 필드의 데이터 field에 초기 상태 defaultField를 복사해 둡니다.

```
// [6-6] 게임을 초기화하는 함수를 선언한다
void Init()
{
    // [6-6-1] 필드에 초기 상태를 복사한다
    memcpy(field, defaultField, sizeof field);

    DrawScreen();// [6-6-3] 화면을 그리는 함수를 호출한다
}
```

필드와 낙하 블록을 겹쳐서 그리기 위해 화면 버퍼의 배열 screen을 선언합니다.

```
// [6-3] 화면을 그리는 함수를 선언한다
void DrawScreen()
{
    // [6-3-1] 화면 버퍼를 선언한다
    int screen[FIELD_HEIGHT][FIELD_WIDTH];
}
```

필드를 그리기 전에 필드 field를 화면 버퍼 screen에 복사합니다.

```
// [6-3] 화면을 그리는 함수를 선언한다
void DrawScreen()
{
    ...
```

```
        // [6-3-2] 필드를 화면 버퍼에 복사한다
        memcpy(screen, field, sizeof field);
}
```

콘솔에 문자열을 출력하기 위해 표준 입출력 헤더 <stdio.h>를 인클루드합니다.

```
// [1] 헤더를 인클루드하는 곳

#include <stdio.h>  // [1-1] 표준 입출력 헤더를 인클루드한다
#include <string.h> // [1-3] 문자열 조작 헤더를 인클루드한다
```

화면을 그리는 함수에서 화면 버퍼의 모든 칸에 반복하는 코드를 작성합니다.

```
// [6-3] 화면을 그리는 함수를 선언한다
void DrawScreen()
{

    ...

        // [6-3-8] 필드의 모든 행을 대상으로 반복한다
        for (int y = 0; y < FIELD_HEIGHT; y++)
        {
                // [6-3-9] 필드의 모든 열을 대상으로 반복한다
                for (int x = 0; x < FIELD_WIDTH; x++)
                {
                }
        }
}
```

```
// [6-3-9] 필드의 모든 열을 대상으로 반복한다
for (int x = 0; x < FIELD_WIDTH; x++)
{
        // [6-3-10] 블록의 종류로 분기한다
        switch (screen[y][x])
        {
        case BLOCK_NONE: printf("  ");   break;// [6-3-11] 블록 없음
        case BLOCK_HARD: printf("+");    break;// [6-3-12] 지울 수 없는 블록
```

필드를 제작한다 185

```
    ?
}
```

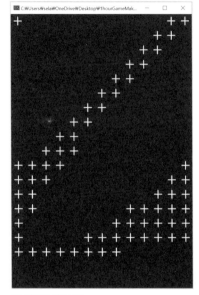

■ 필드가 어긋난다

실행하면 필드가 어긋나게 그리집니다.

1행 그릴 때마다 줄바꿈하도록 만들어 고쳐줍니다.

```
// [6-3-8] 필드의 모든 행을 대상으로 반복한다
for (int y = 0; y < FIELD_HEIGHT; y++)
{
    ...

    printf("\n");// [6-3-15] 줄바꿈한다
}
```

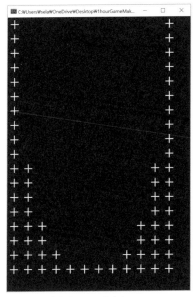

실행하면 이번에는 필드가 정상적으로 그려집니다.

■ 필드가 정상적으로 그려진다

낙하 블록을 추가한다

필드 위쪽에서 떨어지는 블록을 추가하겠습니다.

낙하 블록의 종류를 정의한다

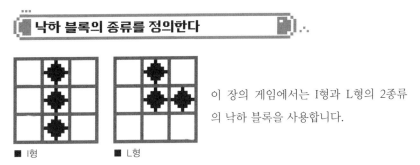

■ I형   ■ L형

이 장의 게임에서는 I형과 L형의 2종류의 낙하 블록을 사용합니다.

낙하 블록의 종류를 정의합니다. 종류를 추가하려면 낙하 블록 종류의 개수 BLOCK_SHAPE_MAX의 앞에 삽입합니다.

```
// [3] 열거 상수를 정의하는 곳

// [3-2] 낙하 블록의 종류를 정의한다
enum
{
    BLOCK_SHAPE_I,    // [3-2-1] I형
    BLOCK_SHAPE_L,    // [3-2-2] L형
    BLOCK_SHAPE_MAX   // [3-2-3] 낙하 블록 종류의 개수
};
```

낙하 블록의 형태를 정의한다

낙하 블록의 데이터 작성을 위해 낙하 블록의 최대 너비와 높이의 매크로 BLOCK_WIDTH_MAX, BLOCK_HEIGHT_MAX를 정의합니다.

```
// [2] 상수를 정의하는 곳

...

#define BLOCK_WIDTH_MAX     (4)     // [2-3] 블록의 최대 너비를 정의한다
#define BLOCK_HEIGHT_MAX    (4)     // [2-4] 블록의 최대 높이를 정의한다
```

낙하 블록의 형태에 관한 데이터를 종류별로 한데 묶어 두는 구조체 BLOCK SHAPE를 선언합니다. 멤버 변수의 size는 너비와 높이, pattern은 형태 데이터입니다.

```
// [4] 구조체를 선언하는 곳

// [4-1] 낙하 블록 형태의 구조체를 선언한다
typedef struct {
    int size;                                       // [4-1-1] 너비와 높이
    bool pattern[BLOCK_HEIGHT_MAX][BLOCK_WIDTH_MAX];  // [4-1-2] 형태
} BLOCKSHAPE;
```

낙하 블록 데이터의 배열 blockShapes를 선언합니다.

```
// [5] 변수를 선언하는 곳

// [5-1] 낙하 블록의 형태를 선언한다
const BLOCKSHAPE blockShapes[BLOCK_SHAPE_MAX] =
{
    // [5-1-1] BLOCK_SHAPE_I I형
    {
        3,// [5-1-2] int size      너비와 높이

        // [5-1-3] bool pattern[BLOCK_HEIGHT_MAX][BLOCK_WIDTH_MAX]    형태
        {
            {0,1,0,0},
            {0,1,0,0},
            {0,1,0,0},
            {0,0,0,0}
        }
    },
```

```
    // [5-1-4] BLOCK_SHAPE_L L형
    {
        3,// [5-1-5] int size      너비와 높이

        // [5-1-6] bool pattern[BLOCK_HEIGHT_MAX][BLOCK_WIDTH_MAX]    형태
        {
            {0,1,0,0},
            {0,1,1,0},
            {0,0,0,0},
            {0,0,0,0}
        }
    },
};
```

이제 낙하 블록의 형태 데이터가 완성되었습니다.

낙하 블록의 데이터를 작성한다

플레이어가 조작하는 낙하 블록을 작성하겠습니다. 우선은 낙하 블록의 데이터를 합친 구조체 BLOCK을 선언합니다. 멤버 변수의 x, y는 좌표, shape는 형태 데이터입니다.

```
// [4] 구조체를 선언하는 곳

...

// [4-2] 낙하 블록의 구조체를 선언한다
typedef struct {
    int x, y;              // [4-2-1] 좌표
    BLOCKSHAPE shape;      // [4-2-2] 형태
} BLOCK;
```

낙하 블록을 보유하는 변수 block을 선언합니다.

```
// [5] 변수를 선언하는 곳

...

BLOCK block;// [5-4] 낙하 블록을 선언한다
```

이것으로 낙하 블록의 데이터가 완성되었습니다.

낙하 블록을 초기화한다

아직 낙하 블록의 데이터는 비어 있으므로 초기화하겠습니다. 낙하 블록의 초기화는 새로운 낙하 블록을 생성할 때에도 필요하므로 함수로 만들어 두겠습니다. 낙하 블록을 초기화할 함수 InitBlock을 선언합니다.

```
// [6-6] 게임을 초기화하는 함수를 선언한다
void Init()
{
    ...
```

제 4 장 **낙하물 퍼즐 게임** 떨어지는 블록을 맞춰서 지우는 실시간 퍼즐

```
    InitBlock();// [6-6-2] 블록을 초기화하는 함수를 호출한다

    DrawScreen();// [6-6-3] 화면을 그리는 함수를 호출한다
}
```

낙하 블록의 형태가 랜덤이어야 하므로 난수의 생성에 필요한 표준 라이브러리 헤더 <stdlib.h>와 난수의 시드에 필요한 현재 시각을 얻기 위해 시간 관리 헤더 <time.h>를 인클루드합니다.

```
// [1] 헤더를 인클루드하는 곳

#include <stdio.h>   // [1-1] 표준 입출력 헤더를 인클루드한다
#include <stdlib.h>  // [1-2] 표준 라이브러리 헤더를 인클루드한다
#include <string.h>  // [1-3] 문자열 조작 헤더를 인클루드한다
#include <time.h>    // [1-4] 시간 관리 헤더를 인클루드한다
```

main() 함수에 들어간 직후에 현재 시각을 시드로 하여 난수를 섞습니다.

```
// [6-8] 프로그램 실행의 시작점을 선언한다
int main()
{
    srand((unsigned int)time(NULL));// [6-8-1] 난수를 섞는다

    ...
}
```

낙하 블록을 초기화하는 부분에서 형태를 랜덤으로 설정합니다.

```
// [6-5] 낙하 블록을 초기화하는 함수를 선언한다
void InitBlock()
{
    // [6-5-1] 낙하 블록의 형태를 랜덤으로 설정한다
    block.shape = blockShapes[rand() % BLOCK_SHAPE_MAX];
}
```

이것으로 낙하 블록의 초기화가 완성되었습니다.

낙하 블록을 그린다

낙하 블록을 그릴 때 다른 블록과 구별하기 위해 블록의 종류에 낙하 블록 BLOCK_FALL을 추가합니다.

```
// [3-1] 블록의 종류를 정의한다
enum
{
    ...
    BLOCK_FALL, // [3-1-4] 낙하 블록
    BLOCK_MAX   // [3-1-5] 블록 종류의 개수
};
```

화면 버퍼에 필드를 복사한 후에 낙하 블록을 덮어 씁니다. 낙하 블록의 모든 칸에 반복하여 블록이 있는 칸에는 낙하 블록을 써넣습니다.

```
// [6-3] 화면을 그리는 함수를 선언한다
void DrawScreen()
{
    ...

    // [6-3-3] 필드의 모든 행을 대상으로 반복한다
    for (int y = 0; y < BLOCK_HEIGHT_MAX; y++)
    {
        // [6-3-4] 필드의 모든 열을 대상으로 반복한다
        for (int x = 0; x < BLOCK_WIDTH_MAX; x++)
        {
            // [6-3-5] 블록이 있는지 판정한다
            if (block.shape.pattern[y][x])
            {
                // [6-3-6] 화면 버퍼에 낙하 블록을 써넣는다
                screen[block.y + y][block.x + x] = BLOCK_FALL;
            }
        }
    }
}
```

```
    ...
}
```

블록을 그릴 때에 낙하 블록도 그리도록 합니다.

```
// [6-3-10] 블록의 종류로 분기한다
switch (screen[y][x])
{
...
case BLOCK_FALL: printf("◇");    break;// [6-3-14] 낙하 블록
}
```

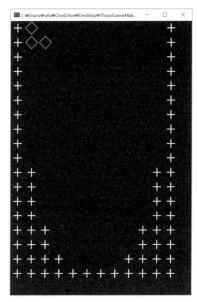

실행하면 낙하 블록이 그려집니다.

■ 낙하 블록이 표시된다

다음으로 낙하 블록이 필드 위 한가운데에서 출현하도록 좌표를 설정합니다.

```
// [6-5] 낙하 블록을 초기화하는 함수를 선언한다
void InitBlock()
{
    ...
```

```
// [6-5-2] 낙하 블록의 열을 중심으로 한다
block.x = FIELD_WIDTH/2 - block.shape.size/2;

block.y = 0;// [6-5-3] 낙하 블록의 행을 맨 앞으로 한다
}
```

실행하면 낙하 블록이 필드 위 가운데에 서 출현합니다.

■ 낙하 블록의 위치가 초기화된다

이제 낙하 블록의 초기화 기능이 완성되었습니다.

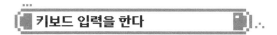

낙하 블록을 키보드로 조작한다

키보드 입력으로 낙하 블록을 조작할 수 있게 만들겠습니다.

키보드 입력을 한다

우선 키보드 입력을 하기 위해 콘솔 입출력 헤더 <conio.h>를 인클루드합니다.

```
// [1] 헤더를 인클루드하는 곳
...
#include <conio.h>    // [1-5] 콘솔 입출력 헤더를 인클루드한다
```

메인 루프 안에서 키보드 입력이 있었는지 판정합니다.

```
// [6-8-4] 메인 루프
while (1)
{
        // [6-8-9] 키보드 입력이 있었는지 판정한다
        if (_kbhit())
        {
        }
}
```

낙하 블록을 이동시킨다

키보드 입력이 있으면 입력된 키에 맞춰 낙하 블록을 조작할 수 있게 만들겠습니다. s 키를 누르면 아래로 낙하, a d 키를 누르면 좌우로 이동시킵니다.

```
// [6-8-9] 키보드 입력이 있었는지 판정한다
if (_kbhit())
{
        // [6-8-11] 입력된 키에 따라 분기한다
        switch (_getch())
        {
        case 'w':        // [6-8-12] w 키를 누르면
            break;

        case 's':        // [6-8-13] s 키를 누르면
            block.y++;    // [6-8-14] 블록을 아래로 이동한다
            break;

        case 'a':        // [6-8-15] a 키를 누르면
            block.x--;    // [6-8-16] 블록을 왼쪽으로 이동한다
            break;
```

```
    case 'd':       // [6-8-17] d 키를 누르면
        block.x++;  // [6-8-18] 블록을 오른쪽으로 이동한다
        break;
    }
}
```

실행해도 낙하 블록이 움직이지 않습니다. 이는 좌표가 바뀌어도 다시 그리지 않았기 때문입니다. 키보드 입력 판정 기능의 마지막에 필드를 다시 그립니다.

```
// [6-8-9] 키보드 입력이 있었는지 판정한다
if (_kbhit())
{
    ...
    DrawScreen(); // [6-8-24] 화면을 그리는 함수를 호출한다
}
```

실행하여 조작하면 화면의 아래쪽이 일부 흐트러집니다. 이는 이전에 그려진 것에 이어서 그리기 때문입니다. 이것을 피하기 위해 그리기 전에 화면을 클리어합니다.

```
// [6-3] 화면을 그리는 함수를 선언한다
void DrawScreen()
{
    ...

    // [6-3-7] 화면을 클리어한다
    system("cls");

    ...
}
```

실행하면 이번에는 화면이 정상적으로 그려집니다. 이제 블록의 이동 조작이 완성되었습니다.

낙하 블록을 회전시킨다

블록을 회전할 수 있게 만들겠습니다. 우선은 낙하 블록을 회전시키는 함수 RotateBlock을 선언합니다.

```
// [6] 함수를 선언하는 곳
...

// [6-4] 낙하 블록을 회전시키는 함수를 선언한다
void RotateBlock()
{
}

...
```

이 장의 게임 조작은 낙하 블록의 이동과 회전밖에 없으므로 이동 이외의 키를 누르면 회전하게 합니다. 이를 위해 낙하 블록의 이동 이외의 키가 눌릴 때의 분기를 추가합니다.

```
// [6-8-11] 입력된 키에 따라 분기한다
switch (_getch())
{
...

default:// [6-8-19] 이동 이외의 키를 누르면
    break;
}
```

이동 이외의 키를 누르면 낙하 블록을 회전시키는 함수 RotateBlock을 호출합니다.

```
// [6-8-11] 입력된 키에 따라 분기한다
switch (_getch())
{
...
default:// [6-8-19] 이동 이외의 키를 누르면
```

```
// [6-8-20] 낙하 블록을 회전시키는 함수를 호출한다
RotateBlock();


    break;
}
```

낙하 블록을 회전시키는 함수 RotateBlock에서 회전 후의 블록 형태를 보유하는
변수 rotatedBlock을 선언하고 회전 전의 현재 블록 block으로 초기화합니다.

```
// [6-4] 낙하 블록을 회전시키는 함수를 선언한다
void RotateBlock()
{
    // [6-4-1] 회전 후의 블록을 선언한다
    BLOCK rotatedBlock = block;
}
```

회전한 낙하 블록의 각 칸의 좌표는 계산으로 구할 수 있습니다.

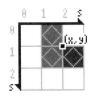

❶ 회전 전의 낙하 블록

우선 L형 블록의 너비와 높이를 s라고 하겠습니다. L자 블
록이 회전하는 경우는 3×3칸이 필요하기 때문에 실제 s의
값은 3이 됩니다.

　L형 블록의 오른쪽 아래 부분의 좌표를 x, y로 설정하겠
습니다. 실제 값은 x가 2, y가 1입니다.

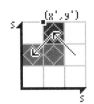

❷ 회전 후의 낙하 블록

낙하 블록을 시계 반대 방향으로 회전시킵니다. 회전 후의
칸 좌표를 x', y'로 설정하겠습니다. 실제 값은 x'가 1, y'가
0입니다.

상기의 그림을 바탕으로 회전 후의 칸 좌표 x'와 y'를 다음 공식으로 구합니다.

x' = y

y' = = s - 1- x

위 공식에 실제 값을 대입하면 다음과 같습니다.

1 = 1

0 = 3 - 1 - 2

계산이 맞으므로 이 공식이 맞음을 확인할 수 있습니다.

그럼 위 공식을 바탕으로 회전 블록의 각 칸을 시계 반대 방향으로 90° 회전시켜 변수 rotatedBlock에 설정합니다.

```
// [6-4] 낙하 블록을 회전시키는 함수를 선언한다
void RotateBlock()
{

    ...

    // [6-4-2] 낙하 블록의 모든 행을 대상으로 반복한다
    for (int y = 0; y < block.shape.size; y++)
    {
        // [6-4-3] 낙하 블록의 모든 열을 대상으로 반복한다
        for (int x = 0; x < block.shape.size; x++)
        {
            // [6-4-4] 회전 후의 블록 형태를 작성한다
            rotatedBlock.shape.pattern[block.shape.size - 1 - x][y] =
                block.shape.pattern[y][x];
        }
    }
}
```

회전 후의 블록 형태가 작성되었으면 메인 낙하 블록 block에 복사합니다.

```
// [6-4] 낙하 블록을 회전시키는 함수를 선언한다
void RotateBlock()
{
    ...

    // [6-4-5] 회전 후의 블록을 적용한다
    block = rotatedBlock;
}
```

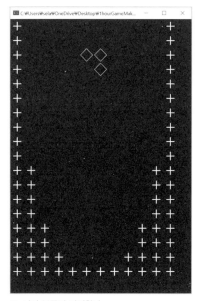

■ 낙하 블록이 회전한다

실행하여 이동 키 이외의 키를 누르면 낙하 블록이 시계 반대 방향으로 회전합니다. 이제 낙하 블록의 회전 조작이 완성되었습니다.

낙하 블록을 회전시키는 기능이 완성되었으므로, 낙하 블록이 생성되었을 때에 랜덤하게 회전한 상태로 만들겠습니다. 우선은 랜덤한 회전 횟수를 얻고, 변수 rotateCount에 설정합니다.

```
// [6-5] 낙하 블록을 초기화하는 함수를 선언한다
void InitBlock()
{
    ...
```

```
    // [6-5-4] 낙하 블록을 회전시키는 횟수를 선언한다
    int rotateCount = rand() % 4;
}
```

다음으로 설정한 횟수 rotateCount만큼 낙하 블록을 회전시킵니다.

```
// [6-5] 낙하 블록을 초기화하는 함수를 선언한다
void InitBlock()
{
    ...

    // [6-5-5] 낙하 블록을 회전시키는 횟수만큼 반복한다
    for (int i = 0; i < rotateCount; i++)
    {
        // [6-5-6] 낙하 블록을 회전시킨다
        RotateBlock();
    }
}
```

실행하면 낙하 블록이 생성될 때마다 랜덤한 회전 상태가 됩니다.

블록을 실시간으로 떨어뜨린다

블록이 자동으로 떨어지게 만들겠습니다.

게임을 실시간으로 진행시킨다

일정 시간마다 처리를 수행하여 게임이 실시간으로 진행되게 만들겠습니다. 우선
1초당 갱신 횟수의 매크로 FPS를 정의합니다.

```
// [2] 상수를 정의하는 곳
...
```

```
#define FPS      (1)      // [2-5] 1초당 그리기 빈도를 정의한다
```

갱신 간격의 매크로 INTERVAL을 정의합니다.

```
// [2] 상수를 정의하는 곳
...

#define INTERVAL (1000 / FPS)    // [2-6] 그리기 간격(밀리초)을 정의한다
```

메인 루프에 들어가기 전에 현재 시각을 얻어 와, 이전 갱신 시각을 보유할 변수 lastClock 에 설정합니다.

```
// [6-8] 프로그램 실행의 시작점을 선언한다
int main()
{
    ...

    clock_t lastClock = clock();// [6-8-3] 이전 갱신 시각을 보유하는 변수를 선언한다

    ...
}
```

메인 루프에 들어가면 현재 시각을 얻고, 변수 newClock에 설정합니다.

```
// [6-8-4] 메인 루프
while (1)
{
    clock_t newClock = clock();// [6-8-5] 현재 시각을 선언한다

    ...
}
```

이전의 갱신 시각에서 대기 시간이 경과했는지 판정합니다.

```
// [6-8-4] 메인 루프
while (1)
{
    clock_t newClock = clock();// [6-8-5] 현재 시각을 선언한다

    // [6-8-6] 대기 시간이 경과하면
    if (newClock >= lastClock + INTERVAL)
    {
    }

    ...
}
```

대기 시간이 경과했다면 다음 갱신에 대비하여 이전 갱신 시각을 현재 시각으로 갱신합니다.

```
// [6-8-6] 대기 시간이 경과하면
if (newClock >= lastClock + INTERVAL)
{
    lastClock = newClock;// [6-8-7] 이전 갱신 시각을 현재 시각으로 갱신한다
}
```

이제 일정 시간마다 갱신되는 실시간 처리가 완성되었습니다.

블록을 떨어뜨린다

이 실시간 처리를 사용하여 블록을 자동으로 떨어뜨립니다. 우선 낙하 블록을 떨어뜨리는 함수 FallBlock을 선언합니다.

```
// [6-7] 낙하 블록을 떨어뜨리는 함수를 선언한다
void FallBlock()
{
}
```

일정 시간마다 낙하 블록을 떨어뜨리는 함수 FallBlock을 호출합니다.

```
// [6-8-6] 대기 시간이 경과하면
if (newClock >= lastClock + INTERVAL)
{
    lastClock = newClock;// [6-8-7] 이전 갱신 시각을 현재 시각으로 갱신한다

    FallBlock();// [6-8-8] 낙하 블록을 떨어뜨리는 함수를 호출한다
}
```

블록을 떨어뜨리는 함수 FallBlock에서 블록을 1칸 떨어뜨립니다.

```
// [6-7] 낙하 블록을 떨어뜨리는 함수를 선언한다
void FallBlock()
{
    block.y++;// [6-7-2] 블록을 떨어뜨린다
}
```

실행해도 블록이 떨어지지 않습니다. 이는 낙하한 결과가 그려지지 않기 때문입니다. 갱신 함수의 마지막 부분에서 화면을 다시 그립니다.

```
// [6-7] 낙하 블록을 떨어뜨리는 함수를 선언한다
void FallBlock()
{
    block.y++;// [6-7-2] 블록을 떨어뜨린다

    DrawScreen();// [6-7-13] 화면을 그리는 함수를 호출한다
}
```

실행하면 낙하 블록이 일정 시간마다 떨어집니다. 이제 블록의 자동 낙하 처리가 완성되었습니다. 그러나 블록이 계속 떨어져 화면 밖으로 나갑니다.

낙하 블록과 필드 위 블록과의 충돌 판정을 구현한다

낙하 블록이 필드 위 블록과 겹치거나 필드의 범위 밖으로 나가지 않도록 충돌 판정을 구현하겠습니다.

낙하 블록과 필드의 충돌 판정 함수를 작성한다

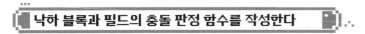

낙하 블록과 필드 위 블록과의 충돌 판정을 처리하는 함수 BlockIntersectField를 선언합니다.

```
// [6] 함수를 선언하는 곳

// [6-1] 낙하 블록과 필드의 충돌 판정을 실시하는 함수를 선언한다
bool BlockIntersectField()
{
    return false;// [6-1-8] 충돌하지 않았다는 결과를 반환한다
}
...
```

낙하 블록 패턴 내의 모든 칸을 반복하여 각 칸에 블록이 있는지 판정합니다.

```
// [6-1] 낙하 블록과 필드의 충돌 판정을 실시하는 함수를 선언한다
bool BlockIntersectField()
{
    // [6-1-1] 낙하 블록의 모든 행을 대상으로 반복한다
    for (int y = 0; y < block.shape.size; y++)
    {
        // [6-1-2] 낙하 블록의 모든 열을 대상으로 반복한다
        for (int x = 0; x < block.shape.size; x++)
        {
            // [6-1-3] 대상 칸에 블록이 있는지 판정한다
            if (block.shape.pattern[y][x])
            {
```

```
        }
    }

    return false;// [6-1-8] 충돌하지 않았다는 결과를 반환한다
}
```

낙하 블록의 각 칸과 필드 위 각 칸과의 충돌 판정을 실시하려면 낙하 블록의 데이터 내 로컬 좌표계를 필드 위의 글로벌 좌표계로 변환해야 합니다.

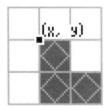

❶ 칸의 로컬 좌표

낙하 블록의 임의의 칸 좌표를 x, y로 설정합니다. 이는 낙하 블록의 형태 데이터 내의 로컬 좌표입니다.

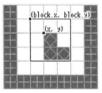

❷ 필드 위에 배치

상기의 낙하 블록을 필드 위에 배치합니다. 칸의 필드 위 글로벌 좌표는 낙하 블록의 글로벌 좌표 block.x, block.y와 칸의 로컬 좌표 x, y를 더한 좌표입니다.

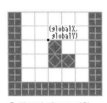

❸ 글로벌 좌표로 변환

칸의 필드 위 글로벌 좌표를 globalX, globalY로 설정합니다. 이제 필드 위의 칸과 충돌 판정을 할 수 있습니다.

블록 패턴 내의 로컬 좌표 x, y를 필드 위의 글로벌 좌표로 변환하고 변수 globalX, globalY에 설정합니다.

```
// [6-1-3] 대상 칸에 블록이 있는지 판정한다
if (block.shape.pattern[y][x])
{
```

```
// [6-1-4] 블록의 필드 위 열을 선언한다
int globalX = block.x + x;

// [6-1-5] 블록의 필드 위 행을 선언한다
int globalY = block.y + y;
}
```

블록의 좌표가 필드의 범위 밖이거나 또는 블록이 배치되어 있으면 충돌이라는 결과를 반환합니다.

```
// [6-1-3] 대상 칸에 블록이 있는지 판정한다
if (block.shape.pattern[y][x])
{
    ...

    // [6-1-6] 블록과 필드의 충돌 판정을 실시한다
    if ((globalX < 0)                    // 열이 왼쪽 밖인지 여부
        || (globalX >= FIELD_WIDTH)      // 열이 오른쪽 밖인지 여부
        || (globalY < 0)                 // 행이 위쪽 밖인지 여부
        || (globalY >= FIELD_HEIGHT)     // 행이 아래쪽 밖인지 여부

        // 필드 위에 블록이 있는지 여부
        || (field[globalY][globalX] != BLOCK_NONE))
    {
        return true;// [6-1-7] 충돌했다는 결과를 반환한다
    }
}
```

이것으로 낙하 블록과 필드와의 충돌을 판정하는 함수가 완성되었습니다.

낙하 블록과 필드의 충돌 판정을 실시한다

위에서 작성한 함수 BlockIntersectField를 사용하여 낙하 블록과 필드의 충돌 판정을 실시합니다. 충돌 판정은 낙하 블록을 키보드 입력으로 조작할 때와 낙하 블록이 자동 낙하할 때의 2곳에서 실시합니다.

▪ 낙하 블록을 키보드 입력으로 조작할 때의 충돌 판정 ▣❖ - - - - - - - - - - -

낙하 블록을 이동할 수 없는 곳으로 이동하고자 할 때 이동 전의 상태로 되돌릴 수 있도록 낙하 블록의 이동 전 상태 block을 변수 lastBlock에 복사해 둡니다.

```
// [6-8-9] 키보드 입력이 있었는지 판정한다
if (_kbhit())
{
    // [6-8-10] 블록 이동 전의 상태를 선언한다
    BLOCK lastBlock = block;

    ...
}
```

키보드 입력으로 낙하 블록을 조작한 후에, 낙하 블록 block과 필드의 충돌 판정을 실시합니다. 만약 충돌하면 블록을 이동하기 전의 상태 lastBlock으로 되돌립니다. 이동할 수 없는 경우에는 화면에 변화가 없으므로 화면을 다시 그리는 작업은 낙하 블록이 이동할 수 있는 경우에만 합니다.

```
// [6-8-9] 키보드 입력이 있었는지 판정한다
if (_kbhit())
{
    ...

    // [6-8-21] 블록과 필드가 겹쳤는지 판정한다
    if (BlockIntersectField())
    {
        // [6-8-22] 블록을 이동 전의 상태로 되돌린다
        block = lastBlock;
    }
    // [6-8-23] 블록과 필드가 겹치지 않으면
    else
    {
        // [6-8-24] 화면을 그리는 함수를 호출한다
        DrawScreen();
    }
}
```

실행하여 낙하 블록을 조작하면 필드의 범위 밖으로는 이동할 수 없습니다. 이제 키보드를 입력할 때의 낙하 블록과 필드의 충돌 판정이 완성되었습니다.

■ **낙하 블록이 자동 낙하할 때 필드와의 충돌 판정** 📁✦ ─ ─ ─ ─ ─ ─ ─ ─ ─ ─ ─

다음으로 낙하 블록이 자동 낙하할 때에도 마찬가지로 필드와의 충돌 판정을 실시합니다. 갱신 시각이 되면 낙하 전 블록의 상태 block을 변수 lastBlock에 복사해 둡니다.

```
// [6-7] 낙하 블록을 떨어뜨리는 함수를 선언한다
void FallBlock()
{
    BLOCK lastBlock = block;// [6-7-1] 블록 이동 전의 상태를 선언한다

    ...
}
```

낙하 블록이 떨어진 다음에 필드와의 충돌 판정을 실시합니다.

```
// [6-7] 낙하 블록을 떨어뜨리는 함수를 선언한다
void FallBlock()
{
    ...

    // [6-7-3] 블록과 필드가 겹쳤는지 판정한다
    if (BlockIntersectField())
    {
    }

    DrawScreen();// [6-7-13] 화면을 그리는 함수를 호출한다
}
```

낙하 블록과 필드가 충돌하면 낙하 블록을 낙하 전 상태 lastBlock으로 되돌립니다.

```
// [6-7-3] 블록과 필드가 겹쳤는지 판정한다
if (BlockIntersectField())
{
```

```
// [6-7-4] 낙하 블록을 이동 전의 상태로 되돌린다
block = lastBlock;
}
```

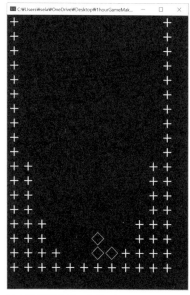

■ 낙하 블록이 필드에 닿는다

실행하면 낙하 블록이 바닥 위에서 멈추게 됩니다. 이제 낙하 블록이 자동 낙하할 때의 충돌 판정도 완성되었습니다.

낙하 블록을 필드에 쌓는다

낙하 블록이 필드에 쌓이게 만들겠습니다. 낙하 블록은 필드에 쌓이면 지울 수 있는 블록으로서 필드에 배치되게 합니다. 낙하 블록이 필드에 쌓이는 것은 낙하 블록이 낙하한 순간에 필드와 닿았을 때입니다.

낙하 블록이 필드에 닿으면 낙하 블록의 모든 칸을 반복하여 다시 표시합니다.

```
// [6-7-3]블록과 필드가 겹쳤는지를 판정한다
if (BlockIntersectField())
{    ...
```

```
// [6-7-5] 낙하 블록의 모든 행을 대상으로 반복한다
for (int y = 0; y < BLOCK_HEIGHT_MAX; y++)
{
    // [6-7-6] 낙하 블록의 모든 열을 대상으로 반복한다
    for (int x = 0; x < BLOCK_WIDTH_MAX; x++)
    {
    }
}
```

블록의 종류로 지울 수 있는 블록을 추가합니다.

```
// [3-1] 블록의 종류를 정의한다
enum
{
    ...
    BLOCK_SOFT,  // [3-1-3] 지울 수 있는 블록
    ...
};
```

낙하 블록과 동일한 형태의 지울 수 있는 블록 BLOCK_SOFT를 필드 field에 써 넣습니다.

```
// [6-7-6] 낙하 블록의 모든 열을 반복한다
for (int x = 0; x < BLOCK_WIDTH_MAX; x++)
{
    // [6-7-7] 블록이 있는 칸인지 판정한다
    if (block.shape.pattern[y][x])
    {
        // [6-7-8] 필드에 지울 수 있는 블록을 써넣는다
        field[block.y + y][block.x + x] = BLOCK_SOFT;
    }
}
```

필드의 칸을 그릴 때 지울 수 있는 블록의 그리기 처리를 추가합니다.

```
// [6-3-10] 블록의 종류로 분기한다
switch (screen[y][x])
{
...
case BLOCK_SOFT: printf("◆");      break;// [6-3-13] 지울 수 있는 블록
case BLOCK_FALL: printf("◇");      break;// [6-3-14] 낙하 블록
}
```

실행하여 낙하 블록을 필드에 떨어뜨리면 낙하 블록이 필드에 고정됩니다. 이는
낙하 블록이 필드에 쌓인 블록과 겹쳐져서 움직일 수 없는 상태가 되었기 때문입
니다.

새로운 낙하 블록을 발생시킨다

다음으로 낙하 블록이 필드에 쌓이면 낙하 블록을 리셋하여 새로운 낙하 블록이
내려오게 하겠습니다.

```
// [6-7-3] 블록과 필드가 겹쳤는지 판정한다
if (BlockIntersectField())
{
    ...

    // [6-7-10] 블록을 초기화하는 함수를 호출한다
    InitBlock();
}
```

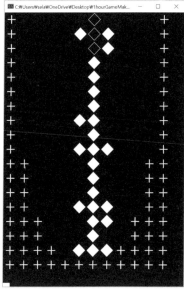

실행하여 낙하 블록이 필드에 떨어지면 쌓여서 새로운 낙하 블록이 생성됩니다. 그러나 천장까지 쌓이면 낙하 블록을 움직일 수 없습니다.

■ 낙하 블록이 필드에 쌓인다

블록이 천장까지 쌓이면 게임 오버로 한다

낙하 블록이 생성되는 순간에 이미 필드에 배치되어 있는 블록과 겹치면 진행이 불가능하기 때문에 게임 오버가 되게 만들겠습니다. 게임 오버가 되면 게임을 초기화하고 리셋합니다.

```
// [6-7-3] 블록과 필드가 겹쳤는지 판정한다
if (BlockIntersectField())
{

    ...

    // [6-7-11] 블록과 필드가 겹쳤는지 판정한다
    if (BlockIntersectField())
    {
        Init();// [6-7-12] 게임을 초기화한다
    }
}
```

실행하여 낙하 블록을 천장까지 쌓으면 필드가 리셋됩니다. 이제 게임 오버 처리
가 완성되었습니다.

가로로 채워진 행의 블록을 지운다

블록을 필드에 쌓아 가로로 채워진 행의 블록이 지워지게 만들겠습니다.

채워진 행의 블록을 지우는 함수를 작성한다

채워진 행의 블록을 지우는 처리를 담당할 함수 EraseLine을 선언합니다.

```
// [6] 함수를 선언하는 곳

// [6-2] 채워진 행의 블록을 삭제하는 함수를 선언한다
void EraseLine()
{
}
```

낙하한 블록이 필드와 겹쳤을 때, 채워진 블록을 지우는 함수 EraseLine을 호출합
니다.

```
// [6-7-3] 블록과 필드가 겹쳤는지 판정한다
if (BlockIntersectField())
{

    ...

    // [6-7-9] 채워진 블록을 삭제하는 함수를 호출한다
    EraseLine();

    ...

}
```

블록이 가로로 채워졌는지 판정한다

블록을 삭제하는 함수 EraseLine에서 필드 위의 블록이 채워진 행을 찾겠습니다.
우선은 필드의 모든 행을 대상으로 반복합니다.

```
// [6-2] 채워진 행의 블록을 삭제하는 함수를 선언한다
void EraseLine()
{
    // [6-2-1] 모든 행을 대상으로 반복한다
    for (int y = 0; y < FIELD_HEIGHT; y++)
    {
    }
}
```

각 행을 체크하기 전에 그 행이 채워졌는지 여부의 플래그를 보유하는 변수
completed를 선언하여 일단 채워졌다고 간주해 둡니다.

```
// [6-2-1] 모든 행을 대상으로 반복한다
for (int y = 0; y < FIELD_HEIGHT; y++)
{
    // [6-2-2] 그 행이 채워졌는지 여부의 플래그를 선언한다
    bool completed = true;
}
```

그 행의 모든 칸을 체크하여 블록이 없는 칸 BLOCK_NONE을 찾으면 플래그
completed를 false로 하고 체크를 빠져나갑니다.

```
// [6-2-1] 모든 행을 대상으로 반복한다
for (int y = 0; y < FIELD_HEIGHT; y++)
{
    ...

    // [6-2-3] 모든 열을 대상으로 반복한다
    for (int x = 0; x < FIELD_WIDTH; x++)
    {
```

```
        // [6-2-4] 대상 칸에 블록이 있는지 판정한다
        if (field[y][x] == BLOCK_NONE)
        {
            completed = false;// [6-2-5] 채워지지 않았다
            break;// [6-2-6] 그 행의 체크를 빠져나간다
        }
    }
}
```

이제 각 행이 채워졌는지 판정하는 기능까지 완성되었습니다.

채워진 1행을 삭제한다

체크가 끝나면 그 행이 채워졌는지 판정합니다.

```
// [6-2-1] 모든 행을 대상으로 반복한다
for (int y = 0; y < FIELD_HEIGHT; y++)
{
    ...

    // [6-2-7] 그 행이 채워졌는지 판정한다
    if (completed)
    {
    }
}
```

채워졌다면 그 행의 모든 칸을 반복 체크하여 대상 칸이 지워지는 블록 BLOCK_ SOFT라면 삭제합니다.

```
// [6-2-7] 그 행이 채워졌는지 판정한다
if (completed)
{
    // [6-2-8] 모든 열을 대상으로 반복한다
    for (int x = 0; x < FIELD_WIDTH; x++)
    {
```

```
    // [6-2-9] 대상 칸이 지울 수 있는 블록이면
    if (field[y][x] == BLOCK_SOFT)
    {
        // [6-2-10] 대상 칸의 블록을 지운다
        field[y][x] = BLOCK_NONE;
    }
}
}
```

■ 지워진 행이 빈다

실행하여 블록을 가로로 채우면 블록이 지워지는데, 아직 지워진 행이 빈 공간으로 남습니다.

지워진 행 위의 블록을 아래로 1칸 이동시킨다

블록이 지워지면 그 위의 블록이 1칸씩 아래로 떨어지게 합니다.

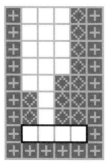

가장 아래 행의 블록이 채워졌으므로 지웁니다.

❶ 가장 아래 행의 블록이
지워진다

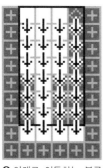

지워진 행부터 위에서 2번째 행까지의 모든 칸에서 각각
의 바로 위 칸을 아래 칸으로 복사합니다. 첫 번째 행만은
위의 행이 데이터의 범위를 벗어나므로 전부 빈 칸으로 만
듭니다.

❷ 아래로 이동하는 블록
의 범위

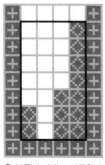

그러면 지워진 라인이 위에서 이동해 온 블록으로 채워집
니다.

❸ 블록이 아래로 이동한다

그럼 블록이 채워져서 지워지면 지워진 행부터 맨 앞의 행까지의 모든 칸을 대상
으로 반복합니다.

```
// [6-2-7] 그 행이 채워졌는지 판정한다
if (completed)
{
    ...

    // [6-2-11] 모든 열을 대상으로 반복한다
    for (int x = 0; x < FIELD_WIDTH; x++)
    {
        // [6-2-12] 지워진 행부터 맨 앞의 행까지 반복한다
        for (int y2 = y; y2 >= 0; y2--)
        {
        }
    }
}
```

지울 수 없는 블록보다 위의 행은 떨어지지 않으므로 반복을 빠져나갑니다.

```
// [6-2-12] 지워진 행부터 맨 앞의 행까지 반복한다
for (int y2 = y; y2 >= 0; y2--)
{
    // [6-2-13] 지울 수 없는 블록을 찾으면 반복을 빠져나간다
    if (field[y2][x] == BLOCK_HARD)
        break;
}
```

맨 앞의 행과 그 밖의 행으로 처리를 분기시킵니다.

```
// [6-2-12] 지워진 행부터 맨 앞의 행까지 반복한다
for (int y2 = y; y2 >= 0; y2--)
{
    ...

    // [6-2-14] 맨 앞의 행인지 판정한다
    if (y2 == 0)
```

```
    {
    }
    // [6-2-16] 맨 앞의 행이 아니면
    else
    {
    }
}
```

위의 칸이 지울 수 없는 블록이 아니면 위 칸을 아래 칸에 복사합니다.

```
// [6-2-16] 맨 앞의 행이 아니면
else
{
    // [6-2-17] 위 칸이 지울 수 없는 블록이 아닌지 판정한다
    if (field[y2 - 1][x] != BLOCK_HARD)
    {
        // [6-2-18] 위 칸을 아래 칸으로 복사한다
        field[y2][x] = field[y2 - 1][x];
    }
}
```

맨 앞의 행은 이 시점에서 지울 수 없는 블록이 아님이 확정되어 있으므로 삭제합니다.

```
// [6-2-14] 맨 앞의 행인지 판정한다
if (y2 == 0)
{
    // [6-2-15] 블록을 지운다
    field[y2][x] = BLOCK_NONE;
}
```

실행하여 블록을 지우면 지워진 행에 블록이 이동합니다. 여러 라인을 동시에 채워도 지워진 행만큼 아래로 이동합니다.

축하합니다! 이제 낙하물 퍼즐이 완성되었습니다. 데이터를 수정하는 것만으로 필드의 크기 및 형태, 낙하 블록의 종류를 추가할 수 있습니다.

제 **5** 장

도트잇 게임

실시간 액션과 4종의 AI

비디오 게임 초기에 대히트한「도트잇」

도트잇 게임은 비디오 게임 초기인 1980년에 발매된 아케이드 게임『팩맨』의 대히트로 전 세계적으로 유명해진 게임 장르입니다. 미로 속에서 플레이어를 조작하여, 추적해 오는 몬스터들을 피하면서 통로에 배치된 도트를 먹어 치우는 것이 게임의 목표입니다.

등장하는 4마리의 몬스터에는 각각 행동 패턴이 다른 AI를 구현합니다.

■ 이 장에서 만들 게임의 화면

■ 화면 기호의 의미

기호	캐릭터의 종류	행동 패턴
○	플레이어	ⓦ ⓢ ⓐ ⓓ 키로 플레이어가 조작한다
☆	변덕 몬스터	랜덤으로 이동한다
⌂	추적 몬스터	플레이어의 좌표를 목표로 한다
◇	전진 몬스터	플레이어의 2칸 앞을 목표로 한다
ⱱ	협공 몬스터	플레이어를 중심으로 한 추적 몬스터의 점대칭 좌표를 목표로 한다

프로그램의 기본 구조를 작성한다

프로그램의 베이스 부분을 작성한다

먼저 소스 파일의 어디에 무엇을 작성할지를 주석으로 적어둡니다.

```
// [1] 헤더를 인클루드하는 곳

// [2] 상수를 정의하는 곳

// [3] 열거 상수를 정의하는 곳

// [4] 구조체를 선언하는 곳

// [5] 변수를 선언하는 곳

// [6] 함수를 선언하는 곳
```

프로그램의 실행 시작점인 main() 함수를 선언합니다.

```
// [6] 함수를 선언하는 곳

// [6-11] 프로그램 실행의 시작점을 선언한다
int main()
{
}
```

실행하면 창이 순간적으로 표시되고 종료되기 때문에 프로그램을 계속 진행하기 위해 메인 루프를 추가합니다.

```
// [6-11] 프로그램 실행의 시작점을 선언한다
int main()
{
    // [6-11-7] 메인 루프
    while (1)
```

실행하면 이번에는 프로그램이 계속 진행됩니다.

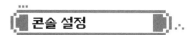

콘솔 설정

콘솔의 속성을 설정합니다. 글꼴 크기를 36, 화면 버퍼와 창의 너비를 40, 높이를 21로 합니다.

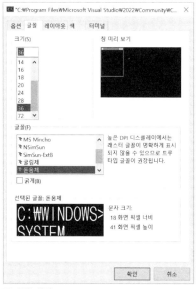

■ 글꼴 설정

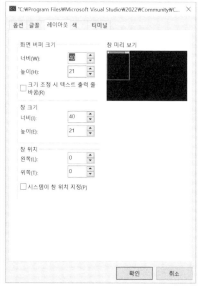

■ 레이아웃 설정

미로를 작성한다

게임의 무대가 되는 미로를 작성하겠습니다.

미로 데이터를 작성한다

우선 미로 데이터 작성에 필요한 미로의 너비와 높이를 매크로 MAZE_WIDTH,
MAZE_HEIGHT로 정의합니다.

```
[2] 상수를 정의하는 곳

#define MAZE_WIDTH  (19)        // [2-1] 미로의 너비를 정의한다
#define MAZE_HEIGHT (19)        // [2-2] 미로의 높이를 정의한다
```

미로의 각 칸의 상태를 보유하는 배열 maze를 선언합니다. 데이터 형식은 1행의
데이터를 1개의 문자열로서 행 수만큼의 문자열 배열로 설정합니다.

각 행의 문자열 크기에는 문자열의 종료 코드 1바이트를 더합니다.

```
// [5] 변수를 선언하는 곳


// [5-1] 미로를 선언한다
char maze[MAZE_HEIGHT][MAZE_WIDTH + 1];
```

미로에는 도트가 배치되어 있으며, 게임을 리셋하면 도트의 배치를 원래대로 되돌
려야 합니다. 그래서 미로의 초기 상태를 보유하는 배열 defaultMaze를 선언하고
미로의 초기 상태를 보유해 둡니다. 「#」는 벽, 「o」는 점으로, 「　」(전각 공백)은 아
무것도 없는 칸으로 합니다.

```
// [5] 변수를 선언하는 곳

...

// [5-2] 미로의 초기 상태를 선언한다
const char defaultMaze[MAZE_HEIGHT][MAZE_WIDTH + 1] =
{
```

```
"#HHHHHHH#o#HHHHHHH#",
"#ooooooo#o#ooooooo#",
"#o#HH#o#o#o#o#o#HH#o#",
"#o#  #o#ooooo#o#  #o#",
"#o#HH#o#HH#o#HH#o#HH#o#",
"#ooooooooooooooooo#",
"#o#HH#o#HH#o#HH#o#HH#o#",
"#ooo#o#ooooo#o#ooo#",
"#HH#o#o#o#HH#o#o#o#HH#",
"ooooooo#  #ooooooo",
"#HH#o#o#o#HH#o#o#o#HH#",
"#ooo#o#ooooo#o#ooo#",
"#o#HH#o#HH#o#HH#o#HH#o#",
"#oooooooo  ooooooo#",
"#o#HH#o#HH#o#HH#o#HH#o#",
"#o#  #o#ooooo#o#  #o#",
"#o#HH#o#o#o#o#o#HH#o#",
"#ooooooo#o#ooooooo#",
"#HHHHHHH#o#HHHHHHH#"
};
```

이제 미로 데이터가 완성되었습니다.

미로를 초기화한다

미로를 초기화하는 게임 초기화 함수 Init를 선언합니다.

```
// [6-8] 게임을 초기화하는 함수를 선언한다
void Init()
{

}
```

프로그램이 시작되면 게임을 초기화하는 함수 Init를 호출합니다.

```
// [6-11] 프로그램 실행의 시작점을 선언한다
int main()
{
    // [6-11-4] 게임을 초기화하는 함수를 호출한다
    Init();

    ...
}
```

데이터 복사에 필요한 문자열 조작 헤더 <string.h>를 인클루드합니다.

```
// [1] 헤더를 인클루드하는 곳

#include <string.h> // [1-3] 문자열 조작 헤더를 인클루드한다
```

게임 초기화 시 미로 데이터에 미로의 초기 상태를 복사합니다.

```
// [6-8] 게임을 초기화하는 함수를 선언한다
void Init()
{
        // [6-8-1] 미로에 초기 상태를 복사한다
        memcpy(maze, defaultMaze, sizeof maze);
}
```

이제 프로그램이 시작되면 미로가 초기화됩니다.

미로를 그린다

미로 그리기는 프로그램의 여러 장소에서 이뤄지기 때문에 함수로 만들어 두겠습니다. 미로를 그리는 함수 DrawMaze를 선언합니다.

```
// [6] 함수를 선언하는 곳

// [6-7] 미로를 그리는 함수를 선언한다
void DrawMaze()
{
}
...
```

게임이 초기화된 후 미로를 그리는 함수 DrawMaze를 호출합니다.

```
// [6-11] 프로그램 실행의 시작점을 선언한다
int main()
```

```
{

    ...

    // [6-11-5] 미로를 그리는 함수를 호출한다
    DrawMaze();

    ...

}
```

미로에는 캐릭터가 등장하는데, 미로 데이터에 캐릭터 데이터를 써넣으면 도트의
데이터로 덮어 쓰여집니다. 그래서 그리기용의 화면 버퍼에 미로 데이터와 캐릭터
데이터를 써넣고 이를 참조해서 그리도록 합니다. 우선 화면 버퍼 screen을 선언
합니다.

```
// [6-7] 미로를 그리는 함수를 선언한다
void DrawMaze()
{
    // [6-7-1] 화면 버퍼를 선언한다
    char screen[MAZE_HEIGHT][MAZE_WIDTH + 1];
}
```

화면을 그리기 전에 화면 버퍼 screen에 미로 maze를 복사합니다.

```
// [6-7] 미로를 그리는 함수를 선언한다
void DrawMaze()
{

    ...

    // [6-7-2] 화면 버퍼에 미로를 복사한다
    memcpy(screen, maze, sizeof maze);
}
```

화면 버퍼 screen의 모든 칸을 대상으로 반복합니다.

```
// [6-7] 미로를 그리는 함수를 선언한다
void DrawMaze()
{
    ...

        // [6-7-6] 미로의 모든 행을 대상으로 반복한다
        for (int y = 0; y < MAZE_HEIGHT; y++)
        {
            // [6-7-7] 미로의 모든 열을 대상으로 반복한다
            for (int x = 0; x < MAZE_WIDTH; x++)
            {
            }
        }
}
```

화면에 문자를 출력하기 위해 표준 입출력 헤더 <stdio.h>를 인클루드합니다.

```
// [1] 헤더를 인클루드하는 곳

#include <stdio.h>  // [1-1] 표준 입출력 헤더를 인클루드한다
#include <string.h> // [1-3] 문자열 조작 헤더를 인클루드한다
```

화면 버퍼 screen의 각 칸을 전각 문자로 변환하여 화면에 그립니다.

```
// [6-7-7] 미로의 모든 열을 대상으로 반복한다
for (int x = 0; x < MAZE_WIDTH; x++)
{
    // [6-7-8] 칸을 그린다
    switch (screen[y][x])
    {
    case ' ':            printf(" ");    break;  // [6-7-9] 바
    case '#':            printf("■");    break;  // [6-7-10] 벽
    case 'o':            printf("·");    break;  // [6-7-11] 도트
    }
}
```

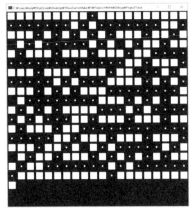

실행하면 미로의 각 칸이 표시되지만 미로가 흐트러집니다. 이는 각 행이 연속으로 그려지기 때문입니다.

　글자 깨짐 현상이 발생하면 p.20을 참고하세요.

■ 화면이 흐트러진다

해결을 위해 미로의 각 행 그리기가 끝날 때마다 줄바꿈해 줍니다.

```
// [6-7-6] 미로의 모든 행을 대상으로 반복한다
for (int y = 0; y < MAZE_HEIGHT; y++)
{
    ...

        // [6-7-17] 1행 그릴 때마다 줄바꿈한다
        printf("\n");
}
```

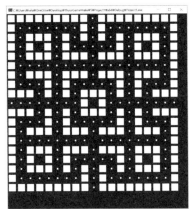

실행하면 이번에는 미로가 흐트러지지 않고 그려집니다. 이제 미로 그리기가 완성되었습니다.

■ 미로가 정상적으로 표시된다

플레이어를 생성한다

플레이어가 조작하는 캐릭터를 추가하겠습니다.

플레이어의 데이터를 생성한다

이 장의 게임에는 플레이어 외에 4마리의 몬스터가 등장하는데, 데이터에 공통점
이 많기 때문에 같은 형식의 데이터 배열로 관리합니다. 우선 캐릭터의 종류를 정
의합니다.

```
// [3] 열거 상수를 정의하는 곳

// [3-1] 캐릭터의 종류를 정의한다
enum
{
    CHARACTER_PLAYER,    // [3-1-1] 플레이어
    CHARACTER_MAX        // [3-1-6] 캐릭터의 개수
};
```

캐릭터의 데이터를 보유하는 구조체 CHARACTER를 선언합니다.

```
// [4] 구조체를 선언하는 곳

// [4-2] 캐릭터의 구조체를 선언한다
typedef struct {
} CHARACTER;
```

캐릭터의 좌표 등을 관리하는 데 필요한 벡터 구조체 VEC2를 선언합니다. 멤버
변수의 x, y는 좌표입니다.

```
// [4] 구조체를 선언하는 곳

// [4-1] 벡터 구조체를 선언한다
typedef struct {
    int x, y;    // [4-1-1] 좌표
```

```
} VEC2;

...
```

캐릭터 구조체 CHARACTER에 캐릭터의 좌표 position을 추가합니다.

```
// [4-2] 캐릭터의 구조체를 선언한다
typedef struct {
    VEC2    position;    // [4-2-1] 좌표
} CHARACTER;
```

캐릭터의 배열 characters를 선언하고 초기 상태를 설정합니다. 캐릭터의 좌표 position은 나중에 설정하므로 일단 클리어해 둡니다.

```
// [5] 변수를 선언하는 곳

...

// [5-3] 캐릭터의 배열을 선언한다
CHARACTER characters[CHARACTER_MAX] =
{
    // [5-3-1] CHARACTER_PLAYER  플레이어
    {
        {}, // [5-3-2] VEC2  position
    },
};
```

이제 플레이어를 그리는 데 필요한 데이터가 완성되었습니다.

플레이어를 그린다

미로를 그리기 전에 화면 버퍼 screen의 각 캐릭터 좌표에 각 캐릭터의 번호 i를 써넣습니다.

```
// [6-7] 미로를 그리는 함수를 선언한다
void DrawMaze()
{
```

```
    ...

    // [6-7-3] 모든 캐릭터를 대상으로 반복한다
    for (int i = 0; i < CHARACTER_MAX; i++)
    {
        // [6-7-4] 캐릭터의 번호를 화면 버퍼에 써넣는다
        screen[characters[i].position.y][characters[i].position.x] = i;
    }

    ...
}
```

플레이어의 좌표 칸을 그릴 때 플레이어 칸에는 「○」를 그립니다.

```
// [6-7-8] 칸을 그린다
switch (screen[y][x])
{
...
case CHARACTER_PLAYER:  printf("○");      break;    // [6-7-12] 플레이어
}
```

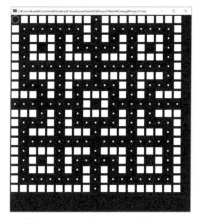

실행하면 화면의 왼쪽 위 구석에 플레이어가 그려집니다. 이는 플레이어의 좌표가 클리어된 상태이므로 던전의 원점에 있다는 것입니다.

■ 왼쪽 위 구석에 플레이어가 표시된다

플레이어의 초기 좌표를 설정한다

캐릭터의 초기 좌표는 게임을 리셋할 때마다 필요하기 때문에 캐릭터 구조체 CHARACTER에 멤버 변수 defaultPosition으로 추가합니다.

```
// [4-2] 캐릭터의 구조체를 선언한다
typedef struct {
    VEC2        position;              // [4-2-1] 좌표
    const VEC2  defaultPosition;      // [4-2-2] 초기 좌표
} CHARACTER;
```

캐릭터의 배열 characters 선언에서 플레이어의 초기 좌표 defaultPosition을 설정합니다.

```
// [5-3] 캐릭터의 배열을 선언한다
CHARACTER characters[CHARACTER_MAX] =
{
    // [5-3-1] CHARACTER_PLAYER   플레이어
    {
        {},         // [5-3-2] VEC2          position
        {9, 13},    // [5-3-3] const VEC2    defaultPosition
    },
};
```

게임 초기화 처리에서 각 캐릭터의 좌표 position을 초기 좌표 defaultPosition으로 초기화합니다.

```
// [6-8] 게임을 초기화하는 함수를 선언한다
void Init()
{
    ...

    // [6-8-2] 모든 캐릭터를 대상으로 반복한다
    for (int i = 0; i < CHARACTER_MAX; i++)
    {
        // [6-8-3] 캐릭터의 좌표를 초기화한다
        characters[i].position
```

```
                = characters[i].defaultPosition;
        }
}
```

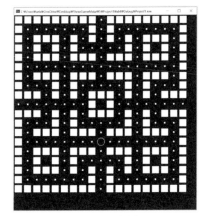

실행하면 이번에는 플레이어가 설정한 초기 좌표로 표시됩니다.

■ 플레이어의 위치가 초기화된다

플레이어를 조작한다

플레이어를 키보드 입력으로 조작할 수 있게 만들겠습니다. 우선은 키보드 입력을 하기 위해 콘솔 입출력 헤더 <conio.h>를 인클루드합니다.

```
// [1] 헤더를 인클루드하는 곳
...
#include <conio.h>    // [1-5] 콘솔 입출력 헤더를 인클루드한다
```

메인 루프 안에서 키보드 입력이 있었는지 판정합니다.

```
// [6-11-7] 메인 루프
while (1)
{
        // [6-11-35] 키보드 입력이 있었는지 판정한다
        if (_kbhit())
        {
        }
}
```

키보드 입력이 있으면 플레이어가 이동하기 전에 이동 목적지의 좌표를 보유하는
변수 newPosition을 선언하고 현재 좌표로 초기화합니다.

```
// [6-11-35] 키보드 입력이 있었는지 판정한다
if (_kbhit())
{

    // [6-11-36] 플레이어의 새로운 좌표를 선언한다
    VEC2 newPosition = characters[CHARACTER_PLAYER].position;

}
```

w s a d 키 입력으로 플레이어가 이동 목적지의 좌표를 향해 상하좌우로 이동
합니다.

```
// [6-11-35] 키보드 입력이 있었는지 판정한다
if (_kbhit())
{

    ...

    // [6-11-37] 입력된 키에 따라 분기한다
    switch (_getch())
    {
    case 'w':  newPosition.y--;  break;  // [6-11-38] w를 누르면 위쪽으로 이동한다
    case 's':  newPosition.y++;  break;  // [6-11-39] s를 누르면 아래쪽으로 이동한다
    case 'a':  newPosition.x--;  break;  // [6-11-40] a를 누르면 왼쪽으로 이동한다
    case 'd':  newPosition.x++;  break;  // [6-11-41] d를 누르면 오른쪽으로 이동한다
    }

}
```

플레이어의 좌표에 이동 목적지의 좌표 newPosition을 설정합니다.

```
// [6-11-35] 키보드 입력이 있었는지 판정한다
if (_kbhit())
{

    ...

    // [6-11-45] 플레이어의 좌표를 갱신한다
    characters[CHARACTER_PLAYER].position = newPosition;

}
```

제 5 장 **도트잇 게임** 실시간 액션과 4종의 AI

실행하여 키를 입력해도 플레이어가 움직이지 않습니다. 이는 이동한 결과가 화면에 반영되지 않기 때문입니다. 그러므로 키보드 입력이 끝나면 화면을 다시 그려 줍니다.

```
// [6-11-35] 키보드 입력이 있었는지 판정한다
if (_kbhit())
{
    ...

    // [6-11-52] 미로를 다시 그린다
    DrawMaze();
}
```

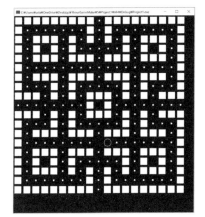

실행하면 이번에는 플레이어를 조작할 수 있게 되지만, 화면이 아래로 밀립니다. 이건 이전 그림이 화면에 남아 있기 때문입니다.

■ 플레이어가 이동한다

화면 클리어에 필요한 표준 라이브러리 헤더가 인클루드되어 있지 않다면 <stdlib.h>를 인클루드합니다.

```
// [1] 헤더를 인클루드하는 곳

#include <stdio.h>  // [1-1] 표준 입출력 헤더를 인클루드한다
#include <stdlib.h> // [1-2] 표준 라이브러리 헤더를 인클루드한다
...
```

미로를 그리기 전에 화면을 클리어합니다.

```
// [6-7] 미로를 그리는 함수를 선언한다
void DrawMaze()
{
    ...

    system("cls");// [6-7-5] 화면을 클리어한다

    ...
}
```

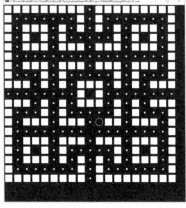

실행하여 이동하면 이번에는 화면이 밀리지 않지만 플레이어가 벽을 통과합니다.

■ 플레이어가 벽을 통과한다

플레이어와 벽의 충돌 판정을 실시한다

플레이어가 이동하기 전에 이동 목적지의 좌표가 벽이 아닌지 판정하고, 벽이 아닌 경우에만 이동하게 합니다.

```
// [6-11-43] 이동 목적지가 벽이 아닌지 판정한다
if (maze[newPosition.y][newPosition.x] != '#')
{
    // [6-11-45] 플레이어의 좌표를 갱신한다
    characters[CHARACTER_PLAYER].position = newPosition;
}
```

실행하면 플레이어가 벽을 통과하지 않습니다.

플레이어를 상하좌우로 루프시킨다

미로가 상하좌우로 연결되어 있는 것으로 만들어, 플레이어가 미로의 범위 밖으로 나가려고 하면 반대쪽으로 루프 이동하게 만들겠습니다. 이 처리는 프로그램의 여러 곳에서 필요하기 때문에 함수로 만들어 두겠습니다. 전달된 좌표를 상하좌우로 루프한 좌표로 변환하여 반환하는 함수 GetLoopPosition을 선언합니다.

```
// [6] 함수를 선언하는 곳

// [6-4] 상하좌우로 루프한 좌표를 구하는 함수를 선언한다
VEC2 GetLoopPosition(VEC2 _position)
{
    // [6-4-1] 상하좌우로 루프한 좌표를 반환한다
    return
    {
        (MAZE_WIDTH + _position.x) % MAZE_WIDTH,
        (MAZE_HEIGHT + _position.y) % MAZE_HEIGHT
    };
}
...
```

키보드를 눌러 플레이어가 이동 목적지로 이동하기 전에 이동 목적지의 좌표를 상하좌우로 루프한 좌표로 변환합니다.

```
// [6-11-35] 키보드 입력이 있었는지 판정한다
if (_kbhit())
{

    ...

    // [6-11-42] 이동 목적지의 좌표를 상하좌우로 이동시킨다
    newPosition = GetLoopPosition(newPosition);
```

```
        ...
    }
```

실행하여 플레이어가 화면 밖으로 나가려고 하면 반대쪽으로 루프 이동합니다.

플레이어가 도트를 먹게 한다

플레이어가 이동 목적지의 칸이 도트일 경우, 도트 바닥을 아무것도 없는 바닥으
로 바꿈으로써 플레이어가 도트를 먹은 것으로 보이게 합니다.

```
// [6-11-43] 이동 목적지가 벽이 아닌지 판정한다
if (maze[newPosition.y][newPosition.x] != '#')
{
        ...

        // [6-11-48] 플레이어의 좌표에 도트가 있는지 판정한다
        if (maze[characters[CHARACTER_PLAYER].position.y]
            [characters[CHARACTER_PLAYER].position.x] == 'o')
        {
            // [6-11-49] 플레이어 좌표의 도트를 지운다
            maze[characters[CHARACTER_PLAYER].position.y]
            [characters[CHARACTER_PLAYER].position.x] = ' ';
        }
}
```

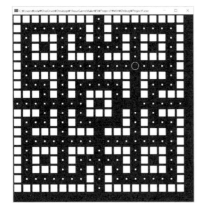

실행하여 플레이어를 이동시키면 플레이
어가 통과한 칸의 도트를 먹습니다.

■ 플레이어가 도트를 먹는다

변덕 몬스터를 추가한다

몬스터를 순서대로 추가하겠습니다. 우선 가장 간단한, 랜덤으로 이동하기만 하는 변덕 몬스터부터 추가합니다. 변덕 몬스터는 한 걸음 걸을 때마다 랜덤한 방향으로 나아갑니다. 다만 왔던 길을 되돌아가지 않기 때문에 진행 방향을 바꾸는 것은 교차로에서만 가능합니다.

변덕 몬스터의 데이터를 작성한다

캐릭터 종류에 변덕 몬스터 CHARACTER_RANDOM을 추가합니다.

```
// [3-1] 캐릭터의 종류를 정의한다
enum
{
    CHARACTER_PLAYER,       // [3-1-1] 플레이어
    CHARACTER_RANDOM,       // [3-1-2] 변덕 몬스터
    CHARACTER_MAX           // [3-1-6] 캐릭터의 개수
};
```

캐릭터의 배열 characters 선언에서 변덕 몬스터의 초기 데이터를 설정합니다.

```
// [5-3] 캐릭터의 배열을 선언한다
CHARACTER characters[CHARACTER_MAX] =
{
    ...

    // [5-3-5] CHARACTER_RANDOM   변덕 몬스터
    {
        {},          // [5-3-6] VEC2          position
        {1, 1},      // [5-3-7] const VEC2    defaultPosition
    },
};
```

이제 변덕 몬스터의 데이터가 완성되었습니다.

변덕 몬스터를 그린다

변덕 몬스터가 있는 칸에 아스키아트 「☆」를 그립니다.

```
// [6-7-8] 칸을 그린다
switch (screen[y][x])
{
...
case CHARACTER_RANDOM:   printf("☆");      break;   // [6-7-13] 변덕 몬스터
}
```

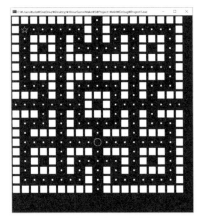

실행하면 화면의 왼쪽 위에 변덕 몬스터
가 표시됩니다.

■ 왼쪽 위에 변덕 몬스터가 표시된다

일정 시간마다 실행되는 실시간 처리를 구현한다

몬스터를 움직이기 위해 일정 시간마다 실행되는 실시간 처리를 구현하겠습니다.
우선 1초당 갱신 횟수 매크로 FPS, 갱신 간격 매크로 INTERVAL을 정의합니다.

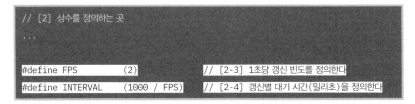

```
// [2] 상수를 정의하는 곳

...

#define FPS          (2)           // [2-3] 1초당 갱신 빈도를 정의한다
#define INTERVAL     (1000 / FPS)  // [2-4] 갱신별 대기 시간(밀리초)을 정의한다
```

현재 시각을 얻기 위해서 시간 관리 헤더 <time.h>를 인클루드합니다.

```
// [1] 헤더를 인클루드하는 곳
...
#include <time.h>  // [1-4] 시간 관리 헤더를 인클루드한다
...
```

메인 루프에 들어가기 전에 이전 갱신 시각을 보유하는 변수 lastClock을 선언하고 현재 시각으로 초기화합니다.

```
// [6-11] 프로그램 실행의 시작점을 선언한다
int main()
{

    ...

    // [6-11-6] 이전 갱신 시각을 선언한다
    time_t lastClock = clock();

    ...
}
```

메인 루프에 들어가면 현재 시각을 얻고, 변수 newClock에 설정합니다.

```
// [6-11-7] 메인 루프
while (1)
{
    // [6-11-8] 현재 시각을 선언한다
    time_t newClock = clock();

    ...
}
```

이전 갱신 시각 lastClock으로부터 대기시간 INTERVAL이 경과했는지 판정합니다. 경과했다면 일정 시간마다 실행되는 처리에 들어갑니다.

```
// [6-11-7] 메인 루프
while (1)
```

```
{
    ...

    // [6-11-9] 이전 갱신으로부터 대기 시간이 경과했는지 판정한다
    if (newClock > lastClock + INTERVAL)
    {
    }
}
```

대기시간 INTERVAL이 경과했다면 다음 번 갱신을 위해 이전 갱신 시각 last
Clock을 현재 시각 newClock으로 갱신해 둡니다.

```
// [6-11-9] 이전 갱신으로부터 대기 시간이 경과했는지 판정한다
if (newClock > lastClock + INTERVAL)
{
    // [6-11-10] 이전 갱신 시각을 현재 시각으로 갱신한다
    lastClock = newClock;
}
```

이제 일정 시간마다 실행되는 실시간 처리가 완성되었습니다.

몬스터 종류에 따라 AI 처리를 분기시킨다

몬스터의 AI 처리를 실시하기 위해 우선은 모든 몬스터를 대상으로 반복합니다.

```
// [6-11-9] 이전 갱신으로부터 대기 시간이 경과했는지 판정한다
if (newClock > lastClock + INTERVAL)
{
    // [6-11-11] 모든 몬스터를 대상으로 반복한다
    for (int i = CHARACTER_PLAYER + 1; i < CHARACTER_MAX; i++)
    {
    }
}
```

몬스터의 종류에 따라 처리를 분기시킵니다.

```
// [6-11-11] 모든 몬스터를 대상으로 반복한다
for (int i = CHARACTER_PLAYER + 1; i < CHARACTER_MAX; i++)
{
    // [6-11-13] 몬스터의 종류에 따라 분기한다
    switch(i)
    {

    // [6-11-14] 변덕 몬스터
    case CHARACTER_RANDOM:
        break;
    }
}
```

이제 변덕 몬스터의 AI 기능을 구현할 준비가 되었습니다.

변덕 몬스터의 이동 목적지를 얻는다

변덕 몬스터가 어디로 이동할지를 얻는 함수 GetRandomPosition을 선언합니다.

```
// [6] 함수를 선언하는 곳

...

// [6-5] 랜덤한 이동 목적지를 얻는 함수를 선언한다
VEC2 GetRandomPosition(CHARACTER _character)
{
}

...
```

상하좌우 방향의 종류를 정의합니다.

```
// [3] 열거 상수를 정의하는 곳

...

// [3-2] 방향의 종류를 정의한다
enum
```

```
{
    DIRECTION_UP,        // [3-2-1] 상
    DIRECTION_LEFT,      // [3-2-2] 좌
    DIRECTION_DOWN,      // [3-2-3] 하
    DIRECTION_RIGHT,     // [3-2-4] 우
    DIRECTION_MAX        // [3-2-5] 방향의 개수
};
...
```

랜덤한 이동 목적지를 얻는 함수 GetRandomPosition에서 모든 방향을 대상으로 반복합니다.

```
// [6-5] 랜덤한 이동 목적지를 얻는 함수를 선언한다
VEC2 GetRandomPosition(CHARACTER _character)
{
    // [6-5-2] 모든 방향을 대상으로 반복한다
    for (int i = 0; i < DIRECTION_MAX; i++)
    {
    }
}
```

방향 벡터의 배열 directions을 선언합니다.

```
// [5] 변수를 선언하는 곳
...

// [5-4] 방향 벡터의 배열을 선언한다
VEC2 directions[DIRECTION_MAX] =
{
    { 0,-1},    // [5-4-1] DIRECTION_UP       상
    {-1, 0},    // [5-4-2] DIRECTION_LEFT     좌
    { 0, 1},    // [5-4-3] DIRECTION_DOWN     하
    { 1, 0}     // [5-4-4] DIRECTION_RIGHT    우
};
```

벡터를 더하는 함수 Vec2Add를 선언합니다.

```
// [6] 함수를 선언하는 곳

// [6-1] 벡터를 더하는 함수를 선언한다
VEC2 Vec2Add(VEC2 _v0, VEC2 _v1)
{
    // [6-1-1] 더한 벡터를 반환한다
    return
    {
        _v0.x + _v1.x,
        _v0.y + _v1.y
    };
}
...
```

대상 캐릭터의 좌표를 원점으로 하고, 각 방향 벡터를 더하여 인접한 사방의 좌표를 얻고, 변수 newPosition에 설정합니다.

```
// [6-5-2] 모든 방향을 대상으로 반복한다
for (int i = 0; i < DIRECTION_MAX; i++)
{
    // [6-5-3] 각 방향의 좌표를 선언한다
    VEC2 newPosition = Vec2Add(_character.position, directions[i]);
}
```

대상 좌표를 상하좌우로 루프시킨 좌표로 변환합니다.

```
// [6-5-2] 모든 방향을 대상으로 반복한다
for (int i = 0; i < DIRECTION_MAX; i++)
{
    ...

    // [6-5-4] 대상 좌표를 상하좌우로 루프시킨다
    newPosition = GetLoopPosition(newPosition);
}
```

이동 목적지 후보의 리스트업에 필요한 벡터 헤더 <vector>를 인클루드합니다.

```
// [1] 헤더를 인클루드하는 곳
...
#include <vector>    // [1-6] 벡터 헤더를 인클루드한다
```

이동 목적지 후보의 리스트를 보유하는 변수 positions를 선언합니다.

```
// [6-5] 랜덤한 이동 목적지를 구하는 함수를 선언한다
VEC2 GetRandomPosition(CHARACTER _character)
{
    // [6-5-1] 이동 목적지의 후보 리스트를 선언한다
    std::vector<VEC2> positions;

    ...
}
```

각 방향의 좌표 newPosition을 이동 목적지의 후보 리스트 positions에 추가합니다.

```
// [6-5-2] 모든 방향을 대상으로 반복한다
for (int i = 0; i < DIRECTION_MAX; i++)
{
    ...

    // [6-5-6] 대상 좌표를 이동 목적지의 후보 리스트에 추가한다
    positions.push_back(newPosition);
}
```

프로그램 시작 직후에 난수를 현재 시각으로 섞습니다.

```
// [6-11] 프로그램 실행의 시작점을 선언한다
int main()
{
    // [6-11-1] 난수를 현재 시각으로 섞는다
    srand((unsigned int)time(NULL));

    ...
}
```

이동 목적지의 후보 리스트 positions 중에서 랜덤으로 좌표를 반환합니다.

```
// [6-5] 랜덤한 이동 목적지를 구하는 함수를 선언한다
VEC2 GetRandomPosition(CHARACTER _character)
{
    ...

        // [6-5-7] 이동 목적지의 후보 중에서 랜덤으로 좌표를 반환한다
        return positions[rand() % positions.size()];
}
```

이것으로 랜덤한 이동 목적지를 반환하는 기능이 완성되었습니다.

▌변덕 몬스터를 움직인다

그럼 변덕 몬스터를 움직여 보겠습니다. 이동 목적지 좌표를 보유하는 변수 new Position을 선언하고 변덕 몬스터의 현재 좌표로 초기화합니다.

```
// [6-11-11] 모든 몬스터를 대상으로 반복한다
for (int i = CHARACTER_PLAYER + 1; i < CHARACTER_MAX; i++)
{
        // [6-11-12] 이동 목적지의 좌표를 선언한다
        VEC2 newPosition = characters[i].position;

        ...
}
```

이동 목적지의 좌표 newPosition에 랜덤한 이동 목적지를 설정합니다.

```
// [6-11-13] 몬스터의 종류에 따라 분기한다
switch(i)
{
    // [6-11-14] 변덕 몬스터
    case CHARACTER_RANDOM:
```

```
    // [6-11-15] 랜덤한 이동 목적지의 좌표를 설정한다
    newPosition = GetRandomPosition(characters[i]);


    break;
}
```

변덕 몬스터의 좌표에 이동 목적지의 좌표 newPosition을 설정합니다.

```
// [6-11-11] 모든 몬스터를 대상으로 반복한다
for (int i = CHARACTER_PLAYER + 1; i < CHARACTER_MAX; i++)
{

    ...

        // [6-11-31] 이동 목적지로 이동시킨다
        characters[i].position = newPosition;
}
```

몬스터 AI 처리가 끝나면 화면을 다시 그립니다.

```
// [6-11-9] 이전 갱신으로부터 대기 시간이 경과했는지 판정한다
if (newClock > lastClock + INTERVAL)
{

    ...

        // [6-11-34] 화면을 다시 그린다
        DrawMaze();
}
```

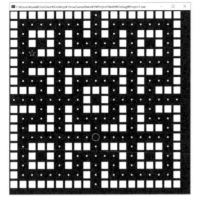

실행하면 변덕 몬스터가 움직이지만, 벽을 통과합니다.

■ 변덕 몬스터가 벽을 통과하여 이동한다

변덕 몬스터가 벽을 통과하지 못하게 한다

변덕 몬스터의 이동 목적지를 추가하기 전에 벽이 아닌지 체크합니다.

```
// [6-5-2] 모든 방향을 대상으로 반복한다
for (int i = 0; i < DIRECTION_MAX; i++)
{
    ...

        // [6-5-5] 대상 좌표에 이동 가능한지 판정한다
        if (
            // 벽이 아니다
            (maze[newPosition.y][newPosition.x] != '#')
        )
        {
            // [6-5-6] 대상 좌표를 이동 목적지의 후보 리스트에 추가한다
            positions.push_back(newPosition);
        }
}
```

실행하면 이번에는 변덕 몬스터가 벽을 통과하지 못하고 왔다 갔다합니다.

변덕 몬스터가 되돌아가지 않게 한다

몬스터가 왔다 갔다하면 게임이 쉬워지기 때문에 몬스터가 되돌아가지 않게 만들겠
습니다. 그러기 위해서는 이전 좌표를 기억해야 합니다. 그래서 캐릭터 구조체
CHARACTER의 멤버에 이전 좌표를 보유해 두는 변수 lastPosition을 추가합니다.

```
// [4-2] 캐릭터 구조체를 선언한다
typedef struct {
    ...
    VEC2        lastPosition;        // [4-2-3] 이전 좌표
} CHARACTER;
```

캐릭터의 배열 characters 선언에서 이전 좌표 lastPosition의 초깃값을 설정합니다.

```
// [5-3] 캐릭터의 배열을 선언한다
CHARACTER characters[CHARACTER_MAX] =
{
    // [5-3-1] CHARACTER_PLAYER   플레이어
    {
        ...
        {}, // [5-3-4] VEC2    lastPosition
    },

    // [5-3-5] CHARACTER_RANDOM   변덕 몬스터
    {
        ...
        {}, // [5-3-8] VEC2    lastPosition
    },
};
```

게임 초기화 시 각 캐릭터의 이전 좌표 lastPosition도 초기 좌표 defaultPosition
으로 초기화합니다.

```
// [6-8-3] 캐릭터의 좌표를 초기화한다
characters[i].position
    = characters[i].lastPosition
    = characters[i].defaultPosition;
```

각 몬스터가 이동하기 직전에 이전 좌표 lastPosition을 현재 좌표 position으로 갱신해 둡니다.

```
// [6-11-11] 모든 몬스터를 반복한다
for (int i = CHARACTER_PLAYER + 1; i < CHARACTER_MAX; i++)
{

    ...

    // [6-11-30] 이전 좌표를 현재 좌표로 갱신한다
    characters[i].lastPosition = characters[i].position;

    ...
}
```

벡터끼리 동일한지 판정하는 함수 Vec2Equal을 선언합니다. 인수 _v0와 _v1이 같은지 반환합니다.

```
// [6] 함수를 선언하는 곳
...

// [6-3] 벡터끼리 동일한지 판정하는 함수를 선언한다
bool Vec2Equal(VEC2 _v0, VEC2 _v1)
{
    // [6-3-1] 벡터끼리 동일한지를 반환한다
    return (_v0.x == _v1.x) && (_v0.y == _v1.y);
}

...
```

랜덤한 이동 목적지를 얻는 함수 GetRandomPosition에서 이동 목적지 후보를 추가할 때 이전 좌표와 다른 좌표인지 판정합니다.

```
// [6-5-5] 대상 좌표가 이동 가능한 좌표인지 판정한다
if (
    // 벽이 아니다
    (maze[newPosition.y][newPosition.x] != '#')
```

```
    // 그리고 이전 좌표와 같지 않다
    && (!Vec2Equal(newPosition, _character.lastPosition))
)
{

    ...

}
```

실행하면 변덕 몬스터는 되돌아가지 않고 통로를 똑바로 나아가 교차로에서만 방향을 전환하게 됩니다. 이제 변덕 몬스터 AI가 완성되었습니다.

추적 몬스터를 추가한다

플레이어를 최단 경로로 쫓아오는 추적 몬스터를 추가하겠습니다.

추적 몬스터의 데이터를 추가한다

캐릭터의 종류로 추적 몬스터 CHARACTER_CHASE를 추가합니다.

```
// [3-1] 캐릭터의 종류를 정의한다
enum
{

    ...

    CHARACTER_CHASE,      // [3-1-3] 추적 몬스터
    CHARACTER_MAX         // [3-1-6] 캐릭터의 개수
};
```

캐릭터의 배열 characters 선언에서 추적 몬스터의 초기 데이터를 설정합니다.

```
// [5-3] 캐릭터의 배열을 선언한다
CHARACTER characters[CHARACTER_MAX] =
{

    ...
```

```
// [5-3-9] CHARACTER_CHASE    추적 몬스터
{
    {},              // [5-3-10] VEC2            position
    {17, 1},         // [5-3-11] const VEC2     defaultPosition
    {},              // [5-3-12] VEC2           lastPosition
},
};
```

이제 추적 몬스터의 데이터가 완성되었습니다.

추적 몬스터를 그린다

추적 몬스터의 좌표를 그릴 때 추적 몬스터의 아스키아트 「凸」를 그립니다.

```
// [6-7-8] 칸을 그린다
switch (screen[y][x])
{
...
case CHARACTER_CHASE:   printf("凸");     break;   // [6-7-14] 추적 몬스터
}
```

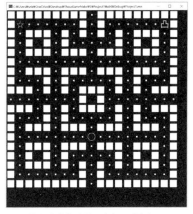

실행하면 미로의 오른쪽 위에 추적 몬스터가 표시됩니다.

■ 오른쪽 위에 추적 몬스터가 표시된다

경로 탐색 알고리즘의 해설

추적 몬스터가 플레이어를 추적하기 위한 경로 탐색 알고리즘을 해설합니다. 또한 이 경로 탐색 알고리즘은 이 다음에 추가할 2마리의 몬스터 AI에서도 이용합니다.

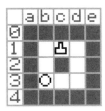

❶ 해설용 미로

5×5칸의 미로에 추적 몬스터(凸)가 c1, 플레이어(○)가 b3에 있으며 추적 몬스터가 플레이어까지의 최단 경로를 탐색합니다. 경로는 왼쪽 방향과 오른쪽 방향이 있으며 왼쪽 방향의 경로가 최단 경로로서 구해지는지를 확인합니다.

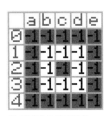

❷ 거리를 초기화한다

모든 칸까지의 거리는 알 수 없거나 도달할 수 없다는 의미로 -1을 설정합니다.

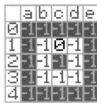

❸ c1을 조사한다

추적 몬스터의 좌표 c1까지의 거리를 0으로 합니다.

다음에 상, 좌, 하, 우의 순서로 인접하는 칸으로 이동 가능한지 확인합니다. 위의 c0은 벽, 왼쪽의 b1은 진행할 수 있으므로, 그 이후의 방향 조사를 뒤로 미루고, 조사하는 칸을 b1로 이동합니다.

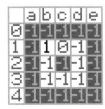

❹ b1을 조사한다

b1까지의 거리는 이동 전 c1까지의 거리 0에 1을 더해 1로 합니다. b1까지의 경로는 b1의 좌표를 추가하여 {b1}로 설정합니다. b1에 인접하는 칸을 조사하면 b2로 이동할 수 있다는 것을 알았으므로 조사하는 칸을 b2로 이동합니다.

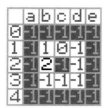

⑤ b2를 조사한다

b2까지의 거리는 이동 전 b1까지의 거리 1에 1을 더하여 2로 합니다. b2까지의 경로는 이동 전 b1까지의 경로 {b1}에 b2를 추가하여 {b1, b2}로 합니다.

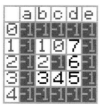

⑥ 왼쪽 방향의 루트에서 d1을 조사한다

이상을 반복하여 d1까지 도달했습니다. d1까지의 거리는 7이고 경로는 {b1, b2, b3, c3, d3, d2, d1}입니다. 여기에 인접하는 칸을 조사하는데 d0과 e1은 벽, c1과 d2는 d1까지의 거리보다 짧기 때문에 조사하지 않고 더 이상 조사할 칸이 없기 때문에 이 왼쪽 방향의 경로 탐색은 종료됩니다.

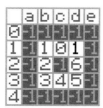

⑦ 오른쪽 방향의 루트에서 d1을 조사한다

❸에서 c1을 조사하는 도중이었기 때문에 계속되는 방향을 조사합니다. d1까지의 거리는 c 이동 전의 1까지의 거리 0에 1을 더해서 1이 됩니다. 이는 ❻에서 구한 거리 7보다 가깝기 때문에 최단 경로로 갱신합니다. 경로는 {d1}으로 갱신합니다.

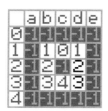

⑧ 오른쪽 방향의 경로를 탐색한다

이상의 과정을 반복하면 나머지 모든 칸까지의 경로가 탐색됩니다. 목적지 b3까지의 경로 {b1, b2, b3}는 이미 설정되어 있으므로 경로의 최초 좌표 b1이 b3까지의 최단 경로의 1번째 좌표가 되고, 거기로 이동하면 된다는 것을 알 수 있습니다.

두 점 간의 최단 경로를 탐색하는 기능을 구현한다

추적 몬스터에서 플레이어까지의 최단 경로를 탐색하는 기능을 구현하겠습니다. 이 장의 경로 탐색 알고리즘에서는 탐색자를 원점으로서 모든 칸까지의 경로와 거리를 탐색합니다. '탐색자를 원점으로서 상하좌우 방향의 칸을 탐색하고, 각 칸에서 또 상하좌우의 칸을....' 식으로 재귀적으로 처리함으로써 모든 칸을 탐색할 수 있습니다. 그렇게 되면 좌표를 지정함으로써 그 좌표까지의 경로와 이동 거리를 구할 수 있습니다.

탐색 시작 지점에서 각 칸까지의 최단 거리를 구한다

임의의 캐릭터가 임의의 좌표로 향하는 최단 경로를 탐색하고 경로의 첫 번째 좌표를 얻는 함수 GetChasePosition을 선언합니다.

```
// [6] 함수를 선언하는 곳
...

    // [6-6] 목표 지점까지의 최단 경로에서 첫 좌표를 구하는 함수를 선언한다
    VEC2 GetChasePosition(CHARACTER _character, VEC2 _targetPosition)
    {
    }
...
```

경로를 탐색해야 하는 좌표 리스트 toCheckPositions를 선언하고 탐색을 하는 캐릭터 자신의 좌표를 추가합니다.

```
// [6-6] 목표 지점까지의 최단 경로에서 첫 좌표를 구하는 함수를 선언한다
VEC2 GetChasePosition(CHARACTER _character, VEC2 _targetPosition)
{
        // [6-6-1] 경로를 탐색해야 하는 좌표 리스트를 선언한다
        std::vector<VEC2> toCheckPositions;

        // [6-6-2] 탐색을 하는 캐릭터 자신의 좌표를 탐색해야 하는 좌표 리스트에 추가한다
        toCheckPositions.push_back(_character.position);
}
```

탐색해야 하는 좌표가 없어질 때까지 루프합니다.

```
// [6-6] 목표 지점까지의 최단 경로에서 첫 좌표를 구하는 함수를 선언한다
VEC2 GetChasePosition(CHARACTER _character, VEC2 _targetPosition)
{
    ...

    // [6-6-9] 탐색해야 하는 좌표 리스트가 비워질 때까지 반복한다
    while (!toCheckPositions.empty())
    {
    }
}
```

루프에 들어가면 탐색 중인 좌표에 인접한 사방의 좌표를 얻고, 변수 newPosition에 설정합니다.

```
// [6-6-9] 탐색해야 하는 좌표 리스트가 비워질 때까지 반복한다
while (!toCheckPositions.empty())
{
    // [6-6-10] 모든 방향을 대상으로 반복한다
    for (int i = 0; i < DIRECTION_MAX; i++)
    {
        // [6-8-11] 탐색 중인 좌표에 인접하는 각 방향의 좌표를 구한다
        VEC2 newPosition = Vec2Add(toCheckPositions.front(), directions[i]);
    }
}
```

얻은 사방의 좌표를 상하좌우로 루프시킨 좌표로 변환합니다.

```
// [6-6-10] 모든 방향을 대상으로 반복한다
for (int i = 0; i < DIRECTION_MAX; i++)
{
    ...

    // [6-6-12] 대상 좌표를 상하좌우로 루프시킨 좌표로 변환한다
    newPosition = GetLoopPosition(newPosition);
}
```

탐색을 하는 캐릭터 자신의 좌표에서 미로의 각 칸까지의 거리를 보유하는 배열 distances를 선언합니다.

```
// [6-6] 목표 지점까지의 최단 경로에서 첫 좌표를 구하는 함수를 선언한다
VEC2 GetChasePosition(CHARACTER _character, VEC2 _targetPosition)
{

    ...

        // [6-6-3] 탐색 시작 지점에서 각 칸까지의 거리를 보유하는 배열을 선언한다
        int distances[MAZE_HEIGHT][MAZE_WIDTH];

    ...

}
```

미로의 각 칸에 대한 최단 거리를 -1(미설정)로 초기화합니다.

```
// [6-6] 목표 지점까지의 최단 경로에서 첫 좌표를 구하는 함수를 선언한다
VEC2 GetChasePosition(CHARACTER _character, VEC2 _targetPosition)
{

    ...

        // [6-8-4] 미로의 모든 행을 대상으로 반복한다
        for (int y = 0; y < MAZE_HEIGHT; y++)
        {
            // [6-6-5] 미로의 모든 열을 대상으로 반복한다
            for (int x = 0; x < MAZE_WIDTH; x++)
            {
                // [6-6-6] 대상 칸까지의 거리를 미설정으로 초기화한다
                distances[y][x] = -1;
            }
        }

}
```

탐색을 하는 캐릭터 자신의 좌표는 최단 거리가 0임을 알고 있으므로 0을 설정합니다.

```
// [6-6] 목표 지점까지의 최단 경로에서 첫 좌표를 구하는 함수를 선언한다
VEC2 GetChasePosition(CHARACTER _character, VEC2 _targetPosition)
{
    ...

    // [6-6-7] 탐색을 하는 캐릭터 자신의 좌표까지의 거리는 0으로 설정한다
    distances[_character.position.y][_character.position.x] = 0;

    ...
}
```

탐색 중인 좌표에 인접한 사방의 좌표까지의 최단 거리는 탐색 중인 좌표까지의
거리에 1을 더한 값으로 설정합니다.

```
// [6-6-10] 모든 방향을 대상으로 반복한다
for (int i = 0; i < DIRECTION_MAX; i++)
{
    ...

    // [6-6-13] 대상 좌표까지의 거리를 선언한다
    int newDistance =
        distances[toCheckPositions.front().y][toCheckPositions.front().x] + 1;
}
```

대상 좌표 newPosition을 탐색해야 하는 좌표 리스트 toCheckPositions로 추가
해야 하는지 판정합니다. 대상 좌표까지의 최단 거리가 미설정인지 또는 현재 탐
색 중인 경로가 최단 경로인지 여부로 판정합니다.

```
// [6-6-10] 모든 방향을 대상으로 반복한다
for (int i = 0; i < DIRECTION_MAX; i++)
{
    ...

    // [6-6-14] 대상 좌표를 검색해야 하는지 판정한다
    if (
        (
```

```
        // 미설정
        (distances[newPosition.y][newPosition.x] < 0)

        // 또는 최단 경로
        || (newDistance < distances[newPosition.y][newPosition.x])
      )
    )
  {
  }
}
```

대상 좌표 newPosition을 탐색해야 한다면 우선 대상 좌표까지의 거리 newDis
tance를 설정합니다.

```
// [6-6-14] 대상 좌표를 검색해야 하는지 판정한다
if (...)
{
    // [6-6-15] 대상 좌표까지의 거리를 갱신한다
    distances[newPosition.y][newPosition.x] = newDistance;
}
```

대상 좌표 newPosition을 탐색해야 할 좌표 리스트 toCheckPositions에 추가합
니다.

```
// [6-6-14] 대상 좌표를 검색해야 하는지 판정한다
if (...)
{
    // [6-6-16] 대상 좌표를 탐색해야 하는 좌표 리스트에 추가한다
    toCheckPositions.push_back(newPosition);
}
```

모든 방향의 탐색이 끝나면 탐색 중인 좌표를 탐색해야 할 좌표 리스트 toCheck
Positions에서 삭제합니다.

```
// [6-6-9] 탐색해야 하는 좌표 리스트가 비워질 때까지 반복한다
while (!toCheckPositions.empty())
{
    ...

    // [6-6-19] 탐색해야 하는 좌표 리스트에서 맨 앞의 좌표를 삭제한다
    toCheckPositions.erase(toCheckPositions.begin());
}
```

이것으로 각 칸까지의 최단 거리 distances를 얻을 수 있지만, 아직 경로를 얻지
않았습니다.

■ **탐색자의 칸에서 각 칸까지의 최단 경로를 구한다** 📑❖ ─ ─ ─ ─ ─ ─ ─ ─ ─

대상 캐릭터의 좌표에서 각 칸까지의 최단 경로를 보유하는 배열 routes를 선언
합니다.

```
// [6-6] 목표 지점까지의 최단 경로에서 첫 좌표를 구하는 함수를 선언한다
VEC2 GetChasePosition(CHARACTER _character, VEC2 _targetPosition)
{
    ...

    // [6-6-8] 탐색 시작 지점에서 각 칸까지의 경로를 보유하는 배열을 선언한다
    std::vector<VEC2> routes[MAZE_HEIGHT][MAZE_WIDTH];

    ...
}
```

탐색해야 하는 좌표 리스트 toCheckPositions에 좌표를 추가할 때에 추가하는
좌표의 1개 이전 좌표까지의 경로를 설정합니다.

```
// [6-6-14] 대상 좌표를 검색해야 하는지 판정한다
if (...)
{
    ...
```

```
// [6-6-17] 대상 좌표까지의 경로를 1개 전 좌표의 경로로 초기화한다
routes[newPosition.y][newPosition.x] =
    routes[toCheckPositions.front().y][toCheckPositions.front().x];
}
```

대상 좌표까지의 경로에 목표 지점이 되는 대상 좌표 newPosition을 추가함으로
써 경로가 완성됩니다.

```
// [6-6-14] 대상 좌표를 검색해야 하는지 판정한다
if (...)
{
    ...
    // [6-6-18] 대상 좌표까지의 경로에 대상 좌표를 추가한다
    routes[newPosition.y][newPosition.x].push_back(newPosition);
}
```

이제 모든 칸까지의 최단 경로 routes를 얻었습니다. 그럼 목표 지점까지의 경로
가 완성되었다면 경로의 첫 번째 좌표를 반환합니다.[1]

```
// [6-6] 목표 지점까지의 최단 경로에서 첫 좌표를 얻는 함수를 선언한다
VEC2 GetChasePosition(CHARACTER _character, VEC2 _targetPosition)
{
    ...
    // [6-6-20] 목표 지점까지의 경로가 있는지 판정한다
    if (
        // 경로가 있다
        (!routes[_targetPosition.y][_targetPosition.x].empty())
    )
    {
        // [6-6-21] 목표 지점까지의 경로의 첫 번째 좌표를 반환한다
        return routes[_targetPosition.y][_targetPosition.x].front();
    }
}
```

---

1 목표 지점이 벽인 경우는 거리는 −1이 되고 경로는 없음으로 처리됩니다.

목표 지점까지의 경로가 없는 경우는 변덕 몬스터의 AI를 사용하여 랜덤한 좌표로 이동합니다.

```
// [6-6-20] 목표 지점까지의 경로가 있는지 판정한다
if (...)
{
    ...
}
// [6-6-22] 목표 지점까지의 경로가 없으면
else
{
    // [6-6-23] 랜덤한 좌표를 반환한다
    return GetRandomPosition(_character);
}
```

이제 추적 몬스터의 경로 탐색 처리가 완성되었습니다.

추적 몬스터를 움직인다

실시간으로 움직이는 몬스터의 종류에 따른 분기에 추적 몬스터의 분기를 추가하고, 이동 목적지의 좌표를 플레이어를 추적하는 좌표로 설정합니다.

```
// [6-11-13] 몬스터의 종류에 따라 분기한다
switch(i)
{
...

// [6-11-16] 추적 몬스터
case CHARACTER_CHASE:

    // [6-11-17] 플레이어를 추적하는 좌표를 설정한다
    newPosition =
        GetChasePosition(characters[i], characters[CHARACTER_PLAYER].position);

    break;
}
```

실행하면 추적 몬스터가 플레이어를 따라 움직이지만, 벽을 통과합니다.

■ 추적 몬스터가 벽을 통과하여 쫓아온다

추적 몬스터가 벽을 통과하지 못하게 한다

경로 탐색 처리에서 벽 칸은 경로를 탐색해야 하는 리스트에 추가하지 않도록 수정합니다.

```
// [6-6-14] 대상 좌표를 검색해야 하는지 판정한다
if (
    (
        // 미설정
        (distances[newPosition.y][newPosition.x] < 0)
        // 또는 최단 경로
        || (newDistance < distances[newPosition.y][newPosition.x])
    )

    // 그리고 벽이 아니다
    && (maze[newPosition.y][newPosition.x] != '#')
)
{
}
```

실행하면 추적 몬스터가 벽을 통과하지 못하게 되지만, 길을 되돌아가기도 합니다.

추적 몬스터가 되돌아오지 않게 한다

추적 몬스터가 왔던 길을 되돌아가지 않게 하겠습니다. 이동 목적지로 이동하는 조건으로 이전 좌표와 다른지 판정하는 코드를 추가합니다.

```
// [6-6-20] 목표 지점까지의 경로가 있는지 판정한다
if (
    // 경로가 있다
    (!routes[_targetPosition.y][_targetPosition.x].empty())

    // 그리고 이전 좌표와 다른 좌표라면
    && (!Vec2Equal(
        routes[_targetPosition.y][_targetPosition.x].front(),
        _character.lastPosition)
    )
)
{
}
```

실행하면 추적 몬스터가 왔던 길을 되돌아가지 않게 됩니다. 이제 추적 몬스터의 AI가 완성되었습니다.

전진 몬스터를 추가한다

추적 몬스터는 정확하게 추적해 오지만, 후방에만 주의를 기울이면 쉽게 도망칠 수 있습니다. 또한 추적 몬스터를 늘려도 단순히 줄지어 움직일 뿐입니다. 그래서 플레이어의 앞 세 칸을 목표로 하는 전진 몬스터를 추가하겠습니다. 추적 몬스터는 플레이어의 좌표를 목표 지점으로 삼았지만, 전진 몬스터는 목표 지점이 조금 바뀔 뿐 나머지는 추적 몬스터의 경로 탐색 AI를 이용합니다.

전진 몬스터의 데이터를 추가한다

캐릭터의 종류에 전진 몬스터 CHARACTER_AMBUSH를 추가합니다.

```
// [3-1] 캐릭터의 종류를 정의한다
enum
{

    ...
    CHARACTER_AMBUSH,    // [3-1-4] 전진 몬스터
    CHARACTER_MAX,        // [3-1-6] 캐릭터의 개수
};
```

캐릭터 배열 characters의 선언에서 전진 몬스터의 초기 데이터를 설정합니다.

```
// [5-3] 캐릭터의 배열을 선언한다
CHARACTER characters[CHARACTER_MAX] =
{

    ...

    // [5-3-13] CHARACTER_AMBUSH 전진 몬스터
    {
        {},          // [5-3-14] VEC2          position
        {1, 17},     // [5-3-15] const VEC2    defaultPosition
        {},          // [5-3-16] VEC2          lastPosition
    },
};
```

이제 전진 몬스터의 데이터가 완성되었습니다.

전진 몬스터를 그린다

전진 몬스터의 좌표에 아스키아트 「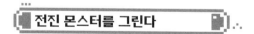」를 그립니다.

```
// [6-7-8] 칸을 그린다
switch (screen[y][x])
{
    ...
```

```
case CHARACTER_AMBUSH:    printf("◇");    break;    // [6-7-15] 전진 몬스터
}
```

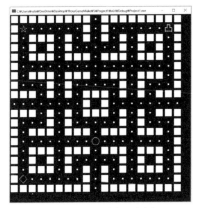

실행하면 화면의 왼쪽 아래에 전진 몬스
터가 표시됩니다.

■ 왼쪽 아래에 전진 몬스터가 표시된다

전진 몬스터의 이동 목적지를 얻는다

실시간 처리 몬스터의 종류에 따른 분기에 전진 몬스터의 분기를 추가합니다.

```
// [6-11-13] 몬스터의 종류에 따라 분기한다
switch(i)
{
    ...

    // [6-11-18] 전진 몬스터
    case CHARACTER_AMBUSH:
    {
        break;
    }
}
```

플레이어의 방향을 얻는다

플레이어가 향하고 있는 방향의 칸을 얻기 위해 플레이어의 방향이 필요합니다.
그래서 플레이어의 이전 좌표에서 현재 좌표까지의 벡터를 플레이어의 방향으로

합니다. 현재 상태에서는 플레이어가 이전 좌표를 아직 보유하지 않았기 때문에
플레이어가 이동 목적지로 이동하기 직전에 이전 좌표를 현재 좌표로 갱신합니다.

```
// [6-11-43] 이동 목적지가 벽이 아닌지 판정한다
if (maze[newPosition.y][newPosition.x] != '#')
{


    // [6-11-44] 플레이어의 이전 좌표를 현재 좌표로 갱신한다
    characters[CHARACTER_PLAYER].lastPosition =
        characters[CHARACTER_PLAYER].position;

    ...

}
```

벡터를 빼는 함수 Vec2Subtract를 선언합니다.

```
// [6] 함수를 선언하는 곳
...

// [6-2] 벡터를 빼는 함수를 선언한다
VEC2 Vec2Subtract(VEC2 _v0, VEC2 _v1)
{
    // [6-2-1] 뺀 벡터를 반환한다
    return
    {
        _v0.x - _v1.x,
        _v0.y - _v1.y
    };
}

...
```

플레이어의 현재 좌표 position에서 이전 좌표 lastPosition을 빼서 플레이어의
방향 벡터를 얻고, 변수 playerDirection에 설정합니다.

```
// [6-11-13] 몬스터의 종류에 따라 분기한다
switch(i)
{
...

// [6-11-18] 전진 몬스터
case CHARACTER_AMBUSH:
{
    // [6-11-19] 플레이어의 방향 벡터를 선언한다
    VEC2 playerDirection = Vec2Subtract(
        characters[CHARACTER_PLAYER].position,
        characters[CHARACTER_PLAYER].lastPosition);

    break;
}
}
```

이제 플레이어의 방향 벡터를 얻을 수 있습니다.

■ 플레이어의 3칸 앞 좌표를 얻는다

전진 몬스터의 목표 지점을 보유하는 변수 targetPosition을 선언하고, 플레이어의 좌표로 초기화합니다.

```
// [6-11-13] 몬스터의 종류에 따라 분기한다
switch(i)
{
// [6-11-18] 전진 몬스터
case CHARACTER_AMBUSH:
{
    ...

    // [6-11-20] 목표 지점을 선언한다
    VEC2 targetPosition = characters[CHARACTER_PLAYER].position;

    break;
}
}
```

목표 지점 targetPosition에 플레이어의 방향 벡터 playerDirection을 3회 더해서 플레이어의 3칸 앞 좌표를 얻습니다.

```
// [6-11-13] 몬스터의 종류에 따라 분기한다
switch(i)
{
...
// [6-11-18] 전진 몬스터
case CHARACTER_AMBUSH:
{
    ...

        // [6-11-21] 3회 반복한다
        for (int j = 0; j < 3; j++)
        {
            // [6-11-22] 목표 지점에 플레이어의 방향 벡터를 더한다
            targetPosition = Vec2Add(targetPosition, playerDirection);
        }

    break;
}
}
```

목표 지점 targetPosition을 상하좌우로 루프시킨 좌표로 변환합니다.

```
// [6-11-13] 몬스터의 종류에 따라 분기한다
switch(i)
{
...

// [6-11-18] 전진 몬스터
case CHARACTER_AMBUSH:
{
        // [6-11-23] 목표 지점을 상하좌우로 루프시킨 좌표로 변환한다
        targetPosition = GetLoopPosition(targetPosition);

    break;
```

```
    }
    }
```

이제 전진 몬스터의 목표 지점 targetPosition을 얻을 수 있습니다.

전진 몬스터를 움직인다

목표 지점 targetPosition까지의 최단 경로의 첫 좌표를 얻고, 변수 newPosition에 설정합니다.

```
// [6-11-13] 몬스터의 종류에 따라 분기한다
switch(i)
{
...
// [6-11-18] 전진 몬스터
case CHARACTER_AMBUSH:
{
    ...

    // [6-11-24] 목표 지점을 향하는 좌표를 설정한다
    newPosition = GetChasePosition(characters[i], targetPosition);

    break;
}
}
```

실행하면 전진 몬스터가 플레이어의 3칸 앞 좌표를 목표로 이동합니다. 이제 전진 몬스터 AI가 완성되었습니다.

협공 몬스터를 추가한다

이번에는 전진 몬스터와 협력하여 플레이어를 협공하는 협공 몬스터를 추가하겠습니다. 플레이어의 좌표를 중심으로 한 추적 몬스터의 점대칭 좌표를 목표로 합니다. 이 몬스터도 전진 몬스터와 마찬가지로 목표 지점이 다를 뿐, 경로 탐색 AI는 추적 몬스터의 것을 이용합니다.

협공 몬스터의 데이터를 추가한다

캐릭터의 종류에 협공 몬스터 CHARACTER_SIEGE을 추가합니다.

```
// [3-1] 캐릭터의 종류를 정의한다
enum
{
    ...
    CHARACTER_SIEGE,        // [3-1-5] 협공 몬스터
    CHARACTER_MAX           // [3-1-6] 캐릭터의 개수
};
```

캐릭터의 배열 characters의 선언에서 협공 몬스터의 초기 데이터를 설정합니다.

```
// [5-3] 캐릭터의 배열을 선언한다
CHARACTER characters[CHARACTER_MAX] =
{
    ...
    // [5-3-17] CHARACTER_SIEGE        협공 몬스터
    {
        {},           // [5-3-18] VEC2          position
        {17, 17},     // [5-3-19] const VEC2    defaultPosition
        {},           // [5-3-20] VEC2          lastPosition
    }
};
```

이제 협공 몬스터의 데이터가 완성되었습니다.

협공 몬스터를 그린다

협공 몬스터의 좌표를 그릴 때 협공 몬스터의 아스키아트 「凹」를 그립니다.

```
// [6-7-8] 칸을 그린다
switch (screen[y][x])
{
...
case CHARACTER_SIEGE:    printf("凹");    break;    // [6-7-16] 협공 몬스터
}
```

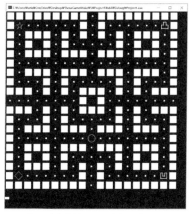

실행하면 화면의 오른쪽 아래에 협공 몬스터가 표시됩니다.

■ 오른쪽 하단에 협공 몬스터가 표시된다

협공 몬스터를 움직인다

실시간 처리 몬스터의 종류에 따른 분기에 협공 몬스터의 분기를 추가합니다.

```
// [6-11-13] 몬스터의 종류에 따라 분기한다
switch(i)
{
...
// [6-11-25] 협공 몬스터
case CHARACTER_SIEGE:
```

```
    {
        break;
    }
    }
}
```

추적 몬스터에서 플레이어까지의 벡터를 얻고, 변수 chaseToPlayer에 설정합니다.

```
// [6-11-13] 몬스터의 종류에 따라 분기한다
switch(i)
{
...

// [6-11-25] 협공 몬스터
case CHARACTER_SIEGE:
{
    // [6-11-26] 추적 몬스터에서 플레이어까지의 벡터를 얻는다
    VEC2 chaseToPlayer = Vec2Subtract(
        characters[CHARACTER_PLAYER].position,    // 플레이어의 좌표
        characters[CHARACTER_CHASE].position);    // 추적 몬스터의 좌표

    break;
}
}
```

플레이어의 좌표에 추적 몬스터에서 플레이어까지의 벡터를 더한 좌표를 목표 지점으로 합니다.

```
// [6-11-13] 몬스터의 종류에 따라 분기한다
switch(i)
{
...

// [6-11-25] 협공 몬스터
case CHARACTER_SIEGE:
{
    ...
```

```
// [6-11-27] 목적지를 선언한다
VEC2 targetPosition =

    // 벡터를 더한다
    Vec2Add(

        // 플레이어의 좌표
        characters[CHARACTER_PLAYER].position,

        // 추적 몬스터에서 플레이어까지의 벡터
        chaseToPlayer);

    break;
}
}
```

얻은 좌표를 상하좌우로 루프시킨 좌표로 변환합니다.

```
// [6-11-13] 몬스터의 종류에 따라 분기한다
switch(i)
{
...

// [6-11-25] 협공 몬스터
case CHARACTER_SIEGE:
{
    ...

    // [6-11-28] 목표 지점을 상하좌우로 루프시킨 좌표로 변환한다
    targetPosition = GetLoopPosition(targetPosition);

    break;
}
}
```

협공 몬스터의 이동 목적지 좌표 newPosition을 목표 지점까지의 경로 첫 칸에
설정합니다.

```
// [6-11-13] 몬스터의 종류에 따라 분기한다
switch(i)
{
    ...

// [6-11-25] 협공 몬스터
case CHARACTER_SIEGE:
{
        ...

        // [6-11-29] 목표 지점을 목표로 하는 좌표를 설정한다
        newPosition = GetChasePosition(characters[i], targetPosition);

        break;
    }
}
```

실행하면 협공 몬스터가 추적 몬스터와 협력하여 플레이어를 둘러싸도록 이동합
니다. 이제 협공 몬스터가 완성되었습니다.

게임 오버 기능을 제작한다

플레이어와 몬스터가 겹치면 게임 오버가 되는 기능을 제작하겠습니다. 게임 오버
판정은 키보드 입력으로 플레이어가 움직이는 순간과 실시간 처리로 몬스터가 움
직이는 순간의 2곳에서 실시하기 때문에 함수로 만들어 두겠습니다.

플레이어와 몬스터가 겹쳤는지 판정하는 기능을 제작한다

플레이어와 몬스터가 겹쳤는지 판정하는 함수 IsGameOver를 선언합니다.

```
// [6] 함수를 선언하는 곳

...
```

```
// [6-9] 게임 오버 함수를 선언한다
bool IsGameOver()
{
}

...
```

모든 몬스터를 대상으로 반복하여 플레이어의 좌표와 동일한지 판정합니다.

```
// [6-9] 게임 오버 함수를 선언한다
bool IsGameOver()
{
    // [6-9-1] 모든 몬스터를 대상으로 반복한다
    for (int i = CHARACTER_PLAYER + 1; i < CHARACTER_MAX; i++)
    {
        // [6-9-2] 대상 몬스터와 플레이어의 좌표가 동일한지 판정한다
        if (Vec2Equal(
            characters[i].position,                         // 대상 몬스터의 좌표
            characters[CHARACTER_PLAYER].position))  // 플레이어의 좌표
        {
        }
    }
}
```

플레이어와 겹쳐진 몬스터가 한 마리라도 있으면 게임 오버 메시지를 표시하고,
키보드 입력 대기 상태로 전환합니다.

```
// [6-9-2] 대상 몬스터와 플레이어의 좌표가 동일한지 판정한다
if (...)
{
    // [6-9-6] 게임 오버 메시지를 표시한다
    printf("      GAME OVER");

    // [6-9-7] 키보드 입력을 기다린다
    _getch();
}
```

게임 오버가 되었다는 결과를 반환합니다.

```
// [6-9-2] 대상 몬스터와 플레이어의 좌표가 동일한지 판정한다
if (...)
{
    ...

    // [6-9-8] 게임 오버가 되었다는 결과를 반환한다
    return true;
}
```

어떤 몬스터와도 겹치지 않았다면 게임 오버가 되지 않았다는 결과를 반환합니다.

```
// [6-9] 게임 오버 함수를 선언한다
bool IsGameOver()
{
    ...

    // [6-9-9] 게임 오버가 되지 않았다는 결과를 반환한다
    return false;
}
```

이제 최소한의 게임 오버 처리가 완성되었습니다. 그럼 플레이어가 이동한 직후에
게임 오버가 되었는지 판정합니다.

```
// [6-11-43] 이동 목적지가 벽이 아닌지 판정한다
if (maze[newPosition.y][newPosition.x] != '#')
{
    ...

    // [6-11-46] 게임 오버가 되었는지 판정한다
    if (IsGameOver())
    {
    }

    ...
}
```

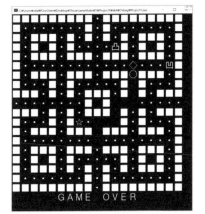

실행하여 플레이어가 몬스터에게 돌진하면 화면 아래에 게임 오버 메시지가 표시되며 키보드 입력 대기 상태로 전환됩니다. 그러나 키보드를 누르면 게임이 계속 진행됩니다.

■ 아래에 게임 오버 메시지가 표시된다

게임 오버가 되면 게임을 리셋한다

게임 오버가 되면 게임을 리셋하도록 만들겠습니다. 우선 게임 오버가 되었을 때 점프 지점의 라벨 start를 게임 초기화 전에 설정합니다.

```
// [6-11] 프로그램 실행의 시작점을 선언한다
int main()
{
    ...

start:   // [6-11-2] 게임 시작 라벨
    ;    // [6-11-3] 빈 문장

    ...

}
```

게임 오버가 되면 게임 초기화 전에 점프합니다.

```
// [6-11-46] 게임 오버가 되었는지 판정한다
if (IsGameOver())
{
    goto start;  // [6-11-47] 게임 시작 라벨로 점프한다
}
```

실행하여 게임 오버 화면에서 키보드를 누르면 게임이 리셋됩니다. 그러나 몬스터가 플레이어에게 돌진해 온 경우는 게임 오버가 되지 않습니다.

■ 몬스터가 플레이어에게 돌진해 온 경우도 게임 오버 처리한다 ▦

몬스터가 이동한 직후에도 게임 오버가 되었는지 판정하고 게임 오버가 되면 게임을 리셋합니다.

```
// [6-11-9] 이전 갱신으로부터 대기 시간이 경과했는지 판정한다
if (newClock > lastClock + INTERVAL)
{
    ...

    // [6-11-32] 게임 오버가 되었는지 판정한다
    if (IsGameOver())
    {
        goto start; // [6-11-33] 게임 시작 라벨로 점프한다
    }

    ...
}
```

실행하여 몬스터가 플레이어에게 돌진하면 게임 오버가 됩니다. 이제 게임 오버의 판정이 완성되었으나, 게임 오버 메시지가 미로의 아래에 표시되므로 보기 어렵습니다.

■ 게임 오버 메시지를 화면 중앙에 표시한다 ▦

게임 오버가 되면 우선 화면을 클리어합니다.

```
// [6-9-2] 대상 몬스터와 플레이어의 좌표가 동일한지 판정한다
if (...)
{
    // [6-9-3] 화면을 클리어한다
```

```
    system("cls");

    ...
}
```

커서를 미로의 중심 행까지 줄바꿈합니다.

```
// [6-9-2] 대상 몬스터와 플레이어의 좌표가 동일한지 판정한다
if (...)
{
    ...

    // [6-9-4] 미로 높이의 반만큼 반복한다
    for (int j = 0; j < MAZE_HEIGHT / 2; j++)
    {
        // [6-9-5] 줄바꿈한다
        printf("\n");
    }
}
```

실행하여 게임 오버가 되면 이번에는 화면 중앙에 메시지가 표시됩니다. 이제 게임 오버 화면이 완성되었습니다.

■ 중앙에 게임 오버 메시지가 표시된다

플레이어가 모든 도트를 다 먹으면 게임 클리어로 취급하여 엔딩 화면을 표시하게
만들겠습니다.

도트를 전부 먹었는지 판정한다

게임을 클리어했는지 판정하는 함수 IsComplete를 선언합니다.

```
// [6] 함수를 선언하는 곳
...


// [6-10] 엔딩 함수를 선언한다
bool IsComplete()
{

}


...
```

미로의 모든 칸을 대상으로 반복합니다.

```
// [6-10] 엔딩 함수를 선언한다
bool IsComplete()
{
        // [6-10-1] 미로의 모든 행을 대상으로 반복한다
        for (int y = 0; y < MAZE_HEIGHT; y++)
        {
                // [6-10-2] 미로의 모든 열을 대상으로 반복한다
                for (int x = 0; x < MAZE_WIDTH; x++)
                {
                }
        }
}
```

하나라도 도트 칸을 찾으면 아직 클리어하지 않았다는 결과를 반환합니다.

```
// [6-10-2] 미로의 모든 열을 대상으로 반복한다
for (int x = 0; x < MAZE_WIDTH; x++)
{
    // [6-10-3] 대상 칸이 도트인지 판정한다
    if (maze[y][x] == 'o')
    {
        // [6-10-4] 클리어가 아니라는 결과를 반환한다
        return false;
    }
}
```

끝까지 도트 칸을 찾지 못하면 게임 클리어가 됩니다.

엔딩 화면을 작성한다

게임을 클리어하면 게임 오버 때와 같은 방식으로 화면 중앙에 엔딩 메시지를 표시하고 키보드 입력 대기 상태로 만듭니다.

```
// [6-10] 엔딩 함수를 선언한다
bool IsComplete()
{
    ....

    // [6-10-5] 화면을 클리어한다
    system("cls");

    // [6-10-6] 미로 높이의 반만큼 반복한다
    for (int i = 0; i < MAZE_HEIGHT / 2; i++)
    {
        // [6-10-7] 줄바꿈한다
        printf("\n");
    }

    // [6-10-8] 엔딩 메시지를 표시한다
    printf("    C O N G R A T U L A T I O N S !");
```

```
    // [6-10-9] 키보드 입력을 기다린다
    _getch();
}
```

엔딩 화면에서 키보드를 누르면 게임을 클리어했다는 결과를 반환합니다.

```
// [6-10] 엔딩 함수를 선언한다
bool IsComplete()
{
    ...

    // [6-10-10] 클리어했다는 결과를 반환한다
    return true;
}
```

이제 엔딩 화면이 완성되었습니다.

게임을 클리어하면 엔딩 화면을 표시한다

플레이어가 도트를 먹은 직후에 클리어했는지 판정합니다. 클리어하면 게임을 리셋합니다.

```
// [6-11-48] 플레이어의 좌표에 도트가 있는지 판정한다
if (...)
{
    ...

    // [6-11-50] 클리어했는지 판정한다
    if (IsComplete())
    {
        goto start; // [6-11-51] 게임 시작 라벨로 점프한다
    }
}
```

실행하여 도트를 다 먹으면 엔딩 화면이
표시되고 키보드 입력 대기 상태가 됩니
다. 키보드를 누르면 게임이 리셋됩니다.

■ 엔딩 화면이 표시된다

축하합니다! 도트잇 게임이 완성되었습니다. 이 장 게임의 경로 탐색 알고리즘은
간이로 만든 것이었지만, 이것을 최적화한 「다익스트라 알고리즘」이나 한층 더 최
적화한 「A*(에스터)」등의 구현에 도전해 보는 것도 재미있을 것입니다.

제 6 장

유사 3D 던전 게임

아스키아트로 유사 3D 그리기의 기믹

비디오 게임 초기의 RPG 표준, 유사 3D 던전

컴퓨터 RPG의 기원 『위저드리』의 탄생

유사 3D 시점의 던전 게임이라면 비디오 게임 초기인 1981년에 해외에서 발매된 PC 게임 『위저드리』가 유명합니다. 아직 「컴퓨터 RPG」라는 장르가 확립되지 않은 시기에 「TRPG」(테이블토크 RPG)를 컴퓨터상에서 재현한 게임으로, 모험가 파티를 구성해 던전을 탐색하는 게임입니다. 몬스터를 물리치고 레벨업하여 강해지며, 보물 상자를 열어 무기와 방어구를 모아가는 컴퓨터 RPG의 재미는 이미 이 게임에서 실현되었습니다.

당시에는 아직 컴퓨터의 성능이 낮아 유사 3D 던전을 선화로 그리는 게 한계였습니다. 그러나 이후 컴퓨터의 그리기 성능이 향상되면서 그래픽이 포함된 『마이트 앤 매직』 등의 파생작이 등장했습니다. 그리고 실시간 게임인 『던전 마스터』나 유사 3D 시점으로 부드럽게 움직이는 『DOOM』 등의 FPS로 발전해 갔습니다.

『위저드리』가 끼친 영향

일본에서는 『위저드리』가 여러 기종에 이식되며, 일본 오리지널 속편이 개발되는 등 마니아들 사이에서 일정한 인기를 누렸지만, 유사 3D 던전 자체가 대히트 장르로 자리 잡지는 못했습니다. 그러나 『위저드리』는 이후 많은 게임에 영향을 주었습니다. 『위저드리』에 열중하던 호리이 유지가 개발하여 일본에서 컴퓨터 RPG 붐을 일으킨 『드래곤 퀘스트』에는 캐릭터의 성장 시스템이나 전투 장면 등에서 『위저드리』의 영향을 볼 수 있습니다. 여담이지만, 호리이 유지가 개발한 『포토피아 연쇄 살인 사건』과 『오호츠크로 사라지다』의 패밀리 컴퓨터판은 어드벤처 게임임에도 불구하고 게임 후반에 유사 3D 던전이 등장합니다. 게다가 『포토피아 연쇄 살인 사건』의 유사 3D 던전에는 벽에 「Monster surprised you」라는 『위저드리』의 전투 장면에서 표시되는 메시지 낙서가 있어, 그의 『위저드리』에 대한 애정이 느낄 수 있습니다.

유사 3D 시점의 기믹에 접근하다

현재는 컴퓨터 성능의 향상으로 3D 그래픽 그리기가 쉬워졌으며, 유사 3D 던전의 게임은 거의 도태되고 말았습니다. 그러나 유사 3D 던전 그리기는 특수한 트릭이 필요하고 비디오 게임 초기의 제작자들이 저사양 컴퓨터에서 어떻게 구현했는지 알 수 있다는 흥미로운 면이 있습니다.

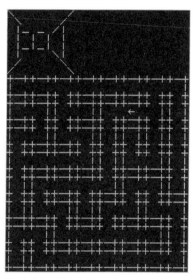

이 장에서는 던전을 랜덤 생성하고, 생성한 던전을 유사 3D로 그려서 탐험하는 게임을 작성합니다. 또, 유사 3D 그리기를 디버깅하기 쉽도록 내려다보는 시점의 맵을 표시하는 기능도 추가합니다. 마지막으로 간단한 퀘스트를 추가하여 게임으로 완성시키겠습니다.

■ 이 장에서 만들 게임의 화면

프로그램의 기본 구조를 작성한다

프로그램의 베이스 부분을 작성한다

처음으로 소스 파일의 어디에 무엇을 작성할지를 주석으로 기술합니다.

```
// [1] 헤더를 인클루드하는 곳

// [2] 상수를 정의하는 곳
```

```
// [3] 열거 상수를 정의하는 곳

// [4] 구조체를 선언하는 곳

// [5] 변수를 선언하는 곳

// [6] 함수를 선언하는 곳
```

프로그램의 실행 시작점인 main() 함수를 선언합니다.

```
// [6] 함수를 선언하는 곳

// [6-9] 프로그램의 실행 시작점을 선언한다
int main()
{
}
```

실행하면 창이 순간적으로 표시되고 종료되기 때문에 프로그램을 계속 진행하기
위해 메인 루프를 추가합니다.

```
// [6-9] 프로그램 실행의 시작점을 선언한다
int main()
{
    // [6-9-3] 메인 루프
    while (1)
    {
    }
}
```

실행하면 이번에는 프로그램이 계속 진행됩니다.

콘솔의 속성은 글꼴 크기를 28, 화면 버퍼와 창의 너비를 50, 높이를 33으로 설정합니다.

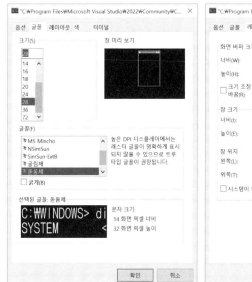

■ 글꼴 설정

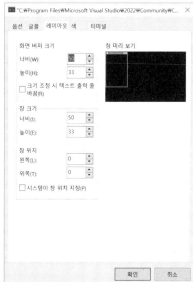

■ 레이아웃 설정

디버그용 맵을 그린다

우선 미로를 랜덤 생성하려는데, 그 전에 미로가 올바르게 생성되었는지를 확인하기 위해서 내려다보는 시점의 맵을 작성하겠습니다.

미로 데이터를 작성한다

미로 데이터를 작성하기 위해서는 미로의 크기를 정의해야 합니다. 미로의 너비와 높이 매크로 MAZE_WIDTH, MAZE_HEIGHT를 정의합니다.

```
// [2] 상수를 정의하는 곳

#define MAZE_WIDTH  (8)      // [2-1] 미로의 너비를 정의한다
#define MAZE_HEIGHT (8)      // [2-2] 미로의 높이를 정의한다
```

이 장의 미로는 칸마다 각 방위에 벽 존재 여부를 저장한 데이터가 필요합니다. 그래서 방위의 종류를 정의합니다.

```
// [3] 열거 상수를 정의하는 곳

// [3-1] 방위의 종류를 정의한다
enum
{
    DIRECTION_NORTH,    // [3-1-1] 북
    DIRECTION_WEST,     // [3-1-2] 서
    DIRECTION_SOUTH,    // [3-1-3] 남
    DIRECTION_EAST,     // [3-1-4] 동
    DIRECTION_MAX       // [3-1-5] 방위의 개수
};
```

미로 각 칸의 정보를 보유하는 구조체 TILE을 선언합니다. 멤버 변수 walls는 칸의 각 방위에 벽이 있는지 여부를 저장하는 플래그입니다.

```
// [4] 구조체를 선언하는 곳

// [4-2] 미로 칸의 구조체를 선언한다
typedef struct {
    bool walls[DIRECTION_MAX];    // [4-2-1] 각 방위의 벽 유무
} TILE;
```

미로 각 칸의 데이터를 보유하는 배열 maze를 선언합니다.

```
// [5] 변수를 선언하는 곳

TILE maze[MAZE_HEIGHT][MAZE_WIDTH];    // [5-15] 미로를 선언한다
```

이제 미로 데이터를 보유할 수 있게 되었습니다.

맵을 그리는 처리를 기술하는 함수 DrawMap을 선언합니다.

```
// [6] 함수를 선언하는 곳

// [6-6] 맵을 그리는 함수를 선언한다
void DrawMap()
{
}

...
```

메인 루프 내에서 맵을 그리는 함수 DrawMap을 호출합니다.

```
// [6-9-3] 메인 루프
while (1)
{
    // [6-9-6] 맵을 그리는 함수를 호출한다
    DrawMap();
}
```

콘솔에 문자열을 출력하기 위해서 표준 입출력 헤더 <stdio.h>를 인클루드합니다.

```
// [1] 헤더를 인클루드하는 곳

#include <stdio.h>   // [1-1] 표준 입출력 헤더를 인클루드한다
```

맵을 그리는 함수 DrawMap에서 미로의 모든 행을 대상으로 반복합니다.

```
// [6-6] 맵을 그리는 함수를 선언한다
void DrawMap()
{
    // [6-6-1] 미로의 모든 행을 대상으로 반복한다
```

```
for (int y = 0; y < MAZE_HEIGHT; y++)
{
    {
    }
}
```

이 장의 미로 각 칸에는 동서남북의 각 방위에 대한 벽의 유무 상태가 있습니다. 그래서 각 칸을 네 모퉁이의 기둥과 사방의 벽(각각 있는 경우와 없는 경우가 있습니다)으로 구성하여 그립니다. 예를 들어 사방에 벽이 있다면 다음과 같이 그립니다.

```
+-+  // 1번째 행:[북서쪽 기둥][북쪽 벽][북동쪽 기둥]
| |  // 2번째 행:[북쪽 벽][중심 바닥][동쪽 벽]
+-+  // 3번째 행:[남서쪽 기둥][남쪽 벽][남동쪽 기둥]
```

그럼 모든 열을 대상으로 반복하여 각 칸의 상단을 그립니다. 칸의 북서쪽 기둥, 북쪽 벽, 북동쪽 기둥 순으로 그립니다.

```
// [6-6-1] 미로의 모든 행을 대상으로 반복한다
for (int y = 0; y < MAZE_HEIGHT; y++)
{
        // [6-6-2] 미로의 모든 열을 대상으로 반복한다
        for (int x = 0; x < MAZE_WIDTH; x++)
        {
            // [6-6-3] 북쪽 벽을 그린다
            printf("+%s+", maze[y][x].walls[DIRECTION_NORTH] ? "—" : "   ");
        }
}
```

실행하면 아스키아트가 연속으로 그려져서 표시가 흐트러집니다. 그래서 화면을 클리어 하기 위해서 표준 라이브러리 헤더 <stdlib.h>를 인클루드합니다.

```
// [1] 헤더를 인클루드하는 곳

#include <stdio.h>   // [1-1] 표준 입출력 헤더를 인클루드한다
#include <stdlib.h>  // [1-2] 표준 라이브러리 헤더를 인클루드한다
```

메인 루프에서 맵을 그리기 전에 화면을 클리어합니다.

제 6 장 **유사 3D 던전 게임** 아스키아트로 유사 3D 그리기의 기믹

```
// [6-9-3] 메인 루프
while (1)
{
    system("cls");// [6-9-4] 화면을 클리어한다

    ...

}
```

실행하면 각 칸의 상단이 그려지지만 연속해서 그려지기 때문에 표시가 밀립니다.

■ 화면이 밀린다

그래서 1행 그릴 때마다 줄바꿈합니다.

```
// [6-6-1] 미로의 모든 행을 대상으로 반복한다
for (int y = 0; y < MAZE_HEIGHT; y++)
{

    ...

    printf("\n");// [6-6-4] 1행 그릴 때마다 줄바꿈한다
}
```

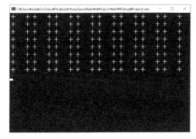

실행하면 이번에는 각 칸의 상단이 올바르게 그려지지만, 화면이 깜박거립니다.

■ 각 칸의 상단이 표시된다

그럼, 그렸으면 키보드 입력 대기 상태로 전환하여 화면의 깜박임을 멈춥니다. 우선은 키보드 입력을 위해 콘솔 입출력 헤더 <conio.h>를 인클루드합니다.

```
// [1] 헤더를 인클루드하는 곳
...
#include <conio.h>  // [1-4] 콘솔 입출력 헤더를 인클루드한다
```

메인 루프에서 그리기가 끝난 후에 키보드 입력 대기 상태로 만듭니다.

```
// [6-9-3] 메인 루프
while (1)
{
    ...

    // [6-9-7] 입력된 키로 분기한다
    switch (_getch())
    {
    }
}
```

실행하면 화면의 깜박거림이 멈춥니다. 각 칸의 북서쪽과 북동쪽 기둥만 그려집니다. 북쪽 벽은 아직 설정되어 있지 않기 때문에 표시되지 않습니다.

다음으로 각 칸의 중단을 그립니다. 바닥의 아스키아트를 선언하고, 서쪽 벽, 중심 바닥, 동쪽 벽 순으로 그리고 줄바꿈합니다.

```
// [6-6-1] 미로의 모든 행을 대상으로 반복한다
for (int y = 0; y < MAZE_HEIGHT; y++)
{
    ...

    // [6-6-5] 미로의 모든 열을 대상으로 반복한다
    for (int x = 0; x < MAZE_WIDTH; x++)
    {
        // [6-6-6] 바닥의 아스키아트를 선언한다
        char floorAA[] = "   ";
```

제 6 장 **유사 3D 던전 게임** 아스키아트로 유사 3D 그리기의 기믹

```
// [6-6-12] 서쪽 벽, 중심 바닥, 동쪽 벽을 그린다
printf("%s%s%s",
    maze[y][x].walls[DIRECTION_WEST] ? "|" : " ",
    floorAA,
    maze[y][x].walls[DIRECTION_EAST] ? "|" : " ");
}


printf("\n");// [6-6-13] 1행 그릴 때마다 줄바꿈한다
}
```

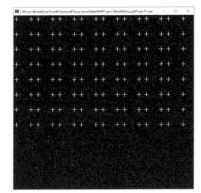

실행해도 동서쪽 벽이 아직 설정되지 않았기 때문에 중단에는 아무것도 표시되지 않습니다.

■ 각 칸의 중단이 표시된다

마지막으로 각 칸의 하단을 그립니다. 남서쪽 기둥, 남쪽 벽, 남동쪽 기둥 순으로 그리고 줄바꿈합니다.

```
// [6-6-1] 미로의 모든 행을 대상으로 반복한다
for (int y = 0; y < MAZE_HEIGHT; y++)
{
    ...

    // [6-6-14] 미로의 모든 열을 대상으로 반복한다
    for (int x = 0; x < MAZE_WIDTH; x++)
    {
        // [6-6-15] 남쪽 벽을 그린다
        printf("+%s+", maze[y][x].walls[DIRECTION_SOUTH] ? "—" : " ");
    }
```

```
printf("\n");// [6-6-16] 1행 그릴 때마다 줄바꿈한다
```

실행하면 각 칸의 하단도 그려집니다. 아직 벽을 설정하지 않았기 때문에 벽 그려지는지는 확인할 수 없지만, 이제 맵 그리기 기능이 완성되었습니다.

■ 각 칸의 하단이 표시된다

미로를 랜덤으로 생성한다

미로를 생성하는 알고리즘

이 장의 미로는 모든 칸이 연결되어 있고, 정답 루트가 1개만 되게 만들어야 합니다. 미로의 모든 칸이 벽으로 둘러싸인 상태에서 시작하여, 처음에 1개의 루트를 막히는 곳까지 파고 들어갑니다. 그 루트상의 각 칸을 시작점으로서 각각 파고 들며, 그 파고든 각 칸을 시작점으로서 ...와 같은 재귀적인 처리를 파야 할 벽이 있는 칸이 없어질 때까지 반복합니다. 생성되는 루트의 시작점은 모두 기존 루트상에 있으므로 생성되는 루트는 모두 연결됩니다. 또한, 「어디에도 연결되지 않은 칸」에만 파고 들어갈 수 있기 때문에 한 지점에서 다른 지점까지의 루트는 하나뿐입니다.

이 미로를 생성하는 알고리즘을 예로 들어 해설하겠습니다.

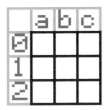
❶ 미로의 초기 상태

3x3의 미로에서 모든 칸이 벽으로 둘러싸여 있습니다.

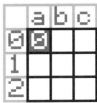
❷ 현재 좌표를 기록한다

a0부터 벽을 파고 들어갑니다. 우선 현재 좌표 a0를 나중에 파야 하는 칸 리스트에 추가합니다.

• 나중에 파야 하는 칸 리스트: {a0}

현재 좌표 a0에서 북쪽과 서쪽 칸은 미로의 범위를 벗어나므로 파고 들어갈 수 없습니다. 동쪽의 b0와 남쪽의 a1은 어디와도 연결되지 않기 때문에 파고 들어갈 수 있습니다.

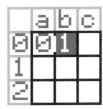
❸ 랜덤으로 파고 들어간다

파고 들어갈 수 있는 칸 중에서 랜덤으로 동쪽의 b0가 선택되었습니다. 동쪽 벽을 파서 벽 건너편의 칸 b0로 이동했습니다. 현재 좌표 b0를 나중에 파야 하는 칸 리스트에 추가합니다.

• 나중에 파야 하는 칸 리스트: {a0, b0}

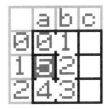
❹ 막다른 곳까지 파고 들어간다

위의 규칙으로 랜덤하게 벽을 파 들어가 막다른 a1까지 도달했습니다.

• 나중에 파야 하는 칸 리스트: { a0, b0, b1, b2, a2, a1}

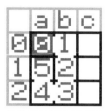

❺ 맨 앞의 좌표로 돌아간다

나중에 파야 하는 칸 리스트의 맨 앞에 있는 a0로 이동했습니다. 그러나 북쪽과 서쪽은 범위를 벗어나 있고 동쪽의 b0와 남쪽의 a1은 이미 연결된 칸이기 때문에 파고 들어갈 수 있는 칸이 하나도 없습니다. 그래서 나중에 파야 하는 칸 리스트에서 맨 앞의 좌표(현재의 좌표이기도 함) a0를 삭제합니다.

- 나중에 파야 하는 칸 리스트: {a̶0̶, b0, b1, b2, a2, a1}

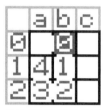

❻ 맨 앞의 좌표를 삭제한다

나중에 파야 하는 칸 리스트의 맨 앞에 있는 좌표 b0로 이동했습니다. 파야 하는 칸은 동쪽의 c0뿐입니다.

❼ 랜덤으로 파고 들어간다

동쪽 c0까지 파고 들어갔습니다. 현재 좌표 c0를 나중에 파야 하는 칸 리스트에 추가합니다.

- 나중에 파야 하는 칸 리스트 : {b0, b1, b2, a2, a1, c0}

❽ 막다른 곳까지 파고 들어간다

막다른 c2까지 파고 들어갔습니다.

- 나중에 파야 하는 칸 리스트 : {b0, b1, b2, a2, a1, c0, c1, c2}

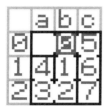

나중에 파야 하는 칸 리스트의 맨 앞 b0로 이동하면 파야 하는 벽이 하나도 없기 때문에 나중에 파야 하는 칸 리스트에서 맨 앞의 b0를 삭제합니다.

• 나중에 파야 하는 칸 리스트 : {b0̶, b1, b2, a2, a1, c0, c1, c2}

❾ 맨 앞의 좌표로 돌아간다

나중에 파야 하는 칸 리스트에서 파야 하는 벽이 없는 칸을 차례로 삭제해 나가 리스트가 비워지면 미로가 완성됩니다.

미로를 랜덤으로 생성하는 함수를 호출한다

그럼 위의 알고리즘에 따라 미로를 생성하겠습니다. 미로 생성은 게임을 시작한 직후에 이뤄지게 만들겠습니다.

우선 게임을 초기화하는 함수 Init를 선언합니다.

```
// [6] 함수를 선언하는 곳



// [6-8] 게임을 초기화하는 함수를 선언한다
void Init()
{

}
```

게임을 초기화하는 함수 Init를 게임 시작 직후에 호출합니다.

```
// [6-9] 프로그램의 실행 시작점을 선언한다
int main()
{
    Init();// [6-9-2] 게임을 초기화하는 함수를 호출한다

    ...
}
```

미로를 랜덤 생성하는 처리를 기술하는 함수 GenerateMap을 선언합니다.

```
// [6] 함수를 선언하는 곳

// [6-5] 미로를 랜덤으로 생성하는 함수를 선언한다
void GenerateMap()
{
}

...
```

미로를 생성하는 함수 GenerateMap을 게임을 초기화하는 함수 Init에서 호출합니다.

```
// [6-8] 게임을 초기화하는 함수를 선언한다
void Init()
{
    GenerateMap();// [6-8-1] 미로를 랜덤으로 생성하는 함수를 호출한다
}
```

이제 게임이 시작될 때 미로가 생성됩니다.

미로의 모든 칸을 벽으로 막는다

미로를 생성하는 함수 GenerateMap에서 모든 칸을 반복하여 모든 방위를 벽으로 막습니다. 이 상태에서 벽에 구멍을 뚫어서 미로를 생성합니다.

```
// [6-5] 미로를 랜덤으로 생성하는 함수를 선언한다
void GenerateMap()
{
    // [6-5-1] 미로의 모든 행을 대상으로 반복한다
    for (int y = 0; y < MAZE_HEIGHT; y++)
    {
        // [6-5-2] 미로의 모든 열을 대상으로 반복한다
        for (int x = 0; x < MAZE_WIDTH; x++)
        {
```

```
    // [6-5-3] 칸의 모든 방위를 반복한다
    for (int i = 0; i < DIRECTION_MAX; i++)
    {
        // [6-5-4] 대상 방위를 벽으로 한다
        maze[y][x].walls[i] = true;
    }
    }
}
```

실행하면 모든 칸이 벽으로 둘러싸여 있습니다. 이제 벽 그리기 기능이 완성된 것을 확인할 수 있습니다.

■ 모든 칸이 벽으로 둘러싸여 있다

벽을 파는 함수를 작성한다

여기서 벽을 파서 미로를 생성해야 하지만, 벽을 파는 것은 조금 번거롭습니다. 벽을 팠으면 이웃한 칸에서도 벽을 파야 하기 때문입니다. 또한, 옆 칸이 미로의 범위 밖일 수도 있으므로 그것도 확인해야 합니다. 그래서 벽을 파는 기능을 구현하기 전에 좌표를 지정하기 위한 2차원 벡터의 구조체 VEC2를 선언합니다. 멤버 변수 x, y가 좌표입니다.

```
// [4] 구조체를 선언하는 곳

// [4-1] 벡터의 구조체를 선언한다
typedef struct {
    int x, y;// [4-1-1] 좌표
} VEC2;

...
```

벽을 파는 함수 DigWall을 선언합니다. 인수 _position은 파려는 좌표, _direction
은 파는 방위입니다.

```
// [6] 함수를 선언하는 곳

// [6-3] 벽을 파는 함수를 선언한다
void DigWall(VEC2 _position, int _direction)
{
}
```

지정한 좌표가 미로의 범위 내인지 판정하는 기능은 앞으로 여러 번 필요하기 때문
에 함수로 만들어 둡니다. 함수 IsInsideMaze를 선언합니다. 인수 _position은 대
상 좌표입니다. 대상 좌표의 각 요소를 판정하여 미로의 범위 내인지 반환합니다.

```
// [6] 함수를 선언하는 곳

// [6-2] 대상 좌표가 미로의 범위 내인지 판정하는 함수를 선언한다
bool IsInsideMaze(VEC2 _position)
{
    // [6-2-1] 대상 좌표가 미로의 범위 내인지 반환한다
    return (_position.x >= 0)
        && (_position.x < MAZE_WIDTH)
        && (_position.y >= 0)
        && (_position.y < MAZE_HEIGHT);
}
```

벽을 파는 함수 DigWall의 처음에 대상 좌표가 미로의 범위 내인지 판정합니다.

범위 밖이면 함수 DigWall을 빠져나갑니다.

```
// [6] 함수를 선언하는 곳
...

// [6-3] 벽을 파는 함수를 선언한다
void DigWall(VEC2 _position, int _direction)
{
    // [6-3-1] 대상 좌표가 미로 범위 내인지 판정한다
    if (!IsInsideMaze(_position))
    {
        return;// [6-3-2] 함수를 빠져나간다
    }
}
```

대상 칸의 지정된 방위의 벽을 뚫습니다.

```
// [6-3] 벽을 파는 함수를 선언한다
void DigWall(VEC2 _position, int _direction)
{
    ...

    // [6-3-3] 대상 벽을 판다
    maze[_position.y][_position.x].walls[_direction] = false;
}
```

옆 칸의 좌표를 얻기 위해 각 방위의 벡터를 보유하는 배열 directions를 선언합니다.

```
// [5] 함수를 선언하는 곳

// [5-1] 각 방위의 벡터를 선언한다
VEC2 directions[] =
{
    { 0,-1},    // DIRECTION_NORTH 북
    {-1, 0},    // DIRECTION_WEST  서
    { 0, 1},    // DIRECTION_SOUTH 남
```

```
    { 1, 0}      // DIRECTION_EAST    동
};

TILE maze[MAZE_HEIGHT][MAZE_WIDTH];   // [5-15] 미로를 선언한다
```

벡터를 더하는 함수 VecAdd를 선언합니다. 인수 _v0과 _v1을 더한 벡터를 반환합니다.

```
// [6] 함수를 선언하는 곳

// [6-1] 벡터를 더하는 함수를 선언한다
VEC2 VecAdd(VEC2 _v0, VEC2 _v1)
{
    // [6-1-1] 벡터를 더해서 반환한다
    return
    {
        _v0.x + _v1.x,
        _v0.y + _v1.y
    };
}
...
```

대상 칸의 좌표에 지정한 방위의 벡터를 더하여 옆 칸의 좌표를 얻고, 변수 nextPosition에 설정합니다.

```
// [6-3] 벽을 파는 함수를 선언한다
void DigWall(VEC2 _position, int _direction)
{
    ...

    // [6-3-4] 옆 칸의 좌표를 선언한다
    VEC2 nextPosition = VecAdd(_position, directions[_direction]);
}
```

옆 칸이 미로 범위 내인지 판정합니다.

```
// [6-3] 벽을 파는 함수를 선언한다
void DigWall(VEC2 _position, int _direction)
{
    ...

        // [6-3-5] 옆 칸이 미로의 범위 내인지 판정한다
        if (IsInsideMaze(nextPosition))
        {
        }
}
```

옆 좌표가 미로의 범위 내에 있으면 옆 좌표에서 보고 이쪽의 방위를 얻고, 벽을
팝니다.

```
// [6-3-5] 옆 칸이 미로의 범위 내인지 판정한다
if (IsInsideMaze(nextPosition))
{
    // [6-3-6] 옆 방의 파는 벽의 방위를 선언한다
    int nextDirection = (_direction + 2) % DIRECTION_MAX;

    // [6-3-7] 옆 방의 벽을 판다
    maze[nextPosition.y][nextPosition.x].walls[nextDirection] = false;
}
```

이제 벽을 파는 함수가 완성되었습니다.

벽을 파도 좋은지 아닌지를 판정한다

대상 벽을 파도 좋은지 아닌지를 판정하는 함수 CanDigWall을 선언합니다. 인수
_position은 대상 좌표, _direction은 대상 방위입니다.

```
// [6] 함수를 선언하는 곳
...

// [6-4] 대상 벽을 파도 좋은지 판정하는 함수를 선언한다
```

```
bool CanDigWall(VEC2 _position, int _direction)
{
        return true;// [6-4-7] 파도 좋다는 결과를 반환한다
}
...
```

지정된 방위의 칸 좌표를 변수 nextPosition에 설정합니다.

```
// [6-4] 대상 벽을 파도 좋은지 판정하는 함수를 선언한다
bool CanDigWall(VEC2 _position, int _direction)
{
    // [6-4-1] 옆의 좌표를 선언한다
    VEC2 nextPosition = VecAdd(_position, directions[_direction]);

    return true;// [6-4-7] 파도 좋다는 결과를 반환한다
}
```

벽 건너편 칸이 미로의 범위 밖이라면 대상 벽은 파서는 안 된다는 결과를 반환합
니다.

```
// [6-4] 대상 벽을 파도 좋은지 판정하는 함수를 선언한다
bool CanDigWall(VEC2 _position, int _direction)
{
    ...

    // [6-4-2] 옆의 좌표가 미로 범위 내인지 판정한다
    if (!IsInsideMaze(nextPosition))
    {
        return false;// [6-4-3] 파서는 안된다는 결과를 반환한다
    }

    return true;// [6-4-7] 파도 좋다는 결과를 반환한다
}
```

옆 칸이 미도달, 즉, 전 방위가 벽으로 가득 차 있는지를 판정합니다. 하나라도 벽
이 없는 방위가 있으면 그 칸에는 이미 도달한 적이 있으므로 대상 벽은 파서는 안

된다는 결과를 반환합니다.

```
// [6-4] 대상 벽을 파도 좋은지 판정하는 함수를 선언한다
bool CanDigWall(VEC2 _position, int _direction)
{
    ...

        // [6-4-4] 모든 방위를 대상으로 반복한다
        for (int i = 0; i < DIRECTION_MAX; i++)
        {
            // [6-4-5] 벽을 팔 수 있는지 판정한다
            if (!maze[nextPosition.y][nextPosition.x].walls[i])
            {
                return false;// [6-4-6] 파서는 안된다는 결과를 반환한다
            }
        }

    return true;// [6-4-7] 파도 좋다는 결과를 반환한다
}
```

이상의 체크를 통과하면 그 벽은 파도 좋다는 결과를 반환합니다. 이제 대상 벽을
파도 좋은지 판정하는 함수 CanDigWall이 완성되었습니다.

첫 통로를 생성한다

통로를 파고 들어갈 준비가 되었기 때문에 첫 통로를 막다른 곳까지 파고 들어가
겠습니다. 우선 현재 좌표를 보유하는 변수 currentPosition을 선언하고 북서쪽
구석의 좌표를 설정합니다.

```
// [6-5] 미로를 랜덤으로 생성하는 함수를 선언한다
void GenerateMap()
{
    ...
```

```
// [6-5-5] 현재 좌표를 선언한다
VEC2 currentPosition = { 0, 0 };
}
```

파야 하는 곳은 모두 파내야 하므로 앞으로 도달하는 모든 칸을 나중에 파는 통로
의 시작 지점으로서 리스트업해 둡니다. 그래서 동적 배열을 사용하기 위해서 벡
터 헤더 <vector>를 인클루드합니다.

```
// [1] 헤더를 인클루드하는 곳
...
#include <vector>  // [1-5] 벡터 헤더를 인클루드한다
```

나중에 파야 하는 좌표 리스트를 보유하는 변수 toDigWallPositions를 선언합니다.

```
// [6-5] 미로를 랜덤으로 생성하는 함수를 선언한다
void GenerateMap()
{
    ...

    // [6-5-6] 벽을 파야 하는 칸 리스트를 선언한다
    std::vector<VEC2> toDigWallPositions;
}
```

시작점의 칸 currentPosition을 나중에 파야 하는 좌표의 리스트 toDigWallPosi
tions에 추가합니다.

```
// [6-5] 미로를 랜덤으로 생성하는 함수를 선언한다
void GenerateMap()
{
    ...

    // [6-5-7] 벽을 파야 하는 칸 리스트에 현재 칸을 더한다
    toDigWallPositions.push_back(currentPosition);
}
```

이후 팔 벽이 없어질 때까지 계속해서 파기 때문에 무한 루프에 들어갑니다.

```
// [6-5] 미로를 랜덤으로 생성하는 함수를 선언한다
void GenerateMap()
{

    ...

    // [6-5-8] 무한 루프한다
    while (1)
    {
    }
}
```

현재 칸에서 팔 수 있는 벽의 방위 리스트 canDigDirections를 선언합니다.

```
// [6-5-8] 무한 루프한다
while (1)
{
    // [6-5-9] 팔 수 있는 벽의 방위 리스트를 선언한다
    std::vector<int> canDigDirections;
}
```

각 방위를 체크하고, 팔 수 있는 벽의 방위를 리스트 canDigDirections에 추가합
니다.

```
// [6-5-8] 무한 루프한다
while (1)
{

    ...

    // [6-5-10] 모든 방위를 대상으로 반복한다
    for (int i = 0; i < DIRECTION_MAX; i++)
    {
        // [6-5-11] 대상 방위의 벽을 팔 수 있는지 판정한다
        if (CanDigWall(currentPosition, i))
        {
            // [6-5-12] 팔 수 있는 벽의 방위 리스트에 추가한다
            canDigDirections.push_back(i);
```

```
        }
    }
}
```

이제 현재 칸에서 팔 수 있는 벽의 방위 리스트가 완성되었습니다. 다음에 팔 수
있는 벽의 존재 여부로 분기합니다.

```
// [6-5-8] 무한 루프한다
while (1)
{
    ...

        // [6-5-13] 팔 수 있는 벽이 있는지 판정한다
        if (canDigDirections.size() > 0)
        {
        }

        // [6-5-18] 팔 데가 없을 때
        else
        {
        }
}
```

파는 벽을 랜덤으로 결정하지만 그 전에 난수를 섞어야 합니다. 난수의 시드에 현
재 시각을 사용하므로 시간 관리 헤더 <time.h>를 인클루드합니다.

```
// [1] 헤더를 인클루드하는 곳
...
#include <time.h>   // [1-3] 시간 관리 헤더를 인클루드한다
...
```

main() 함수에 들어간 직후에 현재 시각을 시드로 하여 난수를 섞습니다.

```
// [6-9] 프로그램의 실행 시작점을 선언한다
int main()
{
```

```
    srand((unsigned int)time(NULL));// [6-9-1] 난수를 섞는다

    ...
}
```

팔 수 있는 벽의 방위를 찾으면 그중에서 랜덤으로 선택하여 변수 digDirection에
설정합니다.

```
// [6-5-13] 팔 수 있는 벽이 있는지 판정한다
if (canDigDirections.size() > 0)
{
    // [6-5-14] 파는 벽의 방위를 선언한다
    int digDirection = canDigDirections[rand() % canDigDirections.size()];
}
```

다음으로, 선택한 벽을 팝니다.

```
// [6-5-13] 팔 수 있는 벽이 있는지 판정한다
if (canDigDirections.size() > 0)
{
    ...

    // [6-5-15] 대상 벽을 판다
    DigWall(currentPosition, digDirection);
}
```

현재 좌표 currentPosition을 판 벽의 건너편으로 이동합니다.

```
// [6-5-13] 팔 수 있는 벽이 있는지 판정한다
if (canDigDirections.size() > 0)
{
    ...

    // [6-5-16] 판 벽의 건너편으로 이동한다
    currentPosition = VecAdd(currentPosition, directions[digDirection]);
}
```

이동해 온 칸 currentPosition은 처음 도달한 곳이므로 나중에 벽을 파는 칸의 리스트 toDigWallPositions에 추가합니다.

```
// [6-5-13] 팔 수 있는 벽이 있는지 판정한다
if (canDigDirections.size() > 0)
{
    ...

    // [6-5-17] 벽을 파야 하는 칸의 좌표 리스트에 현재 좌표를 더한다
    toDigWallPositions.push_back(currentPosition);
}
```

만약 사방에 파야 하는 벽이 없다면 막다른 것이기 때문에, 현재 좌표를 벽을 파야 하는 좌표 리스트 toDigWallPositions에서 삭제합니다. 현재 리스트의 맨 앞 좌표를 체크하고 있을 것이므로 리스트의 맨 앞 좌표를 삭제합니다.

```
// [6-5-18] 파낼 데가 없을 때
else
{
    // [6-5-19] 벽을 파야 하는 칸 리스트에서 현재 칸을 삭제한다
    toDigWallPositions.erase(toDigWallPositions.begin());
}
```

파야 하는 칸이 없어지면 루프를 빠져나와 미로 생성을 종료합니다.

```
// [6-5-18] 파낼 데가 없을 때
else
{
    ...

    // [6-5-20] 벽을 파야 하는 칸 리스트가 비어 있는지 판정한다
    if (toDigWallPositions.size() <= 0)
    {
        break;// [6-5-21] 루프를 빠져나간다
    }
}
```

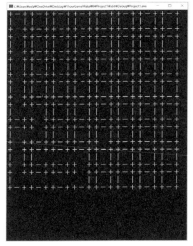

실행하면 첫 통로가 막다른 곳까지 파인 것을 확인할 수 있습니다.

■ 첫 통로가 표시된다

파야 하는 벽을 모두 파낸다

미로의 모든 벽을 파내기 위해서 첫 통로를 막다른 곳까지 파고 들어가면, 다음에 파야 하는 좌표 리스트의 맨 앞으로 이동하여 다음 통로를 파내기 시작한다……라는 처리를 파야 하는 칸이 없어질 때까지 반복합니다.

```
// [6-5-18] 파낼 데가 없을 때
else
{
    ...

    // [6-5-22] 벽을 파야 하는 칸 리스트에서 맨앞의 칸을 구하여 이동한다
    currentPosition = toDigWallPositions.front();
}
```

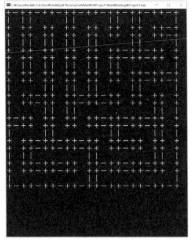

실행하면 이번에는 파야 하는 모든 벽을
판 것을 확인할 수 있습니다. 이제 미로의
랜덤 생성 기능이 완성되었습니다.

■ 모든 칸이 연결된다

미로를 이동할 수 있게 만든다

키보드 입력으로 미로 내를 이동할 수 있게 만들어 보겠습니다. 유사 3D 시점의
화면도 같이 조작되게 만들겠습니다.

맵에 플레이어를 표시한다

우선 플레이어의 현재 지점을 표시하기 전에 플레이어의 데이터를 보유하는 구조
체 CHARACTER를 선언합니다. 멤버 변수의 position은 좌표, direction은 향하
고 있는 방위입니다.

```
// [4] 구조체를 선언하는 곳
...

// [4-3] 플레이어의 구조체를 선언한다
typedef struct {
    VEC2 position;  // [4-3-1] 좌표
```

```
    int direction; // [4-3-2] 향하고 있는 방위
} CHARACTER;
```

플레이어의 데이터를 보유하는 변수 player를 선언합니다.

```
// [5] 변수를 선언하는 곳
...
CHARACTER player;// [5-16] 플레이어를 선언한다
```

게임 초기화에서 플레이어의 좌표 position과 방위 direction을 초기화합니다.

```
// [6-8] 게임을 초기화하는 함수를 선언한다
void Init()
{
    GenerateMap();// [6-8-1] 미로를 랜덤으로 생성하는 함수를 호출한다

    player.position = { 0,0 };// [6-8-2] 플레이어의 좌표를 초기화한다

    player.direction = DIRECTION_NORTH;// [6-8-3] 플레이어의 방위를 초기화한다
}
```

각 칸의 2번째 행을 그리는 동작을 대상 칸의 플레이어 존재 여부로 분기시킵니다.

```
// [6-6-5] 미로의 모든 열을 대상으로 반복한다
for (int x = 0; x < MAZE_WIDTH; x++)
{
    ...

    // [6-6-7] 플레이어의 좌표를 그리는 중이면
    if ((x == player.position.x) && (y == player.position.y))
    {
    }

    ...
}
```

플레이어가 있는 칸을 그릴 때, 플레이어가 향하고 있는 방위별 아스키아트를 보
유하는 배열 directionAA를 선언합니다.

```
// [6-6-7] 플레이어의 좌표를 그리는 중이면
if ((x == player.position.x) && (y == player.position.y))
{
    // [6-6-8] 방위의 아스키아트를 선언한다
    const char* directionAA[] =
    {
        "↑",     // DIRECTION_NORTH  북
        "←",     // DIRECTION_WEST   서
        "↓",     // DIRECTION_SOUTH  남
        "→"      // DIRECTION_EAST   동
    };
}
```

플레이어가 향하고 있는 방위의 아스키아트를 바닥 아스키아트의 버퍼 floorAA
로 써넣습니다.

```
// [6-6-7] 플레이어의 좌표를 그리는 중이면
if ((x == player.position.x) && (y == player.position.y))
{
    ...

    // [6-6-9] 바닥의 아스키아트에 플레이어의 아스키아트를 복사한다
    strcpy_s(floorAA, directionAA[player.direction]);
}
```

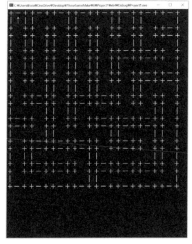

실행하면 플레이어가 그려집니다. 이제 플레이어의 위치와 방위를 확인할 수 있습니다.

■ 플레이어가 표시된다

키보드 입력으로 플레이어를 조작한다

키보드 입력으로 미로를 이동할 수 있게 만들겠습니다. ⓦ 키로 전진, ⓐ 및 ⓓ 키로 좌우 방위 전환, ⓢ키로 뒤를 향하게 하겠습니다.

■ 방위를 전환한다

우선은 메인 루프의 키보드 입력 처리에서 ⓦⓢⓐⓓ키의 무엇이 눌렸는지로 분기합니다.

```
// [6-9-7] 입력된 키로 분기한다
switch (_getch())
{
case 'w':// [6-9-8] w 키를 누르면
    break;

case 's':// [6-9-18] s 키를 누르면
    break;

case 'a':// [6-9-20] a 키를 누르면
    break;
```

```
case 'd'://  [6-9-22] d 키를 누르면

    break;

}
```

ⓐ 키를 누르면 왼쪽을 향하게 합니다.

```
// [6-9-7] 입력된 키로 분기한다
switch (_getch())
{
...

case 'a'://  [6-9-20] a 키를 누르면

    player.direction++;// [6-9-21] 왼쪽을 향한다

    break;

...

}
```

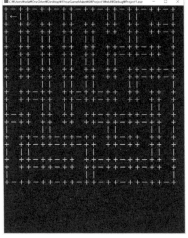

실행하여 ⓐ 키를 누르면 왼쪽을 향합니다.

■ 플레이어가 방향을 전환한다

다음으로 d 키를 누르면 오른쪽을 향하게 합니다.

```
// [6-9-7] 입력된 키로 분기한다
switch (_getch())
{
...

case 'd'://  [6-9-22] d 키를 누르면

    player.direction--;// [6-9-23] 오른쪽을 향한다

    break;
}
```

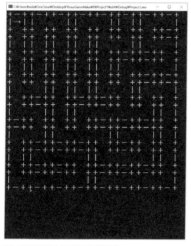

■ 플레이어가 오른쪽을 향한다

실행하여 d 키를 누르면 메모리 접근 위반으로 게임이 충돌합니다. 이는 플레이어의 방위 값이 마이너스가 되어 범위 밖의 방향 벡터를 참조하기 때문입니다. 그래서 방향 전환을 한 후에 방위를 범위 내로 루프시킵니다.

```
// [6-9-3] 메인 루프
while (1)
{
    ...

    // [6-9-24] 플레이어가 향하고 있는 방위를 범위 내로 보정한다
    player.direction = (DIRECTION_MAX + player.direction) % DIRECTION_MAX;
}
```

실행하면 이번에는 아무리 방향을 바꾸어도 충돌이 없습니다.

다음으로 s 키를 누르면 뒤를 향하게 합니다.

```
// [6-9-7] 입력된 키로 분기한다
switch (_getch())
{
...

case 's':// [6-9-18] s 키를 누르면

    player.direction += 2;// [6-9-19] 뒤를 향한다

    break;
...
}
```

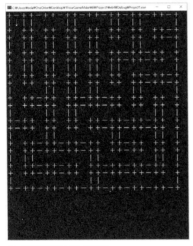

■ 플레이어가 뒤를 향한다

실행하여 s 키를 누르면 뒤를 향하게 됩니다.

이제 플레이어의 방향을 전환시키는 기능이 완성되었습니다.

▪ 진행 방향으로 전진한다 ■✦ -

w 키로 전진하도록 만들겠습니다.

이동하기 전에 눈앞이 벽이 아닌지 판정합니다.

```
// [6-9-7] 입력된 키로 분기한다
switch (_getch())
{
case 'w'://  [6-9-8] w 키를 누르면

    //  [6-9-9] 플레이어의 눈앞이 벽인지 아닌지를 판정한다
    if (!maze[player.position.y][player.position.x].walls[player.direction])
    {
    }

    break;
...
}
```

눈앞이 벽이 아니면 이동 목적지의 좌표가 미로의 범위 내인지를 판정하기 위해 이동 목적지의 좌표를 변수 nextPosition에 설정합니다.

```
// [6-9-9] 플레이어의 눈앞이 벽인지 아닌지를 판정한다
if (!maze[player.position.y][player.position.x].walls[player.direction])
{
    //  [6-9-10] 전진 목적지의 좌표를 선언한다
    VEC2 nextPosition = VecAdd(player.position, directions[player.direction]);
}
```

이동 목적지의 좌표 nextPosition이 미로의 범위 내인지 판정하고 범위 내에 있으면 이동합니다.

```
// [6-9-9] 플레이어의 눈앞이 벽인지 판정한다
if (!maze[player.position.y][player.position.x].walls[player.direction])
{
    ...

    //  [6-9-11] 전진 목적지의 좌표가 미로 내인지 판정한다
    if (IsInsideMaze(nextPosition))
    {
```

```
        // [6-9-12] 전진 목적지의 좌표를 적용한다
    player.position = nextPosition;
    }
}
```

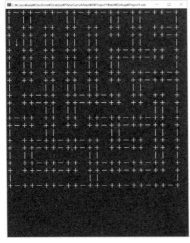

실행하여 w 키를 누르면 전진 가능한 경우만 전진하게 됩니다. 이제 플레이어 조작이 완성되었습니다.

■ 플레이어가 전진한다

미로를 유사 3D화하여 그린다

내려다보는 시점으로 그리고 있는 경로를 이번에는 유사 3D 시점으로 그리겠습니다.

유사 3D용 데이터를 작성한다

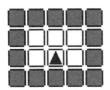

이 장의 게임에서는 작업량을 줄이기 위해 시야(그리는 칸)는 플레이어가 있는 칸에 인접하는 1칸까지로 합니다.

■ 플레이어의 시야와 그 안에 존재하는 벽

제 6 장 **유사 3D 던전 게임** 아스키아트로 유사 3D 그리기의 기믹

■ 플레이어에게 보이는 벽

이 장의 던전 벽에는 앞면과 뒷면이 있습니다. 벽은 앞면에 대해서만 유효하며, 뒷면에서는 보이지 않고 통과할 수 있습니다. 각 칸에는 사방에 벽이 있으며 칸의 안쪽을 향하고 있는 면이 앞면입니다. 또한 이 사양은 『위저드리』의 던전을 재현할 수 있게 하며, 일방통행 통로 등의 기믹을 가능하게 합니다. 예를 들어 어떤 칸으로 이동하고, 뒤돌아보면 벽이 있어서 뒤돌아갈 수 없게 할 수 있습니다.

플레이어의 시야 내에 있는 모든 벽을 그릴 필요는 없으며, 플레이어에게 보이는(플레이어 쪽을 향한) 벽만을 그립니다.

■ 미로의 아스키아트를 작성한다 ■✦ - - - - - - - - - - - - - -

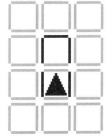

■ 1칸 앞까지의 통로에서 그려야 하는 벽

각 벽의 아스키아트를 작성하는 기준이 되는 아스키아트를 작성합니다. 플레이어가 있는 칸의 1칸 앞까지 이어지는 외길이 있는 것으로 합니다.

이 시점에서 보이는 미로를 유사 3D 아스키아트로 그리면 다음과 같습니다.

전각 문자는 1 문자당 복수 바이트이므로, 데이터로서 다루기 쉽도록 1바이트의 데이터로서 보유하고, 그릴 때에 전각 문자로 변환해 그립니다.

앞의 전각 문자 아스키아트를 반각 문자열로 변환한 배열 **all**을 선언합니다.

벽 그리기는 시점에서 볼 때 안쪽 벽에서 바로 앞의 벽을 덮어씁니다. 벽의 가장자리가 아닌 부분은 「　」(전각 스페이스)로 덮어쓰지만, 그리지 않는 부분과 구별하기 위해서 벽의 가장자리가 아닌 부분을 「#」, 아무것도 없는 부분을 「 」(반각 스페이스)로 합니다(아무것도 없는 부분은 코드 내에서는 「□」로 가시화합니다).

```
// [5] 변수를 선언하는 곳

...

// [5-2] 기준이 되는 아스키아트를 선언한다
const char* all =
        "L□□□□□□/\n"
        "#L□□□□/#\n"
        "#|L□_□/|#\n"
        "#|#|#|#|#\n"
        "#|#|_|#|#\n"
        "#|/□□□L|#\n"
        "#/□□□□L#\n"
        "/□□□□□□L\n";
```

이 데이터를 프로그램에서 사용하지는 않지만, 이 데이터를 복사하고 수정하여 각 벽의 아스키아트를 만듭니다.

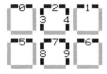

또, 나중에 그려진 벽은 덮어써지기 때문에 플레이어의 시점을 기준으로 뒤에서부터 순서대로 벽을 그려야 합니다. 이를 바탕으로 벽을 그리는 순서를 정합니다.

■ 벽을 그리는 순서

그리는 순서로 벽의 아스키아트를 추가합니다.

■ 왼쪽 전방 벽

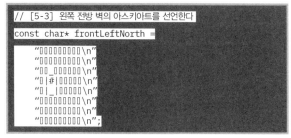

```
// [5-3] 왼쪽 전방 벽의 아스키아트를 선언한다
const char* frontLeftNorth =
        "□□□□□□□□\n"
        "□□□□□□□□\n"
        "□□_□□□□□\n"
        "□|#|□□□□\n"
        "□|_|□□□□\n"
        "□□□□□□□□\n"
        "□□□□□□□□\n"
        "□□□□□□□□\n";
```

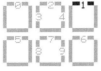

■ 오른쪽 전방 벽

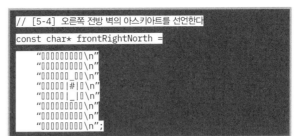

```
// [5-4] 오른쪽 전방 벽의 아스키아트를 선언한다
const char* frontRightNorth =
    "□□□□□□□□□\n"
    "□□□□□□□□□\n"
    "□□□□□_□□\n"
    "□□□□□|#|□\n"
    "□□□□□|_|□\n"
    "□□□□□□□□□\n"
    "□□□□□□□□□\n"
    "□□□□□□□□□\n";
```

■ 전방 앞쪽 벽

```
// [5-5] 전방 앞쪽 벽의 아스키아트를 선언한다
const char* frontNorth =
    "□□□□□□□□□\n"
    "□□□□□□□□□\n"
    "□□□□_□□□□\n"
    "□□□|#|□□□\n"
    "□□□|_|□□□\n"
    "□□□□□□□□□\n"
    "□□□□□□□□□\n"
    "□□□□□□□□□\n";
```

■ 전방 왼쪽 벽

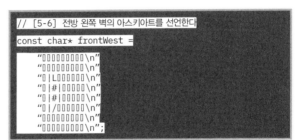

```
// [5-6] 전방 왼쪽 벽의 아스키아트를 선언한다
const char* frontWest =
    "□□□□□□□□□\n"
    "□□□□□□□□□\n"
    "□|L□□□□□□\n"
    "□|#|□□□□□\n"
    "□|#|□□□□□\n"
    "□|/□□□□□□\n"
    "□□□□□□□□□\n"
    "□□□□□□□□□\n";
```

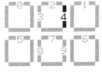

■ 전방 오른쪽 벽

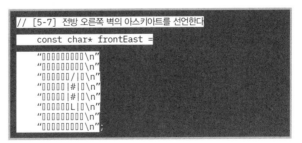

```
// [5-7] 전방 오른쪽 벽의 아스키아트를 선언한다
    const char* frontEast =
    "□□□□□□□□□\n"
    "□□□□□□□□□\n"
    "□□□□□/|□\n"
    "□□□□□|#|□\n"
    "□□□□□|#|□\n"
    "□□□□□L|□\n"
    "□□□□□□□□□\n"
    "□□□□□□□□□\n";
```

■ 왼쪽 전방 벽

```cpp
// [5-8] 왼쪽 전방 벽의 아스키아트를 선언한다
const char* leftNorth =
    "ㅁㅁㅁㅁㅁㅁㅁㅁ\n"
    "_ㅁㅁㅁㅁㅁㅁㅁ\n"
    "#|ㅁㅁㅁㅁㅁㅁ\n"
    "#|ㅁㅁㅁㅁㅁㅁ\n"
    "#|ㅁㅁㅁㅁㅁㅁ\n"
    "_|ㅁㅁㅁㅁㅁㅁ\n"
    "ㅁㅁㅁㅁㅁㅁㅁㅁ\n"
    "ㅁㅁㅁㅁㅁㅁㅁㅁ\n";
```

■ 오른쪽 전방 벽

```cpp
// [5-9] 오른쪽 전방 벽의 아스키아트를 선언한다
const char* rightNorth =
    "ㅁㅁㅁㅁㅁㅁㅁㅁ\n"
    "ㅁㅁㅁㅁㅁㅁㅁ_\n"
    "ㅁㅁㅁㅁㅁㅁㅁ|#\n"
    "ㅁㅁㅁㅁㅁㅁㅁ|#\n"
    "ㅁㅁㅁㅁㅁㅁㅁ|#\n"
    "ㅁㅁㅁㅁㅁㅁㅁ|_\n"
    "ㅁㅁㅁㅁㅁㅁㅁㅁ\n"
    "ㅁㅁㅁㅁㅁㅁㅁㅁ\n";
```

■ 앞쪽 벽

```cpp
// [5-10] 앞쪽 벽의 아스키아트를 선언한다
const char* north =
    "ㅁㅁㅁㅁㅁㅁㅁㅁ\n"
    "ㅁㅁ____ㅁㅁ\n"
    "ㅁ|#####|ㅁ\n"
    "ㅁ|#####|ㅁ\n"
    "ㅁ|#####|ㅁ\n"
    "ㅁ|____|ㅁ\n"
    "ㅁㅁㅁㅁㅁㅁㅁㅁ\n"
    "ㅁㅁㅁㅁㅁㅁㅁㅁ\n";
```

■ 왼쪽 벽

```cpp
// [5-11] 왼쪽 벽의 아스키아트를 선언한다
const char* west =
    "Lㅁㅁㅁㅁㅁㅁㅁㅁ\n"
    "#Lㅁㅁㅁㅁㅁㅁ\n"
    "#|ㅁㅁㅁㅁㅁㅁ\n"
    "#|ㅁㅁㅁㅁㅁㅁ\n"
    "#|ㅁㅁㅁㅁㅁㅁ\n"
    "#|ㅁㅁㅁㅁㅁㅁ\n"
    "#/ㅁㅁㅁㅁㅁㅁ\n"
    "/ㅁㅁㅁㅁㅁㅁㅁ\n";
```

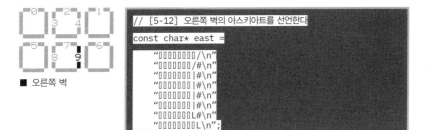

```
// [5-12] 오른쪽 벽의 아스키아트를 선언한다
const char* east =

    "□□□□□□□/\n"
    "□□□□□□□/#\n"
    "□□□□□□□|#\n"
    "□□□□□□□|#\n"
    "□□□□□□□|#\n"
    "□□□□□□□|#\n"
    "□□□□□□□L#\n"
    "□□□□□□□L\n";
```

■ 오른쪽 벽

이제 벽의 아스키아트가 완성되었습니다.

■ 아스키아트 참조용 테이블을 작성한다 ■✥ - - - - - - - - - - - - - - - -

그려야 하는 각 벽의 플레이어로부터의 상대 위치를 바탕으로, 위에서 언급한 아스키아트를 참조하기 위한 테이블을 작성합니다.

플레이어 시야 내에서 그리는 칸은 전방 3칸(왼쪽 앞, 앞, 오른쪽 앞)과 플레이어가 있는 칸(중심)과 왼쪽 오른쪽의 칸(좌, 우)입니다.

■ 플레이어 시야 내에서 각 칸의 상대적 위치

이러한 칸의 상대 위치를 그리는 순서로 열거 태그를 선언합니다.

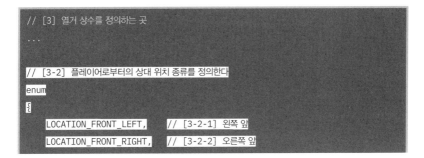

```
// [3] 열거 상수를 정의하는 곳

...

// [3-2] 플레이어로부터의 상대 위치 종류를 정의한다
enum
{
    LOCATION_FRONT_LEFT,      // [3-2-1] 왼쪽 앞
    LOCATION_FRONT_RIGHT,     // [3-2-2] 오른쪽 앞
```

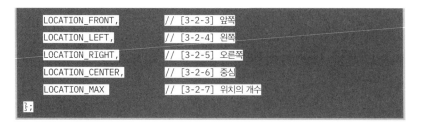

```
    LOCATION_FRONT,          // [3-2-3] 앞쪽
    LOCATION_LEFT,           // [3-2-4] 왼쪽
    LOCATION_RIGHT,          // [3-2-5] 오른쪽
    LOCATION_CENTER,         // [3-2-6] 중심
    LOCATION_MAX             // [3-2-7] 위치의 개수
};
```

벽 그리기는 플레이어의 시점에서 보이는 벽만을 대상으로 합니다.

■ 플레이어의 시점에서 보이는 벽

이를 바탕으로 벽의 아스키아트를 참조하는 테이블을 작성합니다. 플레이어의 시점에서 보이지 않는 벽은 그리지 않기 때문에 아스키아트는 없습니다.

```
// [5] 변수를 선언하는 곳
...

// [5-13] 아스키아트의 테이블을 선언한다
const char* aaTable[LOCATION_MAX][DIRECTION_MAX] =
{
    // LOCATION_FRONT_LEFT  왼쪽 앞
    {
        frontLeftNorth,      // DIRECTION_NORTH   북쪽
        NULL,                // DIRECTION_WEST    서쪽
        NULL,                // DIRECTION_SOUTH   남쪽
        NULL                 // DIRECTION_EAST    동쪽
    },
```

```
    // LOCATION_FRONT_RIGHT 오른쪽 앞
    {
        frontRightNorth,     // DIRECTION_NORTH   북쪽
        NULL,                // DIRECTION_WEST    서쪽
        NULL,                // DIRECTION_SOUTH   남쪽
```

```
        NULL                    // DIRECTION_EAST    동쪽
    },

    // LOCATION_FRONT          앞쪽
    {
        frontNorth,             // DIRECTION_NORTH   북쪽
        frontWest,              // DIRECTION_WEST     서쪽
        NULL,                   // DIRECTION_SOUTH    남쪽
        frontEast               // DIRECTION_EAST     동쪽
    },

    // LOCATION_LEFT            왼쪽
    {
        leftNorth,              // DIRECTION_NORTH   북쪽
        NULL,                   // DIRECTION_WEST     서쪽
        NULL,                   // DIRECTION_SOUTH    남쪽
        NULL                    // DIRECTION_EAST     동쪽
    },

    // LOCATION_RIGHT           오른쪽
    {
        rightNorth,             // DIRECTION_NORTH   북쪽
        NULL,                   // DIRECTION_WEST     서쪽
        NULL,                   // DIRECTION_SOUTH    남쪽
        NULL                    // DIRECTION_EAST     동쪽
    },

    // LOCATION_CENTER          중심
    {
        north,                  // DIRECTION_NORTH   북쪽
        west,                   // DIRECTION_WEST     서쪽
        NULL,                   // DIRECTION_SOUTH    남쪽
        east                    // DIRECTION_EAST     동쪽
    }
};
```

시야 내의 상대 좌표 테이블을 작성한다 📭❖ - - - - - - - - - - - - - -

플레이어가 본 각 칸의 상대좌표는 플레이어가 향하고 있는 방향에 따라 달라집니다.

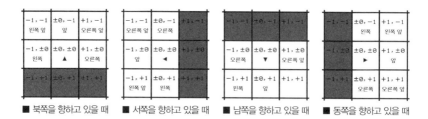

■ 북쪽을 향하고 있을 때   ■ 서쪽을 향하고 있을 때   ■ 남쪽을 향하고 있을 때   ■ 동쪽을 향하고 있을 때

이를 바탕으로 플레이어가 향하고 있는 방위에 따른 플레이어로부터의 상대좌표 배열 locations를 선언합니다.

```
// [5] 변수를 선언하는 곳

...

// [5-14] 플레이어로부터의 상대 좌표 테이블을 선언한다
VEC2 locations[DIRECTION_MAX][LOCATION_MAX] =
{
    // DIRECTION_NORTH  북쪽
    {
        {-1,-1},    // LOCATION_FRONT_LEFT   왼쪽 앞
        { 1,-1},    // LOCATION_FRONT_RIGHT  오른쪽 앞
        { 0,-1},    // LOCATION_FRONT        앞
        {-1, 0},    // LOCATION_LEFT         왼쪽
        { 1, 0},    // LOCATION_RIGHT        오른쪽
        { 0, 0}     // LOCATION_CENTER       중심
    },

    // DIRECTION_WEST   서쪽
    {
        {-1, 1},    // LOCATION_FRONT_LEFT   왼쪽 앞
        {-1,-1},    // LOCATION_FRONT_RIGHT  오른쪽 앞
        {-1, 0},    // LOCATION_FRONT        앞
```

제 6 장 **유사 3D 던전 게임** 마스키이트로 유사 3D 그리기의 기믹

```
            { 0, 1},      // LOCATION_LEFT          왼쪽
            { 0,-1},      // LOCATION_RIGHT         오른쪽
            { 0, 0}       // LOCATION_CENTER        중심
    },
```

```
        // DIRECTION_SOUTH    남쪽
        {
            { 1, 1},      // LOCATION_FRONT_LEFT    왼쪽 앞
            {-1, 1},      // LOCATION_FRONT_RIGHT   오른쪽 앞
            { 0, 1},      // LOCATION_FRONT         앞
            { 1, 0},      // LOCATION_LEFT          왼쪽
            {-1, 0},      // LOCATION_RIGHT         오른쪽
            { 0, 0}       // LOCATION_CENTER        중심
    },
```

```
        // DIRECTION_EAST     동쪽
        {
            { 1,-1},      // LOCATION_FRONT_LEFT    왼쪽 앞
            { 1, 1},      // LOCATION_FRONT_RIGHT   오른쪽 앞
            { 1, 0},      // LOCATION_FRONT         앞
            { 0,-1},      // LOCATION_LEFT          왼쪽
            { 0, 1},      // LOCATION_RIGHT         오른쪽
            { 0, 0}       // LOCATION_CENTER        중심
        }
};
```

이로써 유사 3D 시점 그리기에 필요한 데이터가 준비되었습니다.

미로를 유사 3D 시점으로 그리는 함수를 호출한다

유사 3D 시점을 그리는 함수 Draw3D를 선언합니다.

```
// [6] 함수를 선언하는 곳

...

// [6-7] 미로를 유사 3D 시점으로 그리는 함수를 선언한다
void Draw3D()
{
}

...
```

유사 3D 시점의 미로를 맵의 위에 그리기 때문에 맵을 그리기 전에 유사 3D 그리기 함수 Draw3D를 호출합니다.

```
// [6-9-3] 메인 루프
while (1)
{
    system("cls");// [6-9-4] 화면을 클리어한다

    // [6-9-5] 미로를 유사 3D 시점으로 그리는 함수를 호출한다
    Draw3D();

    ...
}
```

이제 메인 루프 안에서 유사 3D 시점으로 그려지게 됩니다.

그리기용의 아스키아트를 합성한다

유사 3D 시점을 그리기 위해 각 벽의 아스키아트를 하나의 아스키아트로 합성해야 합니다. 그래서 합성에 사용한 아스키아트를 보유하는 화면 버퍼의 배열 screen을 선언합니다. 배열의 크기를 각 벽의 아스키아트와 같게 합니다.

```
// [6-7] 미로를 유사 3D 시점으로 그리는 함수를 선언한다
void Draw3D()
{
    // [6-7-1] 화면 버퍼를 선언한다
    char screen[] =
        " □□□□□□□□□\n"
        "□□□□□□□□□\n"
        "□□□□□□□□□\n"
        "□□□□□□□□□\n"
        "□□□□□□□□□\n"
        "□□□□□□□□□\n"
        "□□□□□□□□□\n"
        "□□□□□□□□□\n";
}
```

플레이어로부터의 모든 상대 위치를 반복합니다.

```
// [6-7] 미로를 유사 3D 시점으로 그리는 함수를 선언한다
void Draw3D()
{
    ...

    // [6-7-2] 모든 상대 위치를 대상으로 반복한다
    for (int i = 0; i < LOCATION_MAX; i++)
    {
    }
}
```

상대 좌표에 플레이어의 좌표를 더하여 절대 좌표를 얻고, 변수 position에 설정
합니다.

```
// [6-7-2] 모든 상대 위치를 대상으로 반복한다
for (int i = 0; i < LOCATION_MAX; i++)
{
    // [6-7-3] 절대 위치를 선언한다
    VEC2 position = VecAdd(player.position, locations[player.direction][i]);
}
```

대상 좌표가 미로의 범위 내인지 판정하고, 범위 밖이면 그리지 않으므로 이후의
처리를 스킵합니다.

```
// [6-7-2] 모든 상대 위치를 대상으로 반복한다
for (int i = 0; i < LOCATION_MAX; i++)
{
    ...
        // [6-7-4] 절대 위치가 미로의 범위 밖인지 판정한다
        if (!IsInsideMaze(position))
            continue;// [6-7-5] 다음의 상대 위치로 스킵한다
}
```

벽을 그리기 위해서 모든 방위에 반복합니다.

```
// [6-7-2] 모든 상대 위치를 대상으로 반복한다
for (int i = 0; i < LOCATION_MAX; i++)
{
    ...
        // [6-7-6] 모든 방위를 대상으로 반복한다
        for (int j = 0; j < DIRECTION_MAX; j++)
        {
        }
}
```

대상 방위를 플레이어로부터의 상대 방위로 변환하여 변수 direction에 설정합니
다. 플레이어로부터의 상대 방위 direction은 절대 방위 j에서 플레이어의 방위
player.direction을 빼서 얻습니다.

```
// [6-7-6] 모든 방위를 대상으로 반복한다
for (int j = 0; j < DIRECTION_MAX; j++)
{
    // [6-7-7] 상대 방위를 선언한다
    int direction = (DIRECTION_MAX + j - player.direction) % DIRECTION_MAX;
}
```

대상의 방위에 벽이 있는지 판정하고, 없으면 이후의 처리를 스킵합니다.

```
// [6-7-6] 모든 방위를 대상으로 반복한다
for (int j = 0; j < DIRECTION_MAX; j++)
{
    ...

    // [6-7-8] 대상 벽이 없는지 판정한다
    if (!maze[position.y][position.x].walls[j])
    {
        continue;// [6-7-9] 다음 방위로 스킵한다
    }
}
```

아스키아트 테이블 aaTable을 참조하여 대상 벽의 아스키아트가 없으면 이후 처리를 스킵합니다.

```
// [6-7-6] 모든 방위를 대상으로 반복한다
for (int j = 0; j < DIRECTION_MAX; j++)
{
    ...

    // [6-7-10] 합성하는 아스키아트가 없는지 판정한다
    if (!aaTable[i][direction])
    {
        continue;// [6-7-11] 다음 상대 위치로 스킵한다
    }
}
```

대상 벽을 그리는 것이 확정되었으므로 대상 아스키아트를 화면 버퍼 screen에 써넣습니다. 「 」(반각 공백)이 아니면 그립니다.

```
// [6-7-6] 모든 방위를 대상으로 반복한다
for (int j = 0; j < DIRECTION_MAX; j++)
{
    ...
```

```
// [6-7-12] 화면 버퍼의 모든 문자를 대상으로 반복한다
for (int k = 0; k < sizeof(screen); k++)
{
    // [6-7-13] 대상 문자가 스페이스가 아닌지 판정한다
    if (aaTable[i][direction][k] != ' ')
    {
        // [6-7-14] 화면 버퍼에 합성할 아스키아트를 써넣는다
        screen[k] = aaTable[i][direction][k];
    }
}
```

이제 그리기용으로 합성된 화면 버퍼 screen이 완성되었습니다.

미로를 그린다

화면 버퍼 screen의 내용을 그립니다. 우선 버퍼 내의 모든 문자를 대상으로 반복
합니다.

```
// [6-7] 미로를 유사 3D 시점으로 그리는 함수를 선언한다
void Draw3D()
{
    ...
    // [6-7-15] 화면 버퍼의 모든 문자를 대상으로 반복한다
    for (int i = 0; i < sizeof(screen); i++)
    {
    }
}
```

버퍼 내의 문자는 반각 문자로 저장됐지만, 이를 전각 문자로 변환하여 그립니다.
줄바꿈 문자는 그대로 그리기 때문에 줄바꿈도 이뤄집니다.

```
// [6-7-15] 화면 버퍼의 모든 문자를 대상으로 반복한다
for (int i = 0; i < sizeof(screen); i++)
{
```

```
// [6-7-16] 화면 버퍼의 반각 문자를 전각 문자로 변환하여 그린다
switch (screen[i])
{
case ' ': 	printf("　");	break;	// [6-7-17]「 」을「　」로 그린다
case '#': 	printf("　");	break;	// [6-7-18]「#」을「　」로 그린다
case '_': 	printf("＿");	break;	// [6-7-19]「_」를「＿」로 그린다
case '|': 	printf("｜");	break;	// [6-7-20]「|」을「｜」로 그린다
case '/': 	printf("／");	break;	// [6-7-21]「/」를「／」로 그린다
case 'L': 	printf("＼");	break;	// [6-7-22]「L」를「＼」로 그린다
default:

	// [6-7-23] 상기 이외의 문자는 그대로 그린다
	printf("%c", screen[i]);

	break;
}
}
```

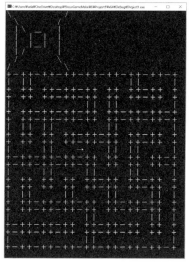

실행하면 지도 위에 유사 3D 시점으로 미로가 그려집니다. 이제 유사 3D 시점으로 그릴 수 있습니다.

■ 유사 3D 시점이 그려진다

퀘스트를 추가한다

마지막으로 간단한 퀘스트를 추가합니다. 이 미로의 어딘가에 마귀를 쫓는 부적이 있는데, 거기에 도달하면 클리어되는 퀘스트입니다.

플레이어가 목표 지점에 도달했는지 판정한다

마귀를 쫓는 부적이 있는 곳을 목표 지점으로 합니다. 지도의 북서쪽 구석이 시작점이므로, 거기에서 가장 떨어진 남동쪽 구석을 목표 지점으로 합니다. 목표 지점의 좌표 매크로 GOAL_X, GOAL_Y를 정의합니다.

```
// [2] 상수를 정의하는 곳

...

#define GOAL_X     (MAZE_WIDTH - 1)    // [2-3] 목표 지점의 열을 정의한다
#define GOAL_Y     (MAZE_HEIGHT - 1)   // [2-4] 목표 지점의 행을 정의한다
```

목표 지점이 올바르게 정의되었는지 확인하기 위해 맵상의 목표 지점 좌표에 목표 지점의 아스키아트를 그립니다. 바닥의 아스키아트를 플레이어의 아스키아트로 바꾸는 부분에서, 목표 지점의 좌표에서는 아스키아트 「G」로 바꿔 적습니다.

```
// [6-6-7] 플레이어의 좌표를 그리는 중이면
if ((x == player.position.x) && (y == player.position.y))
{

    ...

}

// [6-6-10] 목표 지점의 좌표를 그리는 중이면
else if ((x == GOAL_X) && (y == GOAL_Y))
{
    // [6-6-11] 바닥 아스키아트에 목표 지점 아스키아트를 복사한다
    strcpy_s(floorAA, "G");
}
```

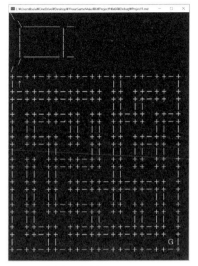

실행하면 목표 지점의 좌표에 목표 지점의 아스키아트 G가 그려집니다.

■ 목표 지점이 그려진다

플레이어가 전진할 때마다 도착 지점에 도달했는지 판정합니다.

```
// [6-9-11] 전진 목적지의 좌표가 미로 내인지 판정한다
if (IsInsideMaze(nextPosition))
{

    ...

    // [6-9-13] 목표 지점에 도달했는지 판정한다
    if ((player.position.x == GOAL_X) && (player.position.y == GOAL_Y))
    {
    }
}
```

엔딩 메시지를 표시한다

목표 지점에 도달하면 화면을 클리어한 후 엔딩 메시지를 표시하고 키보드 입력
대기 상태로 만듭니다.

```
// [6-9-13] 목표 지점에 도달했는지 판정한다
if ((player.position.x == GOAL_X) && (player.position.y == GOAL_Y))
{
    system("cls");// [6-9-14] 화면을 클리어한다

    // [6-9-15] 메시지를 표시한다
    printf(
        " *  *  CONGRATULATIONS  *  *\n"
        "\n"
        "  드디어 전설의 부적을 손에 넣었다!\n"
        "\n"
        "   하지만 고난을 함께 한 무엇과도 바꿀 수 없는\n"
        "  「동료」라는 보물을 손에 넣은 지금,  \n"
        "  부적의 광채는 더 이상 눈에 들어오지 않는다...\n"
        "\n"
        "        ~ THE  END  ~\n");

    _getch();// [6-9-16] 키보드 입력을 대기한다
}
```

실행하여 목표 지점에 도달하면 엔딩 메시지가 표시됩니다.

■ 엔딩

마지막으로 엔딩을 종료하면 게임을 리셋하여 다른 미로에서 플레이할 수 있게 합니다.

엔딩이 끝나면 게임을 초기화합니다.

```
// [6-9-13] 목표 지점에 도달했는지 판정한다
if ((player.position.x == GOAL_X) && (player.position.y == GOAL_Y))
{
    ...

    Init();// [6-9-17] 게임을 초기화한다
}
```

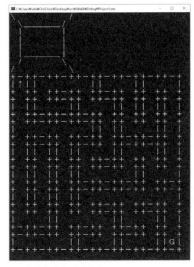

■ 게임이 다시 시작한다

엔딩 화면에서 아무 키나 누르면 새로운 미로가 생성되고 다시 시작합니다.

축하합니다! 유사 3D 던전 게임이 완성되었습니다. 이 장에서는 작업량을 줄이기 위해 아스키아트의 수를 줄였기 때문에 시야가 좁아졌지만 시야를 넓히면 더 보기 좋아집니다. 또한 전투 장면 등을 추가하여 본격적인 RPG에 도전하는 것도 재미있을 것입니다.

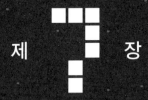

제 **7** 장

전국 시뮬레이션 게임

히데요시도 깜짝 놀랄걸! 하룻밤 사이에 전국 시뮬레이션

「진군」 명령만으로 만드는 단순한 전국 시뮬레이션 게임

이 장에서는 일본의 전국 시대를 무대로 한 전략 시뮬레이션 게임(이하 「전국 SLG」)을 만들어 봅니다. 플레이어는 임의의 전국 다이묘가 되어 이웃 나라를 공격하여 세력을 확대하고, 천하 통일을 목표로 합니다.

구현되는 전략 명령은 병력을 이동시키는 「진군」뿐이지만, 주변국의 상황을 보면서 어디에 얼마의 병력으로 공격할지, 수비병은 얼마나 남길지, 아니면 공격하지 않고 적의 틈을 엿볼지 등의 전략성이 있습니다.

다이묘는 10명밖에 등장하지 않지만, 일본 전국을 커버합니다. 순조롭게 세력을 확장하여 천하인의 성공 스토리를 맛볼 수도 있지만, 초반에 운 나쁘게 멸망하거나 압도적으로 성장한 적 세력에 절망할 수도 있습니다. 또한 끝부분에서는 세력을 뻗는데 성공한 적 세력과의 천하 분배 대결이 일어날지도 모릅니다.

■ 이번 장에서 만들 게임의 화면

이번 장의 전국 시뮬레이션 게임의 시대 배경

전국 SLG는 그 시대 배경과 등장 인물을 알면 더욱 재미있어집니다. 그래서 당시의 시대 배경과 등장하는 전국 다이묘의 개요, 그 가문이 역사에 어떤 영향을 미쳤는지를 설명합니다.

시대 설정-1570년 노부나가의 천하포무(天下布武) 전야

전국 시대는 무로마치 시대에 일어난 [오닌의 난]이나 [메이오 정변]에 의해 무로마치 막부의 권위가 실추되고, 지방의 다이묘가 독립성을 강화하며 시작되었습니다. 말기에 이르러 두각을 나타낸 오다 노부나가에 의해 무로마치 막부가 멸망하고, 도요토미 히데요시가 전국을 통일함으로써 전국 시대는 막을 내리고, 도쿠가와 이에야스에 의한 천하태평의 에도 시대가 찾아옵니다.

게임이 시작되는 연도에 대해서는 다음 요건을 충족하는 1570년으로 했습니다.

- 도쿠가와 이에야스가 다이묘로서 독립했으며, 「도쿠가와 이에야스」로 개명함
- 오다 노부나가가 가장 두려워했다고 알려진 다케다 신겐과 우에스기 겐신이 생존해 있으며, 각각 가장 유명한 이름으로 개명함
- 무로마치 막부가 멸망하지 않았음(오다 노부나가가 과도하게 힘을 쓰지 않고, 무로마치 막부 최후의 쇼군 아시카가 요시아키로서 무로마치 막부 부흥 플레이가 가능)

■ 전국 시대의 천하통일까지의 주요 사건

서기	사건
1560년	오다 노부나가가 이마가와 요시모토를 정벌(오케하자마 전투)
1561년	마쓰다이라 모토야스(도쿠가와 이에야스)가 이마가와 가문으로부터 독립, 오다 노부나가와 동맹(기요스 동맹)
1568년	오다 노부나가가 아시카가 요시아키를 받들어 상락(上洛) 아시카가 요시아키가 15대 정이대장군에 취임
1573년	오다 노부나가가 아시카가 요시아키를 추방, 무로마치 막부 멸망
1582년	오다 노부나가가 아케치 미쓰히데의 모반으로 자결(혼노지의 변) 하시바 히데요시(도요토미 히데요시)가 아케치 미쓰히데에게 승리 (야마자키 전투)
1591년	도요토미 히데요시가 천하를 통일
1598년	도요토미 히데요시가 병사
1600년	도쿠가와 이에야스가 이시다 미쓰나리(도요토미군)에게 승리(세키가하라 전투)
1615년	도쿠가와 이에야스가 도요토미 가문을 멸망시키다(오사카 여름의 진)

전국 다이묘 열전

이 장의 게임에서 등장하는 다이묘는 1회의 키보드 입력으로 번호(0~9)를 지정할 수 있는 10명으로 했습니다. 선정 기준은 가문의 지명도, 미래의 세력권, 역사상에서의 영향도 등입니다.

▪ 오다 노부나가 ▪

지방 다이묘에서 천하를 다스리는 사람으로 출세 「오다 노부나가」

「오케하자마 전투」에서 이마가와 요시모토를 쓰러뜨린 것을 시작으로, 아시카가 요시아키를 받들어 상락(上洛)하여 천하통일 직전까지 세력을 확장합니다. 도요토미 히데요시, 도쿠가와 이에야스와 함께 전국 「삼영걸」 중 한 명입니다. 가신 아케치 미쓰히데에 의한 모반 「혼노지의 변」으로 자결하고, 그 후의 오다 가문 내부의 권력 싸움에서 승리한 하시바 히데요시(후에 천하를 다스리는 도요토미 히데요시)에 의해 오다 가문의 후계 지위를 빼앗기게 됩니다.

▪ 다케다 신겐 ▪

최강의 기마군단을 이끄는 「다케다 신겐」

「풍림화산」 깃발로 유명한 다케다의 기마대는 전국 시대 최강이라고도 합니다. 평생의 라이벌인 「군신」 우에스기 겐신과 「가와나카지마 전투」에서 호각을 이루고, 「미카타가하라 전투」에서는 오다·도쿠가와 연합군에 압승합니다. 「서상작전」 도중에 병사, 그 후 다케다 가문은 오다 노부나가에 의해 멸망합니다.

▪ 우에스기 겐신 📑❖

전국 시대 최강의 군신 「우에스기 겐신」

전투에서 거의 진 적이 없는 전국 시대 최강으로 이름이 드높은 다이묘입니다. 오다 가문의 주력 부대와의 전투「테토리가와 전투」에도 압승합니다. 사욕에 의한 영토의 확대를 거의 하지 않고, 의를 위해 싸운 「의장」이라고 전해집니다. 오다 노부나가가 천하 통일을 이루고 있는 중에 병으로 급사합니다. 그 후 우에스기 가문은 도요토미, 도쿠가와에게 순종하여 막부 말기까지 남습니다.

▪ 도쿠가와 이에야스 📑❖

전국 시대의 최종 승자 「도쿠가와 이에야스」

어린 시절에는 주군 이마가와 요시모토의 인질이었지만, 「오케하자마 전투」의 혼란을 틈타 다이묘로서 독립하여, 오다 노부나가와 동맹을 맺어 세력을 확대합니다. 도요토미 히데요시에게 순종했으나, 히데요시가 사망 2년 후에 일어난 도요토미 가문의 내란 「세키가하라 전투」에서 승리하여 천하를 다스리는 인물이 되는 전국 시대의 최종 승자입니다.

▪ 호조 우지마사 📑❖

천하를 다스리는 히데요시에게 마지막까지 저항한 「호조 우지마사」

도요토미 히데요시에 의해 멸망될 때까지, 간토를 100년 지배한 「고호조씨」의 4대입니다. 군신 우에스기 겐신의 공격을 막아낸 난공불락의 오다와라성을 천하 통일 직전의 도요토미 히데요시에게 공격당하여, 항복하고 할복하며 호조 가문은 멸망합니다.

■ 아시카가 요시아키 ▐✣

무로막치 최후의
쇼군 「아시카가
요시아키」

형인 쇼군 요시테루가 암살되면서 각지를 떠돌다가 오다 노부나가가 자신을 받들어 상락(上洛)하여 쇼군이 되는 무로마치 막부의 마지막 쇼군입니다. 그 후, 점차 강력해지는 노부나가에게 반기를 들지만 패하고, 추방당하며 무로마치 막부는 멸명합니다.

■ 모리 모토나리 ▐✣

모략을 꾸며 주고
쿠 지방을 제패
「모리 모토나리」

아키의 소국에서 세력을 확장하여 주고쿠 지방을 제패합니다. 전국 SLG계에서는 가장 지략이 뛰어난 장수로 꼽힙니다. 모토나리 사망 뒤의 모리 가문은 히데요시를 신하로서 따르며, 「세키가하라 전투」에서는 유연하게 대처하여 살아남아, 막부 말기까지 남습니다.

■ 다테 테루무네 ▐✣

애꾸눈의 영웅 마
사무네의 아버지
「다테 테루무네」

애꾸눈의 영웅으로 유명한 마사무네의 아버지입니다. 테루무네 사망 뒤, 적남 마사무네가 히데요시를 신하로서 따르지만, 다테 가문은 막부 말기까지 남습니다.

▪ 시마즈 요시히사

나중에 규슈를 제패하는 시마즈가 16대손입니다. 히데요시의 「규슈 정벌」에서 항복하나, 시마즈 가문은 막부 말기까지 남아 도쿠가와 막부를 「대정봉환」으로 몰아가는 사이고 다카모리와 오쿠보 도시미치 등의 지사를 배출합니다.

강호가 북적이는
규슈를 제압하는
「시마즈 요시히사」

▪ 조소카베 모토치카

나중에 시코쿠를 제패하지만, 히데요시의 「시코쿠 공격」으로 항복합니다. 모토치카의 사후, 후계의 4남, 모리치카가 「세키가하라 전투」에서 서군에 참전하나 패배하고, 승자인 도쿠가와 이에야스에 의해 조소카베 가문은 개역(영지를 몰수)*당합니다. 조소카베 모토치카가의 구신이나 그 후손들은 「향사」라는 하급 무사로서 취급되지만, 에도막부 말기에는 그 향사 중에서 사카모토 료마 등의 「메이지 유신」과 관련되는 지사가 탄생합니다.

시코쿠의 패자 「조소카베 모토치카」

프로그램의 기본 구조를 작성한다

프로그램의 베이스 부분을 작성한다

첫 작업으로 소스 파일의 어디에 무엇을 기술할지를 주석으로 작성합니다.

```
// [1] 헤더를 인클루드하는 곳
```

*역주 에도 시대에 무사에게 과한 벌

```
// [2]  상수를 정의하는 곳


// [3]  열거 상수를 정의하는 곳


// [4]  구조체를 선언하는 곳


// [5]  변수를 선언하는 곳


// [6]  함수를 선언하는 곳
```

프로그램의 실행 시작점인 main() 함수를 선언합니다.

```
// [6]  함수를 선언하는 곳


// [6-5]  프로그램 실행의 시작점을 선언한다
int main()
{
}
```

실행하면 창이 순간적으로 표시되고 종료되기 때문에 프로그램을 계속 진행하기
위해 메인 루프를 추가합니다.

```
// [6-5]  프로그램 실행의 시작점을 선언한다
int main()
{
    // [6-5-5]  메인 루프
    while (1)
    {
    }
}
```

실행하면 이번에는 프로그램이 계속 진행됩니다.

콘솔의 속성을 설정합니다. 글꼴 크기를 28, 화면 버퍼와 창의 너비를 62, 높이를 30으로 합니다.

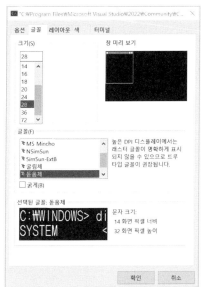

■ 글꼴 설정

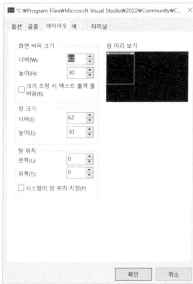

■ 레이아웃 설정

지도를 그린다

지도 그리기에 필요한 데이터를 작성하겠습니다.

┇▮ 다이묘 데이터를 작성한다 ▮┇

등장하는 다이묘의 종류를 정의합니다.

// [3] 열거 상수를 정의하는 곳

```
// [3-1] 다이묘의 종류를 정의한다
enum
{
    LORD_DATE,          // [3-1- 1] 다테 테루무네
    LORD_UESUGI,        // [3-1- 2] 우에스기 겐신
    LORD_TAKEDA,        // [3-1- 3] 다케다 신겐
    LORD_HOJO,          // [3-1- 4] 호조 우지마사
    LORD_TOKUGAWA,      // [3-1- 5] 도쿠가와 이에야스
    LORD_ODA,           // [3-1- 6] 오다 노부나가
    LORD_ASHIKAGA,      // [3-1- 7] 아시카가 요시아키
    LORD_MORI,          // [3-1- 8] 모리 모토나리
    LORD_CHOSOKABE,     // [3-1- 9] 조소카베 모토치카
    LORD_SIMAZU,        // [3-1-10] 시마즈 요시히사
    LORD_MAX            // [3-1-11] 종류의 개수
};
```

각 다이묘의 데이터를 보유하는 구조체 LORD를 선언합니다. 멤버 변수의 family Name은 성, firstName은 이름입니다.

```
// [4] 구조체를 선언하는 곳

// [4-1] 다이묘 구조체를 선언한다
typedef struct {
    char familyName[16];    // [4-1-1] 성
    char firstName[16];     // [4-1-2] 이름
} LORD;
```

다이묘의 데이터 배열 lords를 선언하고 이름을 설정합니다.

```
// [5] 변수를 선언하는 곳

// [5-1] 다이묘 배열을 선언한다
LORD lords[LORD_MAX] =
{
    {"다테",    "테루무네"},    // [5-1- 1] LORD_DATE      다테 테루무네
    {"우에스기", "겐신"},       // [5-1- 2] LORD_UESUGI    우에스기 겐신
    {"다케다",   "신겐"},       // [5-1- 3] LORD_TAKEDA    다케다 신겐
```

```
    {"호조",      "우지마사"},      // [5-1- 4] LORD_HOJO          호조 우지마사
    {"도쿠가와","이에야스"},         // [5-1- 5] LORD_TOKUGAWA      도쿠가와 이에야스
    {"오다",      "노부나가"},       // [5-1- 6] LORD_ODA           오다 노부나가
    {"아시카가","요시아키"},          // [5-1- 7] LORD_ASHIKAGA      아시카가 요시아키
    {"모리",      "모토나리"},       // [5-1- 8] LORD_MORI          모리 모토나리
    {"조소카베","모토치카"},          // [5-1- 9] LORD_CHOSOKABE     조소카베 모토치카
    {"시마즈",    "요시히사"}        // [5-1-10] LORD_SIMAZU        시마즈 요시히사
};
```

이제 다이묘 데이터가 완성되었습니다.

성 데이터를 작성한다

각 다이묘의 거점인 성 데이터를 작성합니다. 우선 성의 종류를 정의합니다.

```
// [3] 열거 상수를 정의하는 곳

...

// [3-2] 성의 종류를 정의한다
enum
{
    CASTLE_YONEZAWA,           // [3-2- 1] 요네자와성
    CASTLE_KASUGAYAMA,         // [3-2- 2] 가스가야마성
    CASTLE_TSUTSUJIGASAKI,     // [3-2- 3] 쓰쓰지가사키관
    CASTLE_ODAWARA,            // [3-2- 4] 오다와라성
    CASTLE_OKAZAKI,            // [3-2- 5] 오카자키성
    CASTLE_GIFU,               // [3-2- 6] 기후성
    CASTLE_NIJO,               // [3-2- 7] 니조성
    CASTLE_YOSHIDAKORIYAMA,    // [3-2- 8] 요시다고리야마성
    CASTLE_OKO,                // [3-2- 9] 오코성
    CASTLE_UCHI,               // [3-2-10] 우찌성
    CASTLE_MAX                 // [3-2-11] 종류의 개수
};
```

성 데이터를 보유하는 구조체 CASTLE을 선언합니다. 멤버 변수의 name은 이름, owner는 성을 소유하는 다이묘, troopCount는 병력 수입니다.

```
// [4] 구조체를 선언하는 곳
...


// [4-2] 성 구조체를 선언한다
typedef struct {
    const char*  name;          // [4-2-1] 이름
    int          wner;          // [4-2-2] 성주
    int          troopCount;    // [4-2-3] 병력 수
} CASTLE;
```

성 병력 수의 기본값을 매크로 TROOP_BASE로 정의합니다.

```
// [2] 상수를 정의하는 곳


#define TROOP_BASE      (5)     // [2-1] 기본 병력 수를 정의한다
```

성 데이터의 배열 castles를 선언하고 데이터를 설정합니다.

```
// [5] 변수를 선언하는 곳
...


// [5-2] 성 배열을 선언한다
CASTLE castles[CASTLE_MAX] =
{
    // [5-2-1] CASTLE_YONEZAWA     요네자와성
    {
        "요네자와성",      // const char* name       이름
        LORD_DATE,         // int owner             성주
        TROOP_BASE,        // int troopCount        병력 수
    },
```

```
    // [5-2-2] CASTLE_KASUGAYAMA 가스가야마성
    {
        "가스가야마성",     // const char* name       이름
        LORD_UESUGI,       // int owner             성주
        TROOP_BASE,        // int troopCount        병력 수
    },
```

```
// [5-2-3] CASTLE_TSUTSUJIGASAKI 쓰쓰지가사키관
{
    "쓰쓰지가사키관",      // const char* name      이름
    LORD_TAKEDA,         // int owner             성주
    TROOP_BASE,          // int troopCount        병력 수
},

// [5-2-4] CASTLE_ODAWARA      오다와라성
{
    "오다와라성",          // const char* name      이름
    LORD_HOJO,           // int owner             성주
    TROOP_BASE,          // int troopCount        병력 수
},

// [5-2-5] CASTLE_OKAZAKI      오카자키성
{
    "오카자키성",          // const char* name      이름
    LORD_TOKUGAWA,       // int owner             성주
    TROOP_BASE,          // int troopCount        병력 수
},

// [5-2-6] CASTLE_GIFU     기후성
{
    "기후성",             // const char* name      이름
    LORD_ODA,            // int owner             성주
    TROOP_BASE,          // int troopCount        병력 수
},

// [5-2-7] CASTLE_NIJO     니조성
{
    "니조성",             // const char* name      이름
    LORD_ASHIKAGA,       // int owner             성주
    TROOP_BASE,          // int troopCount        병력 수
},
```

```
// [5-2-8] CASTLE_YOSHIDAKORIYAMA    요시다고리야마성
{
    "요시다고리야마성",     // const char* name  이름
    LORD_MORI,            // int owner          성주
    TROOP_BASE,           // int troopCount     병력 수
},
```

```
// [5-2-9] CASTLE_OKO    오코성
{
    "오코성",             // const char* name  이름
    LORD_CHOSOKABE,       // int owner          성주
    TROOP_BASE,           // int troopCount     병력 수
},
```

```
// [5-2-10] CASTLE_UCHI    우찌성
{
    "우찌성",             // const char* name  이름
    LORD_SIMAZU,          // int owner          성주
    TROOP_BASE,           // int troopCount     병력 수
}
};
```

이것으로 성 데이터가 완성되었습니다.

연도 데이터를 작성한다

게임이 시작하는 연도의 매크로 START_YEAR를 정의합니다.

```
// [2] 상수를 정의하는 곳

#define TROOP_BASE      (5)      // [2-1] 기본 병력 수를 정의한다
#define START_YEAR (1570)        // [2-4] 시작 연도를 정의한다
```

현재 연도를 보유하는 변수 year를 선언합니다.

```
// [5] 변수를 선언하는 곳

...

int year;  // [5-3] 현재 연도를 선언한다
```

현재 연도를 초기화하기 위해 게임을 초기화하는 함수 Init를 선언합니다.

```
// [6] 함수를 선언하는 곳

// [6-3] 게임을 초기화하는 함수를 선언한다
void Init()
{
}

...
```

게임 시작 직후에 게임을 초기화하는 함수 Init를 호출합니다.

```
// [6-5] 프로그램 실행의 시작점을 선언한다
int main()
{
    Init();// [6-5-4] 게임을 리셋하는 함수를 호출한다

    ...
}
```

이것으로 게임 시작 직후에 초기화가 이뤄집니다.

다음으로 게임을 초기화하는 함수 Init에서 현재 연도를 게임 시작 연도로 초기화합니다.

```
// [6-3] 게임을 초기화하는 함수를 선언한다
void Init()
{
    year = START_YEAR;// [6-3-1] 연도를 리셋한다
}
```

이것으로 지도 그리기에 필요한 데이터가 준비되었습니다.

지도를 그리는 함수를 호출한다

화면 다시 그리기는 게임 중의 여러 장소에서 필요하기 때문에 함수로 만들어 두 겠습니다. 화면의 기본 부분을 그리는 함수 DrawScreen을 선언합니다.

게임을 초기화하는 함수 Init의 마지막에서 화면을 그리는 함수 DrawScreen을 호출합니다.

```
// [6] 함수를 선언하는 곳
...

// [6-3] 게임을 초기화하는 함수를 선언한다
void Init()
{
    year = START_YEAR;// [6-3-1] 연도를 리셋한다

    DrawScreen();// [6-3-6] 기본 정보를 그리는 화면을 호출한다
}
```

이제 게임 시작 직후에 화면이 그려집니다.

다음으로 콘솔에 문자열을 표시할 수 있도록 표준 입출력 헤더 <stdio.h>를 인 클루드합니다.

```
// [1] 헤더를 인클루드하는 곳

#include <stdio.h>    // [1-1] 표준 입출력 헤더를 인클루드한다
```

앞으로 그려나갈 지도가 올바르게 표시되는지를 확인하기 위해서 완성 샘플을 표 시하겠습니다. 각 성에 표시되는 데이터는 왼쪽 위부터 성 번호, 성 이름의 첫 두 글자, 성의 병력 수, 아래 행은 성주의 성의 첫 두 글자입니다.

```c
// [6-2] 기본 정보를 그리는 함수를 선언한다
void DrawScreen()
{
    // [6-2-1.5] 지도 샘플을 그린다
    printf("%s",
    "1570년   ~ ~ ~ ~ ~ ~ ~ ~ ~ ~ ~ ~ ~ ~         ~ \n"    // 01
    "          ~ ~ ~ ~ ~ ~ ~ ~ ~ ~ ~ ~    0요네5  ~ \n"    // 02
    "~ ~ ~ ~ ~ ~ ~ ~ ~ ~ ~ ~ ~ ~ ~1가스5  다테  ~ ~ \n"    // 03
    "~ ~ ~ ~ ~ ~ ~ ~ ~ ~ ~ ~ ~       ~우에       ~ ~ \n"    // 04
    "~ ~ ~ ~ ~ ~ ~ ~ ~ ~ ~ ~ ~            ~ ~ \n"          // 05
    "~ ~ ~ ~ ~ ~ ~ ~ ~ ~ ~ ~    2쓰쓰5    ~ ~ \n"          // 06
    "~ ~ ~ ~ ~ ~ ~ ~ ~ ~ ~        다케   ~ ~ ~ \n"         // 07
    "~ ~ ~ ~ ~           5기후5          ~ ~ ~ \n"          // 08
    "~ ~ ~ ~ ~  7요시5  6니조5  오다  4오카5  3오다5 ~ ~ \n" // 09
    "~ ~ ~ ~     모리    아시        토쿠   호조 ~ ~ ~ ~ \n" // 10
    "~ ~ ~ ~                                   ~ \n"        // 11
    "~ ~      ~ 8오코5~ ~   ~ ~ ~ ~ ~ ~ ~ ~ ~ \n"          // 12
    "~ ~        ~조소~ ~ ~ ~ ~ ~ ~ ~ ~ ~ ~ \n"            // 13
    "~ ~9우찌5~ ~ ~ ~ ~ ~ ~ ~ ~ ~ ~ ~ \n"                 // 14
    "~ ~ 시마 ~ ~ ~ ~ ~ ~ ~ ~ ~ ~ \n"                     // 15
    "~ ~ ~ ~ ~ ~ ~ ~ ~ ~ ~ ~ ~ ~ ~ \n"                    // 16
    );
}
```

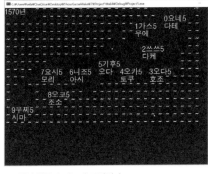

실행하면 완성 샘플의 지도가 그려 집니다.

■ 완성 샘플의 지도가 표시된다

이 표시는 확인용이므로 올바르게 그려졌는지 확인하고 싶을 때만 표시하고, 그 밖에는 주석 처리합니다.

```
// [6-2] 기본 정보를 그리는 함수를 선언한다
void DrawScreen()
{
/*

    // [6-2-1.5] 지도 샘플을 그린다
    pritf(...);

*/
}
```

▪ 지도를 그린다 📭﹖ -

진짜 지도를 그립니다. 완성 샘플에서 1행씩 복사&붙여넣기하여 수정하면서 올바르게 그려지는지 확인하면서 진행합니다.

```
// [6-2] 기본 정보를 그리는 함수를 선언한다
void DrawScreen()
{

    ...

    // [6-2-2] 지도의 1번째 행을 그린다
    printf("%d년　～～～～～～～～～～～～～　　　　　　～\n",
        year);  // 년
```

```
    // [6-2-3] 지도의 2번째 행을 그린다
    printf("　　　　　～～～～～～～～～～～～～～ %d%.4s%d　～\n",

        // 요네자와성의 성 번호
        CASTLE_YONEZAWA,

        // 요네자와성의 이름
        castles[CASTLE_YONEZAWA].name,

        // 요네자와성의 병력 수
        castles[CASTLE_YONEZAWA].troopCount);
```

```c
// [6-2-4] 지도의 3번째 행을 그린다
printf("~~~~~~~~~~~~~~~~~~~~%d%.4s%d  %.4s  ~~\n",

    // 가스가야마성의 성 번호
    CASTLE_KASUGAYAMA,

    // 가스가야마성의 이름
    castles[CASTLE_KASUGAYAMA].name,

    // 가스가야마성의 병력 수
    castles[CASTLE_KASUGAYAMA].troopCount,

    // 요네자와성의 성씨
    lords[castles[CASTLE_YONEZAWA].owner].familyName);
```

```c
// [6-2-5] 지도의 4번째 행을 그린다
printf("~~~~~~~~~~~~~~~~ ~~%.4s        ~~\n",

    // 가스가야마성의 성씨
    lords[castles[CASTLE_KASUGAYAMA].owner].familyName);
```

```c
// [6-2-6] 지도의 5번째 행을 그린다
printf("~~~~~~~~~~~~~~ ~            ~~\n");
```

```c
// [6-2-7] 지도의 6번째 행을 그린다
printf("~~~~~~~~~~~~~         %d%.4s%d    ~~\n",

    // 쓰쓰지가사키관의 성 번호
    CASTLE_TSUTSUJIGASAKI,

    // 쓰쓰지가사키관의 이름
    castles[CASTLE_TSUTSUJIGASAKI].name,

    // 쓰쓰지가사키관의 병력 수
    castles[CASTLE_TSUTSUJIGASAKI].troopCount);
```

```
// [6-2-8] 지도의 7번째 행을 그린다
printf("~ ~ ~ ~ ~ ~ ~ ~ ~ ~ ~ ~             %.4s        ~ ~ ~\n",


    // 쓰쓰지가사키관 성주의 성씨
    lords[castles[CASTLE_TSUTSUJIGASAKI].owner].familyName);
```

```
// [6-2-9] 지도의 8번째 행을 그린다
printf("~ ~ ~ ~ ~ ~            %d%.4s%d                ~ ~ ~\n",

    // 기후성의 성 번호
    CASTLE_GIFU,


    // 기후성의 이름
    castles[CASTLE_GIFU].name,


    // 기후성의 병력 수
    castles[CASTLE_GIFU].troopCount);
```

```
// [6-2-10] 지도의 9번째 행을 그린다
printf("~ ~ ~ ~   %d%.4s%d   %d%.4s%d  %.4s       %d%.4s%d  ~ ~ ~\n",

    // 요시다고리야마성의 성 번호
    CASTLE_YOSHIDAKORIYAMA,


    // 요시다고리야마성의 이름
    castles[CASTLE_YOSHIDAKORIYAMA].name,


    // 요시다고리야마성의 병력 수
    castles[CASTLE_YOSHIDAKORIYAMA].troopCount,


    // 니조성의 성 번호
    CASTLE_NIJO,


    // 니조성의 이름
    castles[CASTLE_NIJO].name,
```

```
// 니조성의 병력 수
castles[CASTLE_NIJO].troopCount,

// 기후성 성주의 성
lords[castles[CASTLE_GIFU].owner].familyName,

// 오다와라성의 성 번호
CASTLE_ODAWARA,

// 오다와라성의 이름
castles[CASTLE_ODAWARA].name,

// 오다와라성의 병력 수
castles[CASTLE_ODAWARA].troopCount);
```

```
// [6-2-11] 지도의 10번째 행을 그린다
printf("~ ~ ~     %.4s    %.4s  ~     %d%.4s%d %.4s ~ ~ ~ ~ ~\n",

// 요시다고리야마성의 성주의 성씨
lords[castles[CASTLE_YOSHIDAKORIYAMA].owner].familyName,

// 니조성 성주의 성씨
lords[castles[CASTLE_NIJO].owner].familyName,

// 오카자키성의 성 번호
CASTLE_OKAZAKI,

// 오카자키성의 이름
castles[CASTLE_OKAZAKI].name,

// 오카자키성의 병력 수
castles[CASTLE_OKAZAKI].troopCount,

// 오다와라성 성주의 성씨
lords[castles[CASTLE_ODAWARA].owner].familyName);
```

```
// [6-2-12] 지도의 11번째 행을 그린다
printf("~~ ~~~~~~~        ~ %.4s~  ~ ~~~~~\n",

    // 오카자키성 성주의 성씨
    lords[castles[CASTLE_OKAZAKI].owner].familyName);
```

```
// [6-2-13] 지도의 12번째 행을 그린다
printf("~    ~ %d%.4s%d ~    ~~~~~~~~~~~\n",

    // 오코성의 성 번호
    CASTLE_OKO,

    // 오코성의 이름
    castles[CASTLE_OKO].name,

    // 오코성의 병력 수
    castles[CASTLE_OKO].troopCount);
```

```
// [6-2-14] 지도의 13번째 행을 그린다
printf("~    ~ %.4s ~~  ~~~~~~~~~~~~~~~\n",

    // 오코성 성주의 성씨
    lords[castles[CASTLE_OKO].owner].familyName);
```

```
// [6-2-15] 지도의 14번째 행을 그린다
printf("~%d%.4s%d~~~~~~~~~~~~~~~~~~~~~~~\n",

    // 우찌성의 성 번호
    CASTLE_UCHI,

    // 우찌성의 이름
    castles[CASTLE_UCHI].name,

    // 우찌성의 병력 수
    castles[CASTLE_UCHI].troopCount);
```

```
// [6-2-16] 지도의 15번째 행을 그린다
printf("~%.4s~~~~~~~~~~~~~~~~~~~~~~~~~~\n",

        // 우찌성 성주의 성씨
        lords[castles[CASTLE_UCHI].owner].familyName);
```

```
// [6-2-17] 지도의 16번째 행을 그린다
printf("~~~~~~~~~~~~~~~~~~~~~~~~~~~~~\n");
```

```
// [6-2-18] 1행 비워둔다
printf("\n");
}
```

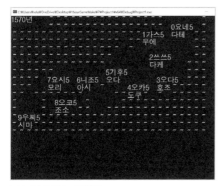

실행하면 샘플과 같은 지도가 그려 집니다.

■ 정식 지도가 그려진다

각 성의 행동 루프를 작성한다

기본적인 그림이 완성되었으니 다음은 게임의 진행 부분을 작성하겠습니다. 이 게임은 성마다 턴제로 진행합니다. 각 성이 차례대로 행동하고, 한 바퀴 돌면 다음해가 되는 흐름입니다.

행동 순서를 랜덤으로 설정한다

턴이 돌아오는 순서에 따라 유불리가 있습니다. 그래서 턴이 돌아오는 순서를 랜 덤으로 설정하겠습니다.

메인 루프의 맨 처음에 턴 순서를 보유하는 테이블 변수 turnOrder를 선언하고 0부터 순서대로 임시 번호를 설정합니다.

```
// [6-5-5] 메인 루프
while (1)
{
    int turnOrder[CASTLE_MAX];   // [6-5-6] 턴 순서의 테이블을 선언한다

    // [6-5-7] 턴 순서를 초기화한다
    for (int i = 0; i < CASTLE_MAX; i++)
    {
        turnOrder[i] = i;// [6-5-8] 턴 순서를 초기화한다
    }
}
```

난수를 섞는데 필요한 표준 라이브러리 헤더 <stdlib.h>와 난수의 시드에 사용하 는 현재 시각을 얻기 위해서 시간 관리 헤더 <time.h>를 인클루드합니다.

```
// [1] 헤더를 인클루드하는 곳

#include <stdio.h>      // [1-1] 표준 입출력 헤더를 인클루드한다
#include <stdlib.h>     // [1-2] 표준 라이브러리 헤더를 인클루드한다
#include <time.h>       // [1-3] 시간 관리 헤더를 인클루드한다
```

main() 함수에 들어간 직후에 현재 시각을 시드로 하여 난수를 섞습니다.

```
// [6-5] 프로그램 실행의 시작점을 선언한다
int main()
{
    srand((unsigned int)time(NULL));// [6-5-1] 난수를 섞는다
```

```
    ...
}
```

턴 순서를 교체하기 위해서 알고리즘 헤더 <algorithm>을 인클루드합니다.

```
// [1] 헤더를 인클루드하는 곳
...
#include <algorithm>        // [1-6] 알고리즘 헤더를 인클루드한다
```

모든 성을 반복하여 각 성의 순서를 다른 랜덤한 성의 순서와 바꿉니다.

```
// [6-5-5] 메인 루프
while (1)
{
    ...
        // [6-5-9] 모든 성을 대상으로 반복한다
        for (int i = 0; i < CASTLE_MAX; i++)
        {
                // [6-5-10] 턴을 랜덤으로 바꾼다
                std::swap(turnOrder[i], turnOrder[rand() % CASTLE_MAX]);
        }
}
```

이제 턴의 차례가 랜덤이 되었습니다.

각 성별로 돌아가며 턴을 진행한다

모든 성을 턴 순서대로 반복합니다. 우선은 성의 수만큼 반복합니다.

```
// [6-5-5] 메인 루프
while (1)
{
    ...
        // [6-5-11] 모든 턴을 반복한다
        for (int i = 0; i < CASTLE_MAX; i++)
        {
```

```
        }
    }
}
```

키보드 입력 대기 상태로 전환하기 위해서 콘솔 입출력 헤더 <conio.h>를 인클루드합니다.

```
// [1] 헤더를 인클루드하는 곳
...
#include <conio.h>          // [1-4] 콘솔 입출력 헤더를 인클루드한다
#include <algorithm>        // [1-6] 알고리즘 헤더를 인클루드한다
```

화면을 다시 그린 후 키보드 입력 대기 상태로 전환합니다.

```
// [6-5-11] 모든 턴을 반복한다
for (int i = 0; i < CASTLE_MAX; i++)
{
    DrawScreen();// [6-5-12] 기본 정보 화면을 그린다

    _getch();// [6-5-89] 키보드 입력을 기다린다
}
```

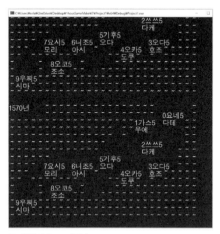

실행하면 앞서 표시한 것에 계속해서 그려지기 때문에 표시가 흐트러집니다.

■ 연속으로 그려진다

그래서 화면을 그리기 전에 화면을 클리어합니다.

```
// [6-2] 기본 정보를 그리는 함수를 선언한다
void DrawScreen()
{
    system("cls");// [6-2-1] 화면을 클리어한다

    ...

}
```

실행하면 이번에는 앞서 표시한 것이
클리어되어, 정상적으로 그려집니다.

■ 정상적으로 그려진다

■ 턴 순서를 표시한다 📓❖ -

턴 순서가 랜덤으로 되어 있는지 확인하기 위해 턴 순서를 표시하겠습니다. 우선
은 턴 수만큼 반복합니다.

```
// [6-5-11] 모든 턴을 반복한다
for (int i = 0; i < CASTLE_MAX; i++)
{
    DrawScreen();// [6-5-12] 기본 정보 화면을 그린다

    // [6-5-13] 모든 턴을 반복한다
    for (int j = 0; j < CASTLE_MAX; j++)
    {
    }

    _getch();// [6-5-89] 키보드 입력을 기다린다
}
```

각 성의 이름 앞 2글자를 턴 순서대로 표시합니다.

```
// [6-5-13] 모든 턴을 반복한다
for (int j = 0; j < CASTLE_MAX; j++)
{
    // [6-5-15] 각 턴의 성 이름을 그린다
    printf("%.4s", castles[turnOrder[j]].name);
}
```

실행하면 턴 순으로 성 이름이 표시되지만, 분리되지 않아 알아보기 어렵습니다.

■ 성 이름이 턴 순으로 표시된다

그래서 각 성의 이름 앞에 구분자를 표시합니다. 현재 턴의 성은 커서 「>」로, 그 밖의 성은 전각 공백 「　」으로 표시합니다.

```
// [6-5-13] 모든 턴을 반복한다
for (int j = 0; j < CASTLE_MAX; j++)
{
    // [6-5-14] 현재 턴의 성에 커서를 그린다
    printf("%s", (j == i) ? ">" : "　");

    ...
}
```

실행하면 각 성의 이름 앞에 현재 턴의 성에는 커서가, 그 밖의 성에는 공백이 그려집니다.

■ 성 이름의 앞에 커서와 공백이 표시된다

성 목록 표시가 끝나면 다음 출력에 대비하여 줄바꿈을 해둡니다.

```
// [6-5-11] 모든 턴을 반복한다
for (int i = 0; i < CASTLE_MAX; i++)
{
    ...

    // [6-5-16] 줄바꿈하여 1행 비운다
    printf("\n\n");

    _getch();// [6-5-89] 키보드 입력을 기다린다
}
```

실행하면 키보드를 누를 때마다 턴이 진행되고, 한 바퀴 돌면 다시 턴이 섞이지만, 턴이 한 바퀴 돌아도 연도가 넘어가지 않습니다. 그래서 턴이 한 바퀴 돈 후에 연도를 증가시키겠습니다.

```
// [6-5-5] 메인 루프
while (1)
{
    ...

    year++;// [6-5-103] 연도를 증가시킨다
}
```

실행하여 턴을 한 바퀴 돌리면 연도가 증가됩니다. 이제 턴을 제어할 수 있습니다.

▪ 각 턴의 공통 메시지를 표시한다 ▐✦ – – – – – – – – – – – – – – – – – – –

현재 어느 성의 턴인지 알려주는 메시지를 표시합니다. 현재 턴이 진행중인 성의
번호를 변수 currentCastle에 설정합니다.

```
// [6-5-11] 모든 턴을 반복한다
for (int i = 0; i < CASTLE_MAX; i++)
{

    ...

    // [6-5-17] 현재 턴의 성 번호를 선언한다
    int currentCastle = turnOrder[i];

    _getch();// [6-5-89] 키보드 입력을 기다린다
}
```

현재 어떤 성의 턴이며 성을 소유하는 다이묘를 알 수 있는 메시지를 표시합니다.
여기서는 각 성에서 차례대로 전략 회의가 이뤄지고 있다는 메시지를 표시하기로
정했습니다.

```
// [6-5-11] 모든 턴을 반복한다
for (int i = 0; i < CASTLE_MAX; i++)
{

    ...

    // [6-5-18] 메시지를 표시한다
    printf("%s 가문의  %s  전략 회의...\n",
        lords[castles[currentCastle].owner].familyName,   // 성주의 성씨
        castles[currentCastle].name);                      // 성의 이름

    printf("\n");// [6-5-19] 1행 비운다

    _getch();// [6-5-89] 키보드 입력을 기다린다
}
```

실행하면 턴 메시지가 표시됩니다.

■ 턴 메시지가 표시된다

플레이어의 다이묘를 선택할 수 있게 만든다

게임을 시작할 때 플레이어가 담당하는 다이묘를 선택할 수 있게 만들겠습니다.

플레이어의 다이묘 선택 단계로 넘어간다

우선 첫 화면 표시가 끝나면 키보드 입력 대기 상태로 만듭니다.

```
// [6-3] 게임을 초기화하는 함수를 선언한다
void Init()
{
    ...

    _getch();// [6-3-14] 키보드 입력을 기다린다
}
```

키보드 대기 상태에 들어가기 전에 선택하는 다이묘 번호의 입력을 요청하는 메시지를 표시합니다.

```
// [6-3] 게임을 초기화하는 함수를 선언한다
void Init()
```

```
{
    ...

    // [6-3-7] 다이묘 선택을 는 메시지를 표시한다
    printf("주군님, 우리 성은\n"
        "이 지도의 어디에 있습니까? ! (0~%d)\n",
        CASTLE_MAX - 1);        // 성 번호의 최댓값

    printf("\n");// [6-3-8] 1행 비운다

    _getch();// [6-3-14] 키보드 입력을 기다린다
}
```

실행하면 다이묘 선택을 요청하는
메시지가 표시됩니다.

■ 성의 선택을 요청하는 메시지가 표시된다

플레이어가 담당할 다이묘를 선택한다

다음으로 키보드 입력으로 성을 선택하게 만들겠습니다. 성 번호는 성주의 다이묘
번호와 연결된 설정이므로 성을 선택하면 그 성주의 다이묘를 선택하게 됩니다.

　우선 선택된 성을 보유하는 변수 selectedCastle을 선언하고 성 번호를 입력합
니다. 범위 내의 성 번호가 입력될 때까지 루프합니다.

```
// [6-3] 게임을 초기화하는 함수를 선언한다
void Init()
{
    ...

    // [6-3-9] 선택된 성을 보유하는 변수를 선언한다
    int selectedCastle;
```

```
// [6-3-10] 범위 내의 성 번호가 입력될 때까지 반복한다
do {
    selectedCastle = _getch() - '0';// [6-3-11] 성 번호를 입력한다
} while ((selectedCastle < 0) || (selectedCastle >= CASTLE_MAX));

_getch();// [6-3-14] 키보드 입력을 기다린다
}
```

실행하여 0~9의 키가 입력되면 다음 단계로 진행하지만 그 밖의 키는 눌러도 반응하지 않습니다.

다음으로 다음 플레이어가 어떤 다이묘를 선택했는지를 보유하는 변수 playerLord를 선언합니다.

```
// [5] 변수를 선언하는 곳
...

int playerLord;// [5-4] 플레이어의 다이묘를 선언한다
```

선택된 성의 성주를 플레이어의 다이묘로서 변수 playerLord에 설정합니다.

```
// [6-3] 게임을 초기화하는 함수를 선언한다
void Init()
{
    ...

    // [6-3-12] 선택한 성의 성주를 플레이어 다이묘로 한다
    playerLord = castles[selectedCastle].owner;

    _getch();// [6-3-14] 키보드 입력을 기다린다
}
```

입력이 완료되었으므로 선택된 성과 담당하는 다이묘와 게임의 목적을 전하는 메시지를 표시합니다.

```
// [6-3] 게임을 초기화하는 함수를 선언한다
void Init()
{

    ...

    // [6-3-13] 결정한 다이묘를 통지하는 메시지를 표시한다
    printf("%s님, %s에서 천하 통일을\n 목표로 합시다！\n",
        lords[playerLord].firstName,    // 선택된 다이묘의 이름
        castles[playerLord].name);       // 선택된 성의 이름

    _getch();// [6-3-14] 키보드 입력을 기다린다
}
```

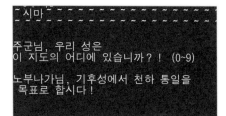

■ 선택 내용의 확인 메시지가 표시된다

실행하여 성의 번호를 입력하면 결정 내용대로 다이묘와 성을 표시하는 메시지가 표시됩니다. 키보드 입력으로 진행하면 게임의 메인 루프에 들어갑니다.

이 게임의 유일한 명령인「진군」명령을 구현하겠습니다. 진군은 인접하는 성으로만 가능하며, 진군 목표지가 적의 성이면 공성전이 발생하고, 아군의 성이면 군사를 이동시킵니다.

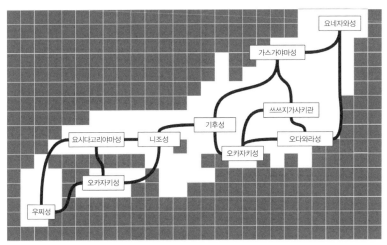

■ 성의 연결

성 간 연결 데이터를 작성한다

입력된 진군 작전의 성으로 이동할 수 있는지 판정하기 위해 각 성이 어느 성과 연결되어 있는지를 보유하는 데이터를 작성합니다. 우선 동적 배열을 사용하기 위해서 벡터 헤더 <vector>를 인클루드합니다.

```
// [1] 헤더를 인클루드하는 곳
...
#include <vector>        // [1-5] 벡터 헤더를 인클루드한다
#include <algorithm>     // [1-6] 알고리즘 헤더를 인클루드한다
```

성 구조체 CASTLE에 연결된 성의 동적 배열 멤버 변수 connectedCastles를 추가합니다.

```
// [4-2] 성 구조체를 선언한다
typedef struct {
    ...
    std::vector<int>    connectedCastles;    // [4-2-4] 연결된 성 리스트
} CASTLE;
```

성 배열 castles의 선언에서 성의 연결 정보를 추가합니다.

```
// [5-2] 성 배열을 선언한다
CASTLE castles[CASTLE_MAX] =
{
    // [5-2-1] CASTLE_YONEZAWA    요네자와성
    {
        ...

        // std::vector<int> connectedCastles    연결된 성 리스트
        {
            CASTLE_KASUGAYAMA,    // 가스가야마성
            CASTLE_ODAWARA        // 오다와라성
        }
    },
```

```
    // [5-2-2] CASTLE_KASUGAYAMA 가스가야마성
    {
        ...

        // std::vector<int> connectedCastles    연결된 성 리스트
        {
            CASTLE_YONEZAWA,          // 요네자와성
            CASTLE_TSUTSUJIGASAKI,    // 쓰쓰지가사키관
            CASTLE_GIFU               // 기후성
        }
    },
```

제 7 장 **전국 시뮬레이션 게임** 히데요시도 깜짝 놀랄걸! 하룻밤 사이에 전국 시뮬레이션

```cpp
// [5-2-3] CASTLE_TSUTSUJIGASAKI 쓰쓰지가사키관
{
    ...

    // std::vector<int> connectedCastles     연결된 성 리스트
    {
        CASTLE_KASUGAYAMA,    // 가스가야마성
        CASTLE_ODAWARA,       // 오다와라성
        CASTLE_OKAZAKI        // 오카자키성
    }
},
```

```cpp
// [5-2-4] CASTLE_ODAWARA     오다와라성
{
    ...

    // std::vector<int> connectedCastles     연결된 성 리스트
    {
        CASTLE_YONEZAWA,          // 요네자와성
        CASTLE_TSUTSUJIGASAKI,    // 쓰쓰지가사키관
        CASTLE_OKAZAKI            // 오카자키성
    }
},
```

```cpp
// [5-2-5] CASTLE_OKAZAKI     오카자키성
{
    ...

    // std::vector<int> connectedCastles     연결된 성 리스트
    {
        CASTLE_TSUTSUJIGASAKI,    // 쓰쓰지가사키관
        CASTLE_ODAWARA,           // 오다와라성
        CASTLE_GIFU               // 기후성
    }
},
```

```
// [5-2-6] CASTLE_GIFU    기후성
{

    ...

    // std::vector<int> connectedCastles      연결된 성 리스트
    {

        CASTLE_KASUGAYAMA,   // 가스가야마성
        CASTLE_OKAZAKI,      // 오카자키성
        CASTLE_NIJO          // 니조성
    }
},
```

```
// [5-2-7] CASTLE_NIJO    니조성
{

    ...

    // std::vector<int> connectedCastles      연결된 성 리스트
    {

        CASTLE_GIFU,              // 기후성
        CASTLE_YOSHIDAKORIYAMA,   // 요시다고리야마성
        CASTLE_OKO                // 오코성
    }
},
```

```
// [5-2-8] CASTLE_YOSHIDAKORIYAMA    요시다고리야마성
{

    ...

    // std::vector<int> connectedCastles      연결된 성 리스트
    {

        CASTLE_NIJO,   // 니조성
        CASTLE_OKO,    // 오코성
        CASTLE_UCHI    // 우찌성
    }
},
```

```
// [5-2-9] CASTLE_OKO      오코성
{
    ...

    // std::vector<int> connectedCastles    연결된 성 리스트
    {
        CASTLE_NIJO,              // 니조성
        CASTLE_YOSHIDAKORIYAMA,   // 요시다고리야마성
        CASTLE_UCHI               // 우찌성
    }
},
```

```
// [5-2-10] CASTLE_UCHI   우찌성
{
    ...

    // std::vector<int> connectedCastles    연결된 성 리스트
    {
        CASTLE_YOSHIDAKORIYAMA,   // 요시다고리야마성
        CASTLE_OKO                // 오코성
    }
}
};
```

이것으로 성끼리의 연결 정보가 설정되었습니다.

진군할 성을 키보드로 입력한다

진군 명령의 입력은 플레이어만 합니다. 그래서 턴 중인 다이묘가 플레이어의 다
이묘인지 여부를 확인하는 분기를 추가합니다.

```
// [6-5-11] 모든 턴을 반복한다
for (int i = 0; i < CASTLE_MAX; i++)
{
    ...
```

```
// [6-5-20] 현재 성의 성주가 플레이어인지 판정한다
if (castles[currentCastle].owner == playerLord)
{
}

// [6-5-52] 현재 성의 성주가 플레이어가 아니면
else
{
}

_getch();// [6-5-89] 키보드 입력을 기다린다
```

플레이어의 턴에서 진군할 성의 번호를 입력하도록 요청하는 메시지를 표시합니다.

```
// [6-5-20] 현재 성의 성주가 플레이어인지 판정한다
if (castles[currentCastle].owner == playerLord)
{
    // [6-5-21] 진군할 성의 지정을 요청하는 메시지를 표시한다
    printf("%s님, 어디로 진군하시겠습니까?\n",
        lords[castles[currentCastle].owner].firstName);

    printf("\n");// [6-5-22] 1행 비운다
}
```

실행하여 플레이어의 턴이 돌아오면 진군할 성의 번호를 입력하도록 요청하는 메시지가 표시됩니다.

■ 진군 목표의 입력을 요청하는 메시지가 표시된다

여기서 플레이어가 어느 성으로 이동할 수 있는지 알 수 있도록 이동할 수 있는 성의 번호와 이름을 나열합니다.

제 7 장 **전국 시뮬레이션 게임** 히데요시도 깜짝 놀랄걸! 하룻밤 사이에 전국 시뮬레이션

```
// [6-5-20] 현재 성의 성주가 플레이어인지 판정한다
if (castles[currentCastle].owner == playerLord)
{
    ...

    // [6-5-23] 모든 연결된 성을 반복한다
    for (int j = 0; j < (int)castles[currentCastle].connectedCastles.size();
j++)
    {
        // [6-5-24] 연결된 성 번호와 이름을 표시한다
        printf("%d %s\n",
            castles[currentCastle].connectedCastles[j],
            castles[castles[currentCastle].connectedCastles[j]].name);
    }

    printf("\n");// [6-5-25] 1행 비운다
}
```

```
~시마~~~~~~~~~~~~~~~~~~~~~~~~

  요네   가스   쓰쓰   오다   오카>기후   니조
오다 가문의   기후성   전략 회의…

노부나가님, 어디로 진군하시겠습니까?

1 가스가야마성
4 오카자키성
6 니조성
```

실행하여 플레이어의 턴이 돌아오면
연결된 성의 목록이 표시됩니다.

■ 진군할 수 있는 곳의 목록이 표시된다

진군할 성의 번호를 입력하고, 변수 targetCastle에 설정합니다. 만약 연결된 성의
번호 이외의 번호가 입력되면 이동을 취소하는 것으로 간주하여 연결된 성의 번호
가 입력되지 않아도 처리를 진행합니다.

```
// [6-5-20] 현재 성의 성주가 플레이어인지 판정한다
if (castles[currentCastle].owner == playerLord)
{
```

```
...

    // [6-5-26] 진군 목표의 성을 입력하여 선언한다
    int targetCastle = _getch() - '0';
}
```

다음으로 입력된 성 번호 targetCastle이 연결된 성의 번호인지 판정합니다.

연결되어 있는지 보유하는 플래그 변수 isConnected를 선언하고, 「연결되지 않음」이라는 값 false로 초기화합니다. 모든 연결된 성을 체크하고 입력된 성 번호와 일치하는 것이 발견되면 「연결된 성의 번호가 입력되었다」고 판정하고, true를 설정합니다.

```
// [6-5-20] 현재 성의 성주가 플레이어인지 판정한다
if (castles[currentCastle].owner == playerLord)
{
    ...

        // [6-5-27] 현재 성과 대상 성이 연결되어 있는지 보유하는 플래그를 선언한다
        bool isConnected = false;

        // [6-5-28] 현재 성과 연결된 모든 성을 반복한다
        for (int castle : castles[currentCastle].connectedCastles)
        {
            // [6-5-29] 대상 성과 연결이 확인되면
            if (castle == targetCastle)
            {
                isConnected = true;// [6-5-30] 연결의 유무 플래그를 true로 설정한다

                break;// [6-5-31] 반복을 빠져나온다
            }
        }
}
```

입력된 번호 targetCastle이 연결된 성의 번호가 아니면 진군 명령을 취소했음을 알리는 메시지를 표시하여 그 후의 처리를 스킵합니다.

```
// [6-5-20] 현재 성의 성주가 플레이어인지 판정한다
if (castles[currentCastle].owner == playerLord)
{

    ...

    // [6-5-32] 연결된 성이 선택되지 않으면
    if (!isConnected)
    {
        // [6-5-33] 진군을 취소하는 메시지를 표시한다
        printf("진군을 취소했습니다\n");

        _getch();// [6-5-34] 키보드 입력을 기다린다

        continue;// [6-5-35] 다음 군주의 전략 회의로 건너뛴다
    }
}
```

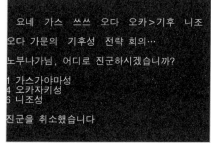

■ 진군 취소 메시지가 표시된다

실행하여 진군 목표의 입력란에 연결된 성의 번호 이외의 번호를 입력하면 진군이 취소되었다는 메시지가 표시되고, 다음 성으로 턴이 돌아갑니다. 연결된 성의 번호가 입력된 경우에는 아직 처리가 구현되지 않았기 때문에 아무 일도 일어나지 않고 다음 성으로 턴이 돌아갈 뿐입니다.

진군 병력 수를 키보드로 입력한다

연결된 성이 지정되면 진군할 병력 수를 입력해야 합니다. 이 장의 게임은 0~9까지의 1자릿수의 수치 밖에 표시·입력을 할 수 없는 사양이므로, 각 성의 최대 병력 수를 9단위(9,000명)까지로 합니다. 그래서 최대 병력 수 TROOP_MAX를 상수로 정의합니다.

```
// [2] 상수를 정의하는 곳

#define TROOP_BASE      (5)       // [2-1] 기본 병력 수를 정의한다
#define TROOP_MAX       (9)       // [2-2] 최대 병력 수를 정의한다
#define START_YEAR      (1570)    // [2-4] 시작 연도를 정의한다
```

이동 가능한 최대 병력 수를 보유하는 변수 troopMax를 선언하고 현재 성의 병력 수로 초기화합니다.

```
// [6-5-20] 현재 성의 성주가 플레이어인지 판정한다
if (castles[currentCastle].owner == playerLord)
{
    ...

    // [6-5-36] 현재 성의 병력 수를 최대 진군 수로 선언한다
    int troopMax = castles[currentCastle].troopCount;
}
```

이동 목적지가 적의 성이면 전 병력을 진군시킬 수 있지만, 아군의 성이면 이동 목적지 성의 잔여 수용 가능 병력 수 이상은 이동할 수 없습니다. 그래서 우선 이동 목적지가 아군의 성인지 판정합니다.

```
// [6-5-20] 현재 성의 성주가 플레이어인지 판정한다
if (castles[currentCastle].owner == playerLord)
{
    ...

    // [6-5-37] 진군 목적지가 플레이어의 성인지 판정한다
    if (castles[targetCastle].owner == playerLord)
    {
    }
}
```

이동 목적지가 아군의 성이면 이동 목적지 성의 잔여 수용 가능 병력 수를 변수 targetCapacity에 설정합니다.

```
// [6-5-37] 진군 목적지가 플레이어의 성인지 판정한다
if (castles[targetCastle].owner == playerLord)
{
    // [6-5-38] 진군 목적지 성의 잔여 수용 가능 병력 수를 선언한다
    int targetCapacity = TROOP_MAX - castles[targetCastle].troopCount;
}
```

이동 가능한 최대 병력 수를 이동 출발지 성에서 출병 가능한 최대 병력 수 troop
Max와 이동 목적지 성의 잔여 수용 가능 병력 수 targetCapacity 중 적은 쪽으로
설정합니다.

```
// [6-5-37] 진군 목적지가 플레이어의 성인지 판정한다
if (castles[targetCastle].owner == playerLord)
{
    ...
    // [6-5-39] 현재 성의 병력 수나 진군 목적지의 잔여 수용 가능 병력 수 중에서 적은 쪽을 최대 진
    군 병력 수로 한다
    troopMax = std::min(troopMax, targetCapacity);
}
```

선택된 진군 목적지 성의 이름과 진군 가능한 병력 수 troopMax와 진군하는 병
력 수의 입력을 요청하는 메시지를 표시합니다.

```
// [6-5-20] 현재 성의 성주가 플레이어인지 판정한다
if (castles[currentCastle].owner == playerLord)
{
    ...
    // [6-5-40] 입력된 성을 통지하고, 이동하는 병력 수의 입력을 요청하는 메시지를 표시한다
    printf("%s에 몇 명 진군하시겠습니까?(0~%d)\n",
        castles[targetCastle].name,    // 진군 목적지 성의 이름
        troopMax);                      // 진군 병력 수
}
```

실행하여 이동 목적지의 성을 선택하면 선택된 성의 이름과 진군하는 병력 수를 입력을 요청하는 메시지가 표시됩니다.

■ 병력 수의 입력을 요청하는 메시지가 표시된다

다음으로 입력된 병력 수를 보유하는 변수 troopCount를 선언하고 병력 수를 입력합니다. 범위 내의 값이 입력될 때까지 루프합니다.

```
// [6-5-20] 현재 성의 성주가 플레이어인지 판정한다
if (castles[currentCastle].owner == playerLord)
{

    ...

    // [6-5-41] 진군 병력 수를 선언한다
    int troopCount;

    // [6-5-42] 범위 내의 병력 수가 입력될 때까지 반복한다
    do {
        troopCount = _getch() - '0';// [6-5-43] 진군 병력 수를 입력한다
    } while ((troopCount < 0) || (troopCount > troopMax));
}
```

이동하는 병력 수 troopCount가 결정되면 진군하는 성에서 이동하는 병력 수 troopCount만큼 뺍니다.

```
// [6-5-20] 현재 성의 성주가 플레이어인지 판정한다
if (castles[currentCastle].owner == playerLord)
{

    ...

    // [6-5-44] 현재 성의 병력 수를 이동하는 만큼 뺀다
    castles[currentCastle].troopCount -= troopCount;
}
```

이동 목적지가 아군의 성이면 이동 목적지 성의 병력 수에 이동하는 병력 수 troopCount를 추가합니다.

```
// [6-5-20] 현재 성의 성주가 플레이어인지 판정한다
if (castles[currentCastle].owner == playerLord)
{
    ...

        // [6-5-45] 이동 목적지가 플레이어의 성이면
        if (castles[targetCastle].owner == playerLord)
        {
            // [6-5-46] 진군 목적지의 성 병력 수에 이동 병력 수를 더한다
            castles[targetCastle].troopCount += troopCount;
        }
}
```

다음으로 이동한 결과를 알려주는 메시지를 표시합니다. 이 장의 게임에서는 병력 수 「1」을 1,000명으로 간주합니다. 그래서 병력 수 단위의 매크로 TROOP_UNIT 을 정의합니다.

```
// [2] 상수를 정의하는 곳
...
#define TROOP_UNIT      (1000)  // [2-3] 병력 수 단위를 정의한다
#define START_YEAR      (1570)  // [2-4] 시작 연도를 정의한다
```

1행을 줄바꿈하고 나서 결정된 진군 목적지와 진군하는 병력 수를 알리는 메시지 를 표시합니다. 아군의 성으로 이동하는 경우와 적의 성으로 공격하는 경우 두 가 지로 표시되는 메시지가 나뉩니다.

```
// [6-5-20] 현재 성의 성주가 플레이어인지 판정한다
if (castles[currentCastle].owner == playerLord)
{
    ...

    // [6-5-47] 줄바꿈한다
    printf("\n");
```

```
// [6-5-48] 입력된 진군 병력 수를 통지한다
printf("%s에  %d명%s",
       castles[targetCastle].name,       // 진군 목적지 성의 이름
       troopCount * TROOP_UNIT,          // 진군 병력 수

       // 진군 목적지 성의 성주가 플레이어인지 판정한다
       (castles[targetCastle].owner == playerLord)
          ? "  이동했습니다"              // 플레이어의 성이면
          : "으로 출진이다~！！");        // 적의 성이면
}
```

요네 가스 쓰쓰 오다 오카>기후 니조 요시
오다 가문의 기후성 전략 회의…
노부나가님, 어디로 진군하시겠습니까?

1 가스가야마성
4 오카자키성
6 니조성
니조성에 몇 명 진군하시겠습니까? (0-5)
니조성에 5000명으로 출진이다~！！

■ 병력을 이동하는 메시지가 표시된다

실행하여 적 측 성으로 진군하면 진군의 내용을 알리는 메시지가 표시됩니다. 그러나 적 측 성에 공격해도 출진하는 곳의 병력 수가 줄어들 뿐 전투는 일어나지 않습니다.

공성전을 구현한다

적의 성에 진군했을 경우 일어나야 할 공성전을 구현하겠습니다. 공격 측과 수비 측의 병력이 서로 전투하여, 어느 한쪽이 전멸하면 승부가 납니다. 공격 측이 이기면 그 성은 공격 측의 것이 됩니다.

공성전을 발생시킨다

우선 공성전 처리를 담당할 함수 Siege를 선언합니다. 인수 _offensiveLord는 공격한 다이묘의 번호, _offensiveTroopCount는 공격한 병력 수, _castle은 공격당한 성의 번호입니다.

```
// [6] 함수를 선언하는 곳
...


// [6-4] 공성전의 함수를 선언한다
void Siege(
    int _offensiveLord,         // 공격한 다이묘
    int _offensiveTroopCount,   // 공격한 병력 수
    int _castle)                // 공격당한 성
{
}
```

진군 목적지가 플레이어의 성이 아닌 경우, 키보드 입력을 기다린 후 공성전 함수 Siege를 호출하여 공성전을 발생시킵니다.

```
// [6-5-20] 현재 성의 성주가 플레이어인지 판정한다
if (castles[currentCastle].owner == playerLord)
{

    ...

    // [6-5-49] 진군 목적지가 적 측 성인지 판정한다
    if (castles[targetCastle].owner != playerLord)
    {
        _getch();// [6-5-50] 키보드 입력을 기다린다

        // [6-5-51] 공성전 함수를 호출한다
        Siege(
            playerLord,     // int _offensiveLord       공격한 다이묘
            troopCount,     // int _offensiveTroopCount 공격한 병력 수
            targetCastle);  // int _castle              공격당한 성
    }
}
```

이제 플레이어가 적 측 성을 공격하면 공성전이 이뤄지게 됩니다.

첫 메시지를 표시한다

공성전이 시작되면 화면을 클리어하여 전투 이름을 표시하고, 키보드 입력 대기
상태로 만듭니다.

```
// [6-4] 공성전의 함수를 선언한다
void Siege(...)
{
    system("cls");// [6-4-1] 화면을 클리어한다

    // [6-4-2] 공성전의 이름을 표시한다
    printf("~%s 전투~\n", castles[_castle].name);

    printf("\n");// [6-4-3] 1행 비운다

    _getch();// [6-4-7] 키보드 입력을 기다린다
}
```

실행하여 다른 다이묘의 성으로 진군하
면 공성전이 발생하여 전투 이름이 표시
됩니다.

■ 공성전의 시작 메시지가 표시된다

공성전 전투를 구현한다

공성전 전투는 턴제로 진행하며 랜덤으로 어느 한쪽의 병력을 1단위(1000명)씩
줄입니다. 전투는 어느 한쪽의 병력이 전멸할 때까지 루프하기 때문에 우선 무한
루프에 들어갑니다.

```
// [6-4-5] 무한 루프한다
while (1)
{
    _getch();// [6-4-7] 키보드 입력을 기다린다
}
```

수비 측의 다이묘 번호를 변수 defensiveLord에 설정합니다.

```
// [6-4] 공성전의 함수를 선언한다
void Siege(...)
{
    ...

        // [6-4-4] 공격당한 다이묘를 선언한다
        int defensiveLord = castles[_castle].owner;

    ...
}
```

무한 루프에 들어가면 양측의 병력 수를 표시합니다.

```
// [6-4-5] 무한 루프한다
while (1)
{
        // [6-4-6] 전투의 경과를 표시한다
        printf("%s군(%4d명)  X  %s군(%4d명)\n",

            // 공격한 다이묘의 성씨
            lords[_offensiveLord].familyName,

            // 공격한 병력 수
            _offensiveTroopCount * TROOP_UNIT,

            // 공격당한 다이묘의 성씨
            lords[defensiveLord].familyName,

            // 공격당한 성의 병력 수
            castles[_castle].troopCount * TROOP_UNIT);

    _getch();// [6-4-7] 키보드 입력을 기다린다
}
```

실행하여 공성전이 시작되면 전투 상황
이 표시되게 됩니다.

■ 전투 상황이 표시된다

다음으로 공격 측과 수비 측이 서로 병력을 줄이는 전투를 실시합니다. 이 게임에
서는 수비 측은 공격 측보다 2배 유리한 것으로 설정하겠습니다. 그래서 0~2의 난
수를 구하고 0이면 수비 쪽의 병력 수를 줄이고 1이나 2면 공격 쪽의 병력 수를 줄
입니다.

```
// [6-4-5] 무한 루프한다
while (1)
{
    ...

    // [6-4-10] 0~2의 난수가 0인지 판정한다
    if (rand() % 3 == 0)
    {
        castles[_castle].troopCount--;// [6-4-11] 수비 측의 병력을 줄인다
    }

    // [6-4-12] 0~2의 난수가 1이나 2면
    else
    {
        _offensiveTroopCount--;// [6-4-13] 공격 측의 병력을 줄인다
    }
}
```

실행하면 양측의 병력 수가 줄어들지만,
마이너스가 되어도 계속 싸웁니다.

■ 공성전이 진행한다

공성전 전투를 종료한다

어느 한쪽의 병력 수가 0 이하가 되면 전투 루프를 빠져나갑니다.

```
// [6-4-5] 무한 루프한다
while (1)
{
    ...

    // [6-4-8] 공격과 수비 중 어느 한쪽의 병력 수가 0 이하인지 판정한다
    if ((_offensiveTroopCount <= 0) || (castles[_castle].troopCount <= 0))
    {
        break;// [6-4-9] 루프를 빠져나간다
    }

    ...
}
```

실행하면 이번에는 어느 한쪽의 병력 수가 0이 되면 전투가 종료하게 됩니다. 경기 결과는 아직 표시되지 않았지만, 공성전의 전투 부분이 완성되었습니다.

■ 공성전이 종료한다

공성전의 결과를 표시하고 전후 처리를 한다

공성전 전투가 끝나면 결과를 표시합니다. 우선 전투 메시지 표시 후 1행 비웁니다.

```
// [6-4] 공성전의 함수를 선언한다
void Siege(...)
{
    ...
```

```
    printf("\n");// [6-4-14] 1행 비운다
}
```

표시하는 메시지의 내용은 공격 측/수비 측 중 어느 쪽이 이겼는지로 분기시킵니
다. 성의 병력이 0 이하면 공격 측의 승리, 그렇지 않으면 수비 측의 승리로 판정
합니다.

```
// [6-4] 공성전의 함수를 선언한다
void Siege(...)
{
    ...

    // [6-4-15] 수비 측의 병력이 전멸했는지 판정한다
    if (castles[_castle].troopCount <= 0)
    {
    }

    // [6-4-26] 수비 측의 병력이 전멸하지 않았다면
    else
    {
    }
}
```

■ **공격 측이 이겼을 때의 처리를 구현한다** ▣❖ ─ ─ ─ ─ ─ ─ ─ ─ ─ ─ ─ ─ ─ ─

공격 측이 이겼을 경우의 메시지를 표시합니다.

```
// [6-4-15] 수비 측의 병력이 전멸했는지 판정한다
if (castles[_castle].troopCount <= 0)
{
    // [6-4-16] 성이 함락되었다는 메시지를 표시한다
    printf("%s 함락!!\n", castles[_castle].name);

    printf("\n");// [6-4-17] 1행 비운다
}
```

실행하여 공격한 측이 이기면 공격
측이 승리했다는 메시지가 표시됩니
다. 이를 확인하기 위해 공격 측이
이길 수 있도록 병력 수를 변경하면
좋을 것입니다.

■ 공격 측의 승리 메시지가 표시된다

공격 측이 이긴 경우는 성은 공격 측 다이묘의 소유가 되며, 남은 공격 측의 병력
은 그 성에 입성시킵니다.

```
// [6-4-15] 수비 측의 병력이 전멸했는지 판정한다
if (castles[_castle].troopCount <= 0)
{

    ...

    // [6-4-18] 공격 측의 다이묘 소유로 전환한다
    castles[_castle].owner = _offensiveLord;

    // [6-4-19] 공격 측의 병력을 입성시킨다
    castles[_castle].troopCount = _offensiveTroopCount;

}
```

성이 공격 측 다이묘의 소유로 바뀐다는 메시지를 표시합니다.

```
// [6-4-15] 수비 측의 병력이 전멸했는지 판정한다
if (castles[_castle].troopCount <= 0)
{
    // [6-4-20] 성주가 공격한 다이묘로 바뀐 메시지를 표시한다
    printf("%s은(는)  %s 가문의 것이 됩니다\n",
        castles[_castle].name,
        lords[_offensiveLord].familyName);

    printf("\n");// [6-4-21] 1행 비운다

}
```

실행하여 공격 측이 이기면 성이 공격 측의 것이 되었다는 메시지가 표시됩니다. 전략 화면으로 돌아가면 성주와 병력 수가 공성전의 결과대로 됩니다.

■ 성주가 바뀌었다는 메시지가 표시된다

▪ 수비 측이 이겼을 때의 처리를 구현한다 📑·

수비 측이 이겼을 때의 메시지를 표시합니다.

```
// [6-4-26] 수비 측의 병력이 전멸하지 않았다면
else
{
    // [6-4-27] 공격 측이 전멸했다는 메시지를 표시한다
    printf("%s군  전멸!!\n"
        "\n"
        "%s군이  %s을(를)  지켜냈습니다!\n",
        lords[_offensiveLord].familyName,
        lords[defensiveLord].familyName,
        castles[_castle].name);
}
```

수비 측이 이기면 수비 측이 이겼다는 메시지가 표시됩니다. 이제 공성전 처리가 완성되었습니다.

■ 수비 측의 승리 메시지가 표시된다

적 측 다이묘 AI를 구현한다

플레이어 이외의 다이묘는 컴퓨터가 담당하므로 그 AI를 구현하겠습니다.

인접한 적 측 성 리스트를 작성한다

적의 다이묘 AI는 어느 성으로 얼마만큼의 군사를 진군시킬지 처리해야 하는데, 일단 적 측 성으로 공격할 것인지, 아니면 아군의 성으로 병력을 보낼 것인지를 판정해야 합니다. 그래서 우선은 공격할 수 있는 성 리스트를 작성합니다. 인접한 적 측 성 리스트를 보유하는 변수 connectedEnemyCastles를 선언하고 인접한 성 중에서 적 측 성만 추가합니다.

```
// [6-5-52] 현재 성의 성주가 플레이어가 아니면
else
{
    // [6-5-53] 연결된 적 측 성 리스트를 선언한다
    std::vector<int> connectedEnemyCastles;

    // [6-5-54] 모든 연결된 성을 대상으로 반복한다
    for (int j = 0;
        j < (int)castles[currentCastle].connectedCastles.size();
        j++)
    {
        // [6-5-55] 적 측 성인지 판정한다
        if (castles[castles[currentCastle].connectedCastles[j]].owner
            != castles[currentCastle].owner)
        {
            // [6-5-56] 연결된 적 측 성 리스트에 더한다
            connectedEnemyCastles.push_back(
                castles[currentCastle].connectedCastles[j]);
        }
    }
}
```

가장 약한 적 측 성에 공격하는 코드를 작성한다

인접한 적 측의 성 리스트 connectedEnemyCastles를 작성했으면 후보의 성이 1개 이상 있는지 판정합니다.

```
// [6-5-52] 현재 성의 성주가 플레이어가 아니면
else
{
    ...

    // [6-5-57] 연결된 적측 성이 있는지 판정한다
    if (connectedEnemyCastles.size() > 0)
    {
    }
}
```

공격할 수 있는 성이 1개 이상 있으면 리스트 connectedEnemyCastles를 병력이 적은 순으로 정렬합니다.

```
// [6-5-57] 연결된 적 측 성이 있는지 판정한다
if (connectedEnemyCastles.size() > 0)
{
    // [6-5-58] 병력이 적은 순으로 정렬한다
    sort(connectedEnemyCastles.begin(), connectedEnemyCastles.end(),
        // 2개의 성을 비교하는 람다
        [](int _castle0, int _castle1)
        {
            // 리스트 뒤의 성이 앞의 성보다 병력이 많은지 판정하여 반환한다
            return castles[_castle0].troopCount < castles[_castle1].troopCount;
        }
    );
}
```

가장 병력이 적은 성만을 선택하므로, 병력 적음으로 동률 1위인 성을 제외하고 그 밖의 성을 리스트 connectedEnemyCastles에서 삭제합니다.

```
// [6-5-57] 연결된 적 측 성이 있는지 판정한다
if (connectedEnemyCastles.size() > 0)
{
    ...

    // [6-5-59] 가장 병력이 적은 성만 남을 때까지 반복한다
    while (
        // 인접하는 적 측 성이 2채 이상이다
        (connectedEnemyCastles.size() > 1)

        // 그리고 그 중에서 가장 병력 수가 적은 성보다도 병력 수가 많은 성이 있으면
        && (castles[connectedEnemyCastles.front()].troopCount
            < castles[connectedEnemyCastles.back()].troopCount))
    {
        // [6-5-60] 리스트에서 맨 끝을 삭제한다
        connectedEnemyCastles.pop_back();
    }
}
```

공격하는 성을 가장 병력 수가 적은 성 중에서 랜덤으로 결정하고 변수 target Castle에 설정합니다.

```
// [6-5-57] 연결된 적의 성이 있는지 판정한다
if (connectedEnemyCastles.size() > 0)
{
    ...

    // [6-5-61] 공격하는 성을 선언한다
    int targetCastle =
        connectedEnemyCastles[rand() % connectedEnemyCastles.size()];
}
```

공격하는 성은 결정되었지만, 공격 여부는 이쪽 성과 공격하는 성의 병력 차이로 판정합니다.

　수비병을 「1」 남기고 나머지 공격하는 병력이 적 수비병의 2배 이상이면 공격하게 합니다. 그러나 초기 상태에서는 병력 차이가 없어, 이대로는 전투가 일어나지 않습니다. 그래서 병력이 기준치 TROOP_BASE 이상인 경우도 공격하게 합니다.

```
// [6-5-57] 연결된 적 측 성이 있는지 판정한다
if (connectedEnemyCastles.size() > 0)
{
    ...

    // [6-5-62] 공격할지 판정한다
    if (
        // 병력 수가 기준치 이상인가
        (castles[currentCastle].troopCount >= TROOP_BASE)

        // 이쪽의 병력 수가 수비병을 제하고 상대의 2배이상이면
        || (castles[currentCastle].troopCount - 1
            >= castles[targetCastle].troopCount * 2))
    {
    }
}
```

다음에 공격하는 병력 수를 결정합니다. 수비병으로 「1」 남기고 남은 병력 수를 변수 troopCount에 설정합니다.

```
// [6-5-62] 공격할지 판정한다
if (...)
{
    ...

    // [6-5-63] 공격하는 병력 수를 선언한다
    int troopCount = std::max(castles[currentCastle].troopCount - 1, 0);
}
```

공격하는 성의 병력 수에서 공격하는 병력 수 troopCount를 뺍니다.

```
// [6-5-62] 공격할지 판정한다
if (...)
{
    ...

    // [6-5-64] 현재 성의 병력 수에서 공격하는 병력 수를 뺀다
```

```
        castles[currentCastle].troopCount -= troopCount;
    }
```

공격했다는 메시지를 표시합니다.

```
// [6-5-62] 공격할지 판정한다
if (...)
{

    ...

        // [6-5-65] 공격했다는 메시지를 표시한다
        printf("%s의  %s%s이(가)  %s에  공격해 들어왔습니다!\n",
            castles[currentCastle].name,
            lords[castles[currentCastle].owner].familyName,
            lords[castles[currentCastle].owner].firstName,
            castles[targetCastle].name);

        _getch();// [6-5-66] 키보드 입력을 기다린다
    }
```

실행하면 공격했다는 메시지가 표시
됩니다. AI가 가장 병력 수가 적은 성
을 선택하고 있는지를 확인하기 위해
서 각 성의 병력 수에 차이가 생기도
록 데이터를 수정하면 좋을 것입니다.

■ AI가 공격했다는 메시지가 표시된다

다음으로 공성전 함수 Siege를 호출합니다.

```
// [6-5-62] 공격할지 판정한다
if (...)
{

    ...

        // [6-5-67] 공성전 함수를 호출한다
        Siege(
```

```
      // int _offensiveLord         공격한 다이묘
      castles[currentCastle].owner,

      // int _offensiveTroopCount 공격한 병력 수
      troopCount,

      // int _castle              공격 대상 성
      targetCastle);
   }
```

실행하면 AI의 턴에서도 공성전이 발생하게 됩니다. 이것으로 AI에 의한 공성전의 처리가 완성되었습니다.

아군 전선의 성에 병력을 보내는 AI를 구현한다

적이 거대한 세력이 된 경우, 적 측 성과 인접하지 않는 성이 나옵니다. 그 경우는 적과 인접하는 아군의 성에 병력을 보내게 합니다. 우선은 공격하는 성이 없는 경우의 분기를 추가합니다.

```
// [6-5-57] 연결된 적 측 성이 있는지 판정한다
if (connectedEnemyCastles.size() > 0)
{
    ...
}

// [6-5-68] 연결된 적 측 성이 없으면
else
{
}
```

적과 인접하는 아군의 성 리스트를 작성한다

적과 인접하는 아군의 성 리스트를 보유하는 변수 frontCastles를 선언합니다.

```
// [6-5-68] 연결된 적 측 성이 없으면
else
{
    // [6-5-69] 적과 인접하는 아군의 성 리스트를 선언한다
    std::vector<int> frontCastles;
}
```

대상 성에 연결된 모든 성을 반복합니다.

```
// [6-5-68] 연결된 적 측 성이 없으면
else
{
    ...

    // [6-5-70] 모든 연결된 성을 대상으로 반복한다
    for (int neighbor : castles[currentCastle].connectedCastles)
    {
    }
}
```

대상 성이 적과 인접하고 있는지 판정하기 위해 대상 성에 인접하는 성을 반복하
여 인접하는 적 측 성을 찾습니다.

```
// [6-5-70] 모든 연결된 성을 대상으로 반복한다
for (int neighbor : castles[currentCastle].connectedCastles)
{
    // [6-5-71] 인접하는 성에 연결된 모든 성을 반복한다
    for (int neighborNeighbor : castles[neighbor].connectedCastles)
    {
        // [6-5-72] 대상 성이 적 측 성에 인접하고 있는지 판정한다
        if (castles[neighborNeighbor].owner != castles[neighbor].owner)
        {
        }
    }
}
```

인접하는 적 측 성을 찾은 경우는 대상 성을 적과 인접하는 아군의 성 리스트에 더
하고 체크를 종료합니다.

```
// [6-5-72] 대상 성이 적 측 성에 인접하고 있는지 판정한다
if (castles[neighborNeighbor].owner != castles[neighbor].owner)
{
    frontCastles.push_back(neighbor);// [6-5-73] 전선의 성 리스트에 추가한다

    break;// [6-5-74] 반복을 빠져나간다
}
```

이동 목적지 성의 후보 리스트를 보유하는 변수 destCastles를 선언합니다. 전선의 성을 찾은 경우는 전선의 성 리스트를 설정하고, 찾을 수 없었다면 연결된 성 리스트를 설정합니다.

```
// [6-5-68] 연결된 적 측 성이 없으면
else
{
    ...

    // [6-5-75] 병력을 보낼 성 리스트를 선언한다
    std::vector<int> destCastles =

        // 전선의 성이 없는지 판정한다
        frontCastles.empty()

            // 없으면 연결된 성 리스트를 설정한다
            ? castles[currentCastle].connectedCastles

            // 있으면 전선의 성 리스트를 설정한다
            : frontCastles;
}
```

■ **병력을 보낼 목적지 성을 결정한다** ■◦ - - - - - - - - - - - - - - - -

병력을 보내는 것은 병력 수가 가장 적은 성으로 합니다. 우선 병력 수가 가장 적은 순으로 리스트를 정렬합니다.

```
// [6-5-68] 연결된 적 측 성이 없으면
else
{
    ...

        // [6-5-76] 병력이 적은 순으로 정렬한다
        sort(destCastles.begin(), destCastles.end(),
            [](int _castle0, int _castle1)
            {
                return castles[_castle0].troopCount < castles[_castle1].troopCount;
            }
        );
}
```

병력을 보낼 성의 후보 리스트 destCastles에서 가장 병력이 적은 성들을 제외하고, 나머지는 리스트에서 삭제합니다.

```
// [6-5-68] 연결된 적 측 성이 없으면
else
{
    ...

        // [6-5-77] 가장 병력이 적은 성만 남을 때까지 반복한다
        while (
            // 병력을 보낼 목적지 성의 후보가 여러 개 있다
            (destCastles.size() > 1)

            // 그리고 그중에서 가장 병력 수가 적은 성보다도 병력 수가 많은 성이 있으면
            && (castles[destCastles.front()].troopCount
                < castles[destCastles.back()].troopCount))
        {
            // [6-5-78] 리스트에서 맨 끝을 삭제한다
            destCastles.pop_back();
        }
}
```

남은 성 중에서 이동 목적지의 성을 랜덤으로 결정하고, 변수 targetCastle에 설정합니다.

```
// [6-5-68] 연결된 적 측 성이 없으면
else
{
    ...

    // [6-5-79] 병력을 보낼 성을 선언한다
    int targetCastle = destCastles[rand() % destCastles.size()];
}
```

이제 병력을 보낼 곳의 성을 결정했습니다.

■ 보내는 병력 수를 결정한다 ■ᵈ -

이동 목적지의 성으로 보내는 병력 수를 결정합니다. 보내는 병력 수를 보유하는 변수 sendTroopCount를 선언하고, 보낼 목적지 성의 잔여 이동 가능 병력 수로 초기화합니다.

```
// [6-5-68] 연결된 적 측 성이 없으면
else
{
    ...

    // [6-5-80] 보내는 병력 수를 선언한다
    int sendTroopCount = TROOP_MAX - castles[targetCastle].troopCount;
}
```

보내는 병력 수는 보낼 목적지가 적과 인접하는 전선인지 아닌지로 분기합니다.

```
// [6-5-68] 연결된 적 측 성이 없으면
el
{
    ...

    // [6-5-81] 병력을 보낼 목적지의 성이 전선인지 판정한다
```

```
if (!frontCastles.empty())
{
}

// [6-5-83] 병력을 보낼 목적지의 성이 전선이 아닌 아군의 성이면
else
{
}
}
```

보낼 목적지가 적과 인접하는 전선이면 보낼 수 있는 만큼 보냅니다. 보낼 목적지의 빈 병력 수나 보내는 곳의 전 병력 중, 적은 쪽을 설정합니다.

```
// [6-5-81] 병력을 보낼 목적지의 성이 전선인지 판정한다
if (!frontCastles.empty())
{
    // [6-5-82] 보낼 목적지의 빈 병력 수와 보내는 곳의 병력 수 중, 적은 병력 수를 설정한다
    sendTroopCount = std::min(

        // 보낼 목적지의 빈 병력 수
        sendTroopCount,

        // 보내는 곳의 병력 수
        castles[currentCastle].troopCount);
}
```

보낼 목적지가 적과 인접하는 전선이 아니라면 기준 병력 수에서 1을 뺀 병력 수를 남기고, 그 이상의 병력 수를 보낼 목적지의 상한을 초과하지 않는 범위에서 보냅니다.

```
// [6-5-83] 병력을 보낼 목적지의 성이 전선이 아닌 아군의 성이면
else
{
    // [6-5-84] 보낼 목적지의 빈 병력 수와 보내는 곳의 병력 수 중, 적은 병력 수를 설정한다
    sendTroopCount = std::min(
```

```
            // 보낼 목적지의 빈 병력 수
            sendTroopCount,

            // 보내는 곳의 병력 수
            castles[currentCastle].troopCount - (TROOP_BASE - 1));
    }
```

이제 보내는 병력 수가 결정되었습니다.

■ 군사를 아군의 성으로 보낸다 📱✦ - - - - - - - - - - - - - - - - - -

다음으로 결정한 이동 목적지와 병력 수로 병력을 보냅니다. 우선 보내는 병력 수가 0보다 큰지 판정합니다.

```
// [6-5-68] 연결된 적 측 성이 없으면
else
{
    ...

        // [6-5-85] 보내는 병력이 있는지 판정한다
        if (sendTroopCount > 0)
        {
        }
    }
}
```

보내는 곳의 병력 수에서 보내는 병력 수 sendTroopCount를 뺍니다.

```
// [6-5-85] 보내는 병력이 있는지 판정한다
if (sendTroopCount > 0)
{
        // [6-5-86] 보내는 곳의 병력 수를 뺀다
        castles[currentCastle].troopCount -= sendTroopCount;
}
```

보낼 목적지 성의 병력 수에 보내는 병력 수 sendTroopCount를 더합니다.

```
// [6-5-85] 보내는 병력이 있는지 판정한다
if (sendTroopCount > 0)
{
    ...

    // [6-5-87] 보내는 곳의 병력 수를 늘린다
    castles[targetCastle].troopCount += sendTroopCount;
}
```

병력을 보냈다는 메시지를 표시합니다.

```
// [6-5-85] 보내는 병력이 있는지 판정한다
if (sendTroopCount > 0)
{
    ...

    // [6-5-88] 병사가 이동했다는 메시지를 표시한다
    printf("%s에서  %s로  %d명 이동했습니다\n",
        castles[currentCastle].name,
        castles[targetCastle].name,
        sendTroopCount * TROOP_UNIT);
}
```

■ AI가 병력을 이동시켰다는 메시지가 표시된다

실행하면 적이 아군의 성에 병력을 보내게 됩니다. 이를 확인하기 위해서 적이 여러 개의 성을 소유한 상태에서 각 성의 병력 수에 차이가 생기도록 데이터를 변경하면 좋을 것입니다.

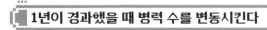

이벤트를 추가한다

1년이 경과했을 때 병력 수를 변동시킨다

현재로서는 병력 수가 줄어든 상태이지만, 턴이 한바퀴 돌아 1년 경과할 때마다 1단위(1,000명)씩 기준치보다도 적으면 증가하고, 많으면 군량 부족으로 감소하게 만들겠습니다.

모든 성의 턴이 끝나고 해가 경과하면 모든 성을 대상으로 반복하고, 각 성의 병력 수가 기준치보다 적으면 더하고 많으면 뺍니다.

```
// [6-5-5] 메인 루프
while (1)
{
    ...

        // [6-5-104] 모든 성을 대상으로 반복한다
        for (int i = 0; i < CASTLE_MAX; i++)
        {
            // [6-5-105] 대상 성의 병력 수가 기본 병력 수 미만인지 판정한다
            if (castles[i].troopCount < TROOP_BASE)
            {
                castles[i].troopCount++;// [6-5-106] 병력 수를 늘린다
            }

            // [6-5-107] 대상 성의 병력 수가 기본 병력 수보다 많은지 판정한다
            else if (castles[i].troopCount > TROOP_BASE)
            {
                castles[i].troopCount--;// [6-5-108] 병력 수를 줄인다
            }
        }
}
```

실행하여 1년 경과하면 병력 수가 변동하게 됩니다.

플레이어의 성이 없어지면 게임 오버가 되게 만들겠습니다. 플레이어 다이묘 가문이 멸망하는 것은 다른 다이묘에게 성을 빼앗기고 모든 성을 잃었을 때입니다. 그래서 플레이어의 성의 개수를 구해야 합니다.

임의의 다이묘 성의 개수를 구하는 함수 GetCastleCount를 선언합니다. 인수의 _lord는 다이묘의 번호입니다.

```
// 함수를 선언하는 곳

// [6-1] 성의 개수를 세는 함수를 선언한다
int GetCastleCount(int _lord)
{
}

...
```

성의 개수를 보유하는 변수 castleCount를 선언하고, 함수 GetCastleCount의 마지막에 반환합니다.

```
// [6-1] 성의 개수를 세는 함수를 선언한다
int GetCastleCount(int _lord)
{
    // [6-1-1] 성의 개수를 선언한다
    int castleCount = 0;

    // [6-1-5] 성의 개수를 반환한다
    return castleCount;
}
```

모든 성을 반복하여 대상 다이묘의 성이면 성의 개수 castleCount를 더합니다.

```
// [6-1] 성의 개수를 세는 함수를 선언한다
int GetCastleCount(int _lord)
{
```

```
    ...

    // [6-1-2] 모든 성을 대상으로 반복한다
    for (int i = 0; i < CASTLE_MAX; i++)
    {
        // [6-1-3] 대상 성의 성주가 대상 다이묘인지 판정한다
        if (castles[i].owner == _lord)
        {
            // [6-1-4] 성의 개수를 더한다
            castleCount++;
        }
    }

    ...
}
```

이제 성의 개수를 세는 함수 GetCastleCount가 완성되었습니다.

그러면 성을 세는 함수 GetCastleCount를 사용하여 플레이어의 나머지 성이
0 이하인지 아닌지를 판정합니다.

```
// [6-5-11] 모든 턴을 반복한다
for (int i = 0; i < CASTLE_MAX; i++)
{
    ...

    // [6-5-90] 플레이어의 성이 없는지 판정한다
    if (GetCastleCount(playerLord) <= 0)
    {
    }
}
```

플레이어의 성이 없으면 게임 오버이므로 화면을 다시 그린 후 게임 오버 메시지
를 표시하고, 키보드 입력 대기 상태로 전환합니다.

```
// [6-5-90] 플레이어의 성이 없는지 판정한다
if (GetCastleCount(playerLord) <= 0)
{
```

```
    DrawScreen();// [6-5-91] 화면을 그린다

    printf("\n");// [6-5-93] 1행 비운다

    // [6-5-94] 게임 오버 메시지를 표시한다
    printf("GAME OVER\n");

    _getch();// [6-5-95] 키보드 입력을 기다린다
}
```

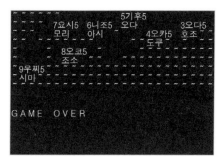

■ 게임 오버

실행하여 플레이어가 모든 성을 잃으면 게임 오버 메시지가 표시됩니다. 그러나 이것만으로는 너무 밋밋합니다. 패자에게도 전해져야 할 역사가 있을 것입니다.

게임 종료 시에 연표를 표시한다

그럼 게임 오버를 더욱 감동적으로 만들기 위해 지금까지의 다이묘 가문의 멸망 역사를 연표로 하여 게임 오버 화면에 표시합니다.

우선 연표의 최대 문자 수를 정의합니다. 참고로 연표 표시 영역의 정확한 크기는 62열×9행(최대 9건의 멸망 정보가 저장되므로), 합계 558바이트입니다.

```
#define CHRONOLOGY_MAX (1024) // [2-5] 연표의 최대 문자 수를 정의한다
```

연표의 문자열을 보유하는 변수 chronology를 선언합니다.

```
// [5] 변수를 선언하는 곳
...

char chronology[CHRONOLOGY_MAX];// [5-5] 연표를 선언한다
```

게임 초기화 시 연표를 클리어합니다. 문자열의 맨 앞에 문자열 종료 코드를 적습니다.

```
// [6-3] 게임을 초기화하는 함수를 선언한다
void Init()
{
    ...

        // [6-3-5] 연표를 클리어한다
        sprintf_s(chronology, "");

    ...
}
```

이제 게임이 시작될 때마다 연표가 클리어됩니다.

다음으로 연표에 다이묘의 멸망 정보를 기재합니다. 다이묘의 멸망이 확정되는 경우는 성이 함락되고 공격받은 다이묘가 모든 성을 잃었을 때입니다. 만약 수비 측의 다이묘가 모든 성을 잃으면 멸망하게 됩니다.

```
// [6-4-15] 수비 측의 병력이 전멸했는지 판정한다
if (castles[_castle].troopCount <= 0)
{
    ...

        // [6-4-22] 수비 측의 다이묘가 성을 모두 잃었는지 판정한다
        if (GetCastleCount(defensiveLord) <= 0)
        {
        }
}
```

멸망했다면 연표에 추가할 메시지를 작성하여 변수 str에 설정합니다.

```
// [6-4-22] 수비 측의 다이묘가 성을 모두 잃었는지 판정한다
if (GetCastleCount(defensiveLord) <= 0)
{
    char str[128];   // [6-4-23] 추가할 문자열을 선언한다
```

```
// [6-4-24] 추가할 문자열을 작성한다
sprintf_s(str, "%d년  %s%s이(가)  %s에서  %s%s을(를)  멸망시키다\n",
    year,                               // 멸망시킨 연도
    lords[_offensiveLord].familyName,   // 멸망시킨 다이묘의 성씨
    lords[_offensiveLord].firstName,    // 멸망시킨 다이묘의 이름
    castles[_castle].name,              // 전장의 이름
    lords[defensiveLord].familyName,    // 멸망한 다이묘의 성씨
    lords[defensiveLord].firstName);    // 멸망한 다이묘의 이름
}
```

작성한 멸망 메시지를 연표에 추가합니다.

```
// [6-4-22] 수비 측의 다이묘가 성을 모두 잃었는지 판정한다
if (GetCastleCount(defensiveLord) <= 0)
{

    ...

    // [6-4-25] 연표에 문자열을 추가한다
    strcat_s(chronology, str);
}
```

실행하여 게임을 진행하면 다이묘가 패망할 때마다 연표에 메시지가 추가됩니다.
이제 연표 데이터가 완성되었습니다.

게임 오버로 연표를 표시한다

게임 오버 메시지가 표시되기 전에 연표를 표시합니다.

```
// [6-5-90] 플레이어의 성이 없는지 판정한다
if (GetCastleCount(playerLord) <= 0)
{
    DrawScreen();// [6-5-91] 화면을 그린다

    printf("%s", chronology);// [6-5-92] 연표를 표시한다
```

```
    ...
}
```

```
                5기후1
    7요시3  6니조5   모리          3오다1
      시마     조소       4오카3    다케
                        모리
             8오코2
             시마
9우찌2
시마

1570년 우에스기겐신이(가)  요네자와성에서  다테테루무네율(를)
멸망시키다
1570년  모리모토나리이(가)  니조성에서  아시카가요시아키율(를)
멸망시키다
1573년  오다노부나가이(가)  오다와라성에서  호조우지마사율(를)
멸망시키다
1574년  다케다신겐이(가)  요네자와성에서  우에스기겐신율(를)
멸망시키다
1576년  모리모토나리이(가)  오카자키성에서  오다노부나가율(를)
멸망시키다
GAME  OVER
```

■ 게임 오버에 연도가 추가된다

실행하여 게임 오버가 되면 연표가 표시되게 됩니다. 그러나 아무 키를 누르면 게임이 계속 진행됩니다. 또한 각 다이묘의 평가가 끝날 때마다 게임 오버가 됩니다.

게임이 종료하면 게임을 리셋한다

게임 오버가 되면 게임을 리셋합니다. 우선은 게임 초기화를 실시하기 전의 위치에 점프 목적지의 라벨인 start를 추가합니다.

```
// [6-5] 프로그램 실행의 시작점을 선언한다
int main()
{
    ...


start:    // [6-5-2] 게임 시작 테이블
    ;    // [6-5-3] 빈 문장

    ...
}
```

게임 오버 중에 키를 누르면 초기화 전으로 돌아갑니다.

```
// [6-5-90] 플레이어의 성이 없는지 판정한다
if (GetCastleCount(playerLord) <= 0)
{
    ...
```

```
        goto start;// [6-5-96] 게임 시작 라벨로 점프한다

    }
```

실행하면 게임 오버에서 다이묘 선택으로 돌아가지만, 게임 상황이 게임 오버 전의 상태 그대로입니다.

■ 게임 오버 후에 리셋되지 않는다

게임 오버에서 다시 플레이하기 위해 게임을 초기화하는 함수 Init에서 성의 데이터를 초기화합니다. 모든 성을 반복하여 각 성의 성주와 병력 수를 초기화합니다.

```
// [6-3] 게임을 초기화하는 함수를 선언한다
void Init()
{
    year = START_YEAR;// [6-3-1] 연도를 리셋한다

    // [6-3-2] 모든 성을 대상으로 반복한다
    for (int i = 0; i < CASTLE_MAX; i++)
    {
        // [6-3-3] 성주를 초기화한다
        castles[i].owner = i;

        // [6-3-4] 병력 수를 초기화한다
        castles[i].troopCount = TROOP_BASE;
    }

    ...
}
```

실행하여 게임 오버가 되면 이번에는 게임이 초기 상태로 돌아갑니다. 이제 게임 오버 처리가 완성되었습니다.

플레이어가 천하 통일했을 때의 처리를 작성한다

마지막으로 플레이어가 천하 통일을 달성하면 엔딩으로 넘어가게 합니다. 우선은
게임 오버 판정 후에 플레이어가 모든 성을 소유하고 있는지 판정합니다.

```
// [6-5-90] 플레이어의 성이 없는지 판정한다
if (GetCastleCount(playerLord) <= 0)
{

    ...

}

// [6-5-97] 플레이어가 모든 성을 소유하고 있는지 판정한다
else if (GetCastleCount(playerLord) >= CASTLE_MAX)
{
}
}
```

모든 성이 플레이어의 소유라면 게임 오버와 마찬가지로 우선은 화면을 다시 그려
연표를 표시합니다.

```
// [6-5-97] 플레이어가 모든 성을 소유하고 있는지 판정한다
else if (GetCastleCount(playerLord) >= CASTLE_MAX)
{
    DrawScreen();// [6-5-98] 화면을 그린다

    printf("%s", chronology);// [6-5-99] 연표를 표시한다
}
```

다음으로 엔딩 메시지를 표시하고 키보드 입력 대기 상태로 만듭니다. 실제 천하
를 다스린 인물, 도쿠가와 이에야스를 본떠 천하 통일 3년 후에 정이대장군이 되
어 막부를 여는 엔딩으로 설정하겠습니다.

```
// [6-5-97] 플레이어가 모든 성을 소유하고 있는지 판정한다
else if (GetCastleCount(playerLord) >= CASTLE_MAX)
{
    ...
```

```
// [6-5-100] 엔딩 메시지를 표시한다
printf("%d년  %s%s이(가)  정이대장군에 임명된다\n"
       "%d년  %s%s이(가)  %s막부를 연다\n"
       "\n"
       "THE  END",
       year + 3,                            // 정이대장군이 된 연도
       lords[playerLord].familyName,        // 플레이어의 다이묘 성씨
       lords[playerLord].firstName,         // 플레이어의 다이묘 이름
       year + 3,                            // 막부를 연 연도
       lords[playerLord].familyName,        // 플레이어의 다이묘 성씨
       lords[playerLord].firstName,         // 플레이어의 다이묘 이름
       lords[playerLord].familyName);       // 막부 이름

       _getch();// [6-5-101] 키보드 입력을 기다린다
}
```

마지막으로 엔딩 중에 키보드를 누르면 게임 오버와 마찬가지로 초기화 전으로 돌아가게 합니다.

```
// [6-5-97] 플레이어가 모든 성을 소유하고 있는지 판정한다
else if (GetCastleCount(playerLord) >= CASTLE_MAX)
{
    ...

    goto start;// [6-5-102] 게임 시작 라벨로 점프한다
}
```

실행하여 플레이어가 천하 통일하면 엔딩이 나옵니다. 엔딩에서 아무 키를 누르면 게임이 리셋됩니다. 연표에는 플레이어의 궤적이 새겨져 감동적이지만, 게임 시작 연도 이후에 등장하는 중요 인물이 등장하지 않아 연표가 역사대로 흘러가지 않은 아쉬움이 있습니다.

■ 엔딩

역사 이벤트 「혼노지의 변」을 추가한다

그래서 역사 이벤트를 발생시켜 당주의 세대 교체를 이뤄내, 중요 인물이 등장하게 합니다. 아케치 미쓰히데가 쿠데타를 일으켜 오다 노부나가를 자결로 몰아넣고, 나중에는 아케치 미쓰히데를 물리친 하시바 히데요시에 의해 오다 가문의 계승 지위가 찬탈되는 역사상의 이벤트 「혼노지의 변」을 추가합니다.

▪ 아케치 미쓰히데 ▪✤

오다 노부나가를 섬겨 천하를 차지하는 데 공헌하나, 「혼노지의 변」을 일으킵니다. 며칠 후, 모리 공격에서 「주고쿠회군」이라 불리는 엄청난 속도로 달려온 하시바 히데요시에게 「야마자키 전투」에서 패배하고, 피신하는 도중에 떨어져 낙오무사 사냥**을 당해, 비명의 죽음을 맞이합니다.

모반을 일으켜 오다 정권을 전복 「아케치 미쓰히데」

▪ 도요토미 히데요시 ▪✤

오다 노부나가를 섬겨 크게 출세하고, 오다 노부나가 사망 후의 권력 다툼 「시즈카타케 전투」에서 승리한 후 세력을 확대해 천하 통일합니다. 도요토미 히데요시 사망 후의 도요토미 가문은 도요토미 가문의 내란 「세키가하라 전투」에서 가신 도쿠가와 이에야스가 승리함으로써 권위를 잃고, 「오사카의 진」에서 도쿠가와 이에야스에 의해 멸망합니다.

오다 가문을 찬탈하고 천하 통일

메인 루프의 마지막에서 이벤트 발생 조건을 충족하는지 판정합니다. 이벤트가 발생하기 쉽도록 조건을 느슨하게 설정합니다. 연도가 1582년이고, 오다 가문이 혼노지가 있는 교토를 지배하고 있다는 증거로 니조성을 소유하고 있으면 이벤트가 발생하게 합니다.

** 역주 전국 시대에 농부들이 패전으로 지배권이 변경될 때 적군의 낙오무사를 찾아서 약탈하고 살해하는 관습

```
// [6-5-5] 메인 루프
while (1)
{
    ...

        // [6-5-109] 「혼노지의 변」 이벤트가 발생하는 조건을 만족하고 있는지 판정한다
        if (
            // 1582년이다
            (year == 1582)

            // 그리고 오다 가문이 니조성을 소유하고 있다
            && (castles[CASTLE_NIJO].owner == LORD_ODA))
        {
        }
}
```

화면을 다시 그린 후 이벤트 메시지를 표시하여 키보드 입력 대기 상태로 전환합니다.

```
// [6-5-109] 「혼노지의 변」 이벤트가 발생하는 조건을 만족하고 있는지 판정한다
if (...)
{

    DrawScreen();// [6-5-112] 화면을 다시 그린다

    // [6-5-113] 「혼노지의 변」 이벤트의 메시지를 표시한다
    printf(
        "아케치 미쓰히데「적은 혼노지에 있다！\n"
        "\n"
        "아케치 미쓰히데가 혼노지의 오다 노부나가를 습격했다！\n"
        "\n"
        "오다 노부나가「할 수 없이…\n"
        "\n"
        "오다 노부나가는 혼노지에서 자결했다！\n"
        "\n"
        "후일, 하시바 히데요시가 야마자키 전투에서 아케치 미쓰히데를 물리치고, \n"
        "오다 가문 후계의 영토를 찬탈했다！\n");
```

```
    _getch();// [6-5-114] 키보드 입력을 기다린다
}
```

■ 역사 이벤트가 발생한다

실행하여 이벤트 발생 조건을 충족하면 이벤트 메시지가 표시됩니다. 그러나 세력도에 변화가 없습니다.

그럼 역사 이벤트 화면을 그리기 전에 다이묘의 이름을 변경합니다. 다이묘 「오다 노부나가」를 「하시바 히데요시」로 변경합니다.

```
// [6-5-109] 「혼노지의 변」 이벤트가 발생하는 조건을 만족하고 있는지 판정한다
if (...)
{
    // [6-5-110] 오다 가문 다이묘의 성을 「하시바」로 변경한다
    strcpy_s(lords[LORD_ODA].familyName, "하시바");

    // [6-5-111] 오다 가문 다이묘의 이름을 「히데요시」로 변경한다
    strcpy_s(lords[LORD_ODA].firstName, "히데요시");

    ...
}
```

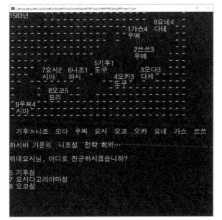

```
■ C:\Users\tnull\#OneDrive\Desktop\Tbuw\GameMake\7thProjectT\Win64\Debug\ProjectT.exe        –  □  ×
1583년
                                          0요네4 ◀
                              1가스4  다테
                              우에
                                     2쓰쓰3
                                      우에
                            5기후1
                7요시2  6니조1 도쿠       3오다3
                 시마    하시   4오카3  다케
                              도쿠
                8오코5
                 모리
           9우찌4
            시마

     기후>니조 오다 우찌 요시 오코 오카 요네 가스 쓰쓰

  하시바 가문의  니조성  전략 회의…

  히데요시님, 어디로 진군하시겠습니까?

  5 기후성
  7 요시다고리야마성
  8 오코성
```

■ 오다 가문의 다이묘가 하시바 히데요시가 된다

실행하여 역사 이벤트를 발생시키면 이번에는 지도상의 다이묘 이름이 「오다」에서 「하시바」로 바뀐 것을 확인할 수 있습니다. 이제 「혼노지의 변」 이벤트가 완성되었습니다. 이제 「삼영걸」(오다 노부나가, 도요토미 히데요시, 도쿠가와 이에야스) 전원이 등장하는 게임이 되었습니다. 또한, 이를 응용하면 세대 교대 이벤트로 「다테 마사무네」등을 등장시키는 것도 간단합니다.

축하합니다! 이제 전국 SLG가 완성되었습니다. 공성전에는 무력 공격 뿐만 아니라 식량 공격도 추가하고, 전투에는 공성전 뿐만 아니라 야전도 있으면 더욱 완성도 높은 게임이 될 것입니다.

Appendix

전국 시뮬레이션 게임을
삼국지로 개조한다

데이터를 변경하여 전국을 삼국으로!

전국 시뮬레이션 게임의 데이터를 변경하여 삼국지 게임으로 개조한다

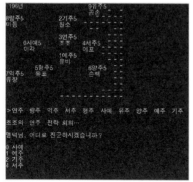

■ 이 Appendix에서 만들 게임의 화면

제7장에서 전국 SLG를 작성했는데, 「삼국지가 더 좋다」혹은 「삼국지도 좋다」는 분도 많을 것입니다. 그래서 이 Appendix에서는 제7장의 전국 SLG를 개조하여 삼국지로 만듭니다. 기본적으로는 데이터를 변경하면 되지만 일부 프로그램 수정, 프로젝트 설정을 해야 합니다.

『삼국지』는 무엇일까-사대 기서 중 하나 『삼국지연의』

『삼국지』는 서기 200년 전후의 중국에서 후한이 쇠퇴하여 멸망하고, 그 후 흥한 위, 촉한, 오의 삼국이 격전을 벌이는 삼국시대를 기록한 역사서입니다. 이를 바탕으로 픽션을 포함시켜 쓰여진 소설 『삼국지연의』는 중국의 「사대 기서」 중 하나로 불리며, 중국을 대표하는 문학입니다. 일본에서는 『삼국지연의』를 기반으로 한 파생 작품이 많이 생겨났는데, 요시카와 에이지의 소설 『삼국지』(1939년~1943년), 요코야마 미쓰테루의 만화 『삼국지』(1971년~1987년), 컴퓨터 게임 『삼국지』 시리즈(1985년~) 등에 의해, 삼국지의 세계는 다양한 세대를 매료시켜 왔습니다.

삼국지 무장 열전

이 Appendix에 등장하는 군주(전국 SLG에서는 「다이묘」)를 소개합니다.

중국에서 사람 이름은 성(씨)과 이름(명)과 자로 구성됩니다. 예를 들어 삼국지를 대표하는 천재 군사로 불리는 제갈량(공명)의 경우 성은 「제갈」, 이름은 「량」, 자는 「공명」입니다.

▪ 조조(맹덕) ▣❖ -

후한 황제를 꼭두각시로 삼아 세력을 확장하여, 삼국시대 최대 왕조인 위나라의 초석을 다졌습니다. 아들 조비가 후한의 황제를 퇴위시키고 위나라를 세웁니다. 그러나 위나라는 조조 시대부터 섬겨온 사마의가 쿠데타를 일으켜 권력을 장악했고, 또한 사마의의 손자인 사마염이 위나라 황제를 퇴위시키고 서진을 세워 중국을 통일합니다.

▪ 유비(현덕) ▣❖ -

의형제인 관우와 장비를 이끌고, 천재 군사 제갈량의 「천하삼분지계」에 힘입어 삼국의 일각으로 대두됩니다. 후한이 위나라에 의해 멸망하자, 유비는 한나라의 황제를 자처하고 삼국 중 하나인 촉한을 세웁니다. 유비 사망 후 촉한은 제갈량의 「북벌」로 위나라에 선전하지만, 제갈량 사망 후에는 쇠퇴하여 위나라에 의해 멸망합니다. 촉한은 삼국 중 가장 먼저 멸망했습니다.

▪ 손책(백부) ▣❖ -

삼국 중 하나인 오나라를 일으키는 손권의 형입니다. 1,000명도 안 되는 군에서 세력을 확장하여, 오나라의 초석을 다졌습니다. 그러나 오나라는 서기 280년에 서진에 의해 멸망하면서 삼국시대는 종결됩니다.

▪ 여포(봉선) ▣❖ -

삼국시대 최강으로 평가되는 무장입니다. 주군에 대한 배신을 반복하며 방랑하고, 유비에게 의탁하다 틈을 노려 거점을 빼앗고 독립합니다. 그러나 조조에게 공격받아 투항하고 처형됩니다.

▪ 원소(본초) ▣❖ -

전성기에는 당시의 조조를 훨씬 능가하는 대세력을 세웠으나 「관도 전투」에서 조조에게 패배하고, 곧 병사합니다. 그 후, 원 가문은 후계자 다툼의 틈을 기회로 삼은 조조에 의해 멸망합니다.

■ 유표(경승) ▐◈ -

이후 삼국에 의한 쟁탈전이 벌어지는 형주의 자사로, 방랑하던 유비를 받아들입니다. 조조가 공격하기 직전에 병사하며, 집안을 이은 유종은 조조에게 항복합니다.

■ 유장(계옥) ▐◈ -

이후 유비가 촉한을 세우는 익주의 자사였으나 유비에게 공격당하여 항복하고, 형주로 좌천됩니다. 형주를 손권에게 빼앗기고 손권의 가신이 되지만 곧 병사합니다.

■ 마등(수성) ▐◈ -

촉한의 오호대장군(관우, 장비, 마초, 황충, 조운) 중 한 명인 마초의 아버지입니다. 조조의 권유로 조정에 출사하지만, 마초가 조조를 공격하여 처형당합니다. 『삼국지연의』에서는 조조의 암살 계획에 참여하는 열혈한으로 묘사되지만, 실패하여 조조에게 처형당합니다.

■ 공손찬(백규) ▐◈ -

유력한 장군으로 두각을 나타내지만 원소와의 세력 다툼에서 패하여 자결합니다.

■ 이각(치연) ▐◈ -

후한 황제를 꼭두각시로 삼아 전횡을 휘두르는 동탁이 여포에게 암살당하자 동탁의 부하였던 이각은 여포를 습격하여 쫓아내고, 후한 조정의 실권을 잡았지만 최후에는 조조에게 토벌당합니다.

▐▐ 시대 설정-196년 여포의 대두와 조조의 헌제 장악 ▐▐

게임이 시작되는 연도는 매력적인 군주가 군웅할거(群雄割據)하는 196년으로 정했습니다. 소설 『삼국지연의』 전반의 주인공 격인 유비가 독립하고, 최강의 무장 여포도 독립한 상태이며, 이후 최대 세력이 되는 조조가 세력을 확장하기 전인 절묘한 시기입니다.

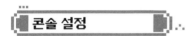

콘솔 설정

글꼴 크기는 28, 화면 버퍼와 창 너비를 62, 높이를 33으로 설정합니다.

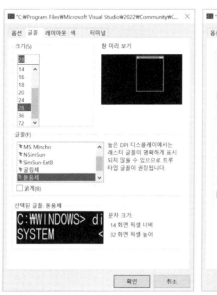

■ 글꼴 설정

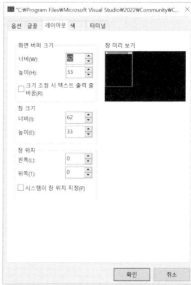

■ 레이아웃 설정

군주 데이터를 변경한다

등장하는 군주 종류의 태그를 변경합니다.

```
// [3-1] 군주의 종류를 정의한다
enum
{
    LORD_IGAK,          // [3-1- 1] 이각
    LORD_YUBI,          // [3-1- 2] 유비
    LORD_WONSO,         // [3-1- 3] 원소
```

```
    LORD_JOJO,          // [3-1- 4] 조조
    LORD_YEOPO,         // [3-1- 5] 여포
    LORD_YUPYO,         // [3-1- 6] 유표
    LORD_SONCHAEK,      // [3-1- 7] 손책
    LORD_YUJANG,        // [3-1- 8] 유장
    LORD_MADEUNG,       // [3-1- 9] 마등
    LORD_GONGSONCHAN,   // [3-1-10] 공손찬
    LORD_MAX            // [3-1-11] 종류의 개수
};
```

군주의 데이터를 변경합니다. 전국 SLG에서는 familyName이 「성」, firstName
이 「이름」이었으나, 이 Appendix의 삼국지에서는 familyName이 「성+이름」,
firstName이 「자」입니다.

```
// [5-1] 다이묘 배열을 신언한나
LORD lords[LORD_MAX] =
{
    {"이각",      "치연",},    // [5-1- 1] LORD_IGAK         이각
    {"유비",      "현덕",},    // [5-1- 2] LORD_YUBI         유비
    {"원소",      "본초",},    // [5-1- 3] LORD_WONSO        원소
    {"조조",      "맹덕",},    // [5-1- 4] LORD_JOJO         조조
    {"여포",      "봉선",},    // [5-1- 5] LORD_YEOPO        여포
    {"유표",      "경승",},    // [5-1- 6] LORD_YUPYO        유표
    {"손책",      "백부",},    // [5-1- 7] LORD_SONCHAEK     손책
    {"유장",      "계옥",},    // [5-1- 8] LORD_YUJANG       유장
    {"마등",      "수성",},    // [5-1- 9] LORD_MADEUNG      마등
    {"공손찬",    "백규",},    // [5-1-10] LORD_GONGSONCHAN  공손찬
};
```

주 데이터를 변경한다

군주의 거점은 전국 SLG에서는 「성」이었지만, 이 Appendix의 삼국지에서는
「주」로 합니다[1]. 주의 종류를 변경합니다.

1 주석 수정의 대부분은 생략합니다.

```
// [3-2] 성의 종류를 정의한다
enum
{
    CASTLE_SAYE,       // [3-2- 1] 사예
    CASTLE_YEJU,       // [3-2- 2] 예주
    CASTLE_GIJU,       // [3-2- 3] 기주
    CASTLE_YEONJU,     // [3-2- 4] 연주
    CASTLE_SEOJU,      // [3-2- 5] 서주
    CASTLE_HYEONGJU,   // [3-2- 6] 형주
    CASTLE_YANGJU,     // [3-2- 7] 양주
    CASTLE_IKJU,       // [3-2- 8] 익주
    CASTLE_RYANGJU,    // [3-2- 9] 량주
    CASTLE_YUJU,       // [3-2-10] 유주
    CASTLE_MAX         // [3-2-11] 종류의 개수
};
```

주 배열 castles의 선언에서 주의 이름, 주목(전국 SLG에서는 「성주」)을 변경합니다. 주의 연결 정보는 나중에 설정하므로 일단 삭제합니다.

```
// [5-2] 성 배열을 선언한다
CASTLE castles[CASTLE_MAX] =
{
    // [5-2-1] CASTLE_SAYE 사예
    {
        "사예",           // const char* name   이름
        LORD_IGAK,        // int owner          성주
        TROOP_BASE,       // int troopCount     병력 수
    },
```

```
    // [5-2-2] CASTLE_YEJU 예주
    {
        "예주",           // const char* name   이름
        LORD_YUBI,        // int owner          성주
        TROOP_BASE,       // int troopCount     병력 수
    },
```

```
// [5-2-3] CASTLE_GIJU    기주
{
    "기주",              // const char* name 이름
    LORD_WONSO,          // int owner        성주
    TROOP_BASE,          // int troopCount   병력 수
},
```

```
// [5-2-4] CASTLE_YEONJU    연주
{
    "연주",              // const char* name 이름
    LORD_JOJO,           // int owner        성주
    TROOP_BASE,          // int troopCount   병력 수
},
```

```
// [5-2-5] CASTLE_SEOJU    서주
{
    "서주",              // const char* name 이름
    LORD_YEOPO,          // int owner        성주
    TROOP_BASE,          // int troopCount   병력 수
},
```

```
// [5-2-6] CASTLE_HYEONGJU    형주
{
    "형주",              // const char* name 이름
    LORD_YUPYO,          // int owner        성주
    TROOP_BASE,          // int troopCount   병력 수
},
```

```
// [5-2-7] CASTLE_YANGJU    양주
{
    "양주",              // const char* name 이름
    LORD_SONCHAEK,       // int owner        성주
    TROOP_BASE,          // int troopCount   병력 수
},
```

```
// [5-2-8] CASTLE_IKJU 익주
{
    "익주",              // const char* name 이름
    LORD_YUJANG,         // int owner      성주
    TROOP_BASE,          // int troopCount  병력 수
},
```

```
// [5-2-9] CASTLE_RYANGJU 량주
{
    "량주",              // const char* name 이름
    LORD_MADEUNG,        // int owner      성주
    TROOP_BASE,          // int troopCount  병력 수
},
```

```
// [5-2-10] CASTLE_YUJU 유주
{
    "유주",              // const char* name 이름
    LORD_GONGSONCHAN,    // int owner       성주
    TROOP_BASE,          // int troopCount  병력 수
}
};
```

이제 주 데이터 변경이 완성되었습니다.

프로그램에 전국 SLG의 상수가 남아 있어서 오류*가 발생합니다. 오류를 없애기 위해 우선은 전국 SLG의 지도 그리기를 주석 처리합니다.

```
/*
// [6-2-2] 지도의 1번째 행을 그린다
printf(...);

...

// [6-2-17] 지도의 16번째 행을 그린다
printf(...);
*/
```

다음에 전국 SLG의 역사 이벤트를 삭제합니다.

```
// [6-5-109]
if(...)
{
    ...
}
```

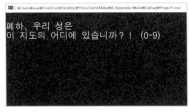

실행하면 지도가 없어집니다.

■ 지도가 없어진다

샘플 지도를 그린다

지도를 그리기 전에 완성형이 어떻게 되는지, 지도가 올바르게 그려졌는지 확인하기 위해 완성 샘플을 그립니다.

```
// [6-2-1.5] 지도 샘플을 그린다
printf("%s",
" 196년                      9유주5           \n"  // 01
"                     공손     ~   ~ \n"           // 02
"8량주5          2기주5        ~ ~ ~ ~ \n"          // 03
"마등          원소      ~ ~ ~ ~ ~ ~ ~ \n"          // 04
"                      ~ ~       ~ ~ \n"           // 05
"              3연주5            ~ ~ ~ \n"          // 06
"    0사예5      조조   4서주5 ~ ~ ~ \n"             // 07
"     이각            여포 ~ ~ ~ ~ \n"              // 08
"              10예주5         ~ ~ ~ \n"            // 09
"              유비            ~ ~ ~ \n"            // 10
"7익주5    5형주5      6양주5      ~ ~ \n"            // 11
"유장      유표         손책      ~ ~ ~ \n"          // 12
"                              ~ ~ ~ \n"           // 13
"                          ~ ~ ~ \n"               // 14
"                      ~ ~ ~ \n"                   // 15
"                  ~ ~ ~ ~ ~ ~ \n"                 // 16
);
```

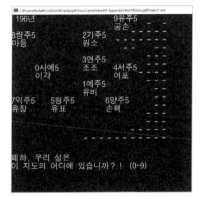

실행하면 완성 샘플의 지도가 그려집니다. 문자 깨짐 현상이 발생하면 p.20을 참고하세요.

■ 완성 샘플 지도가 그려진다

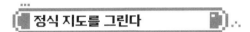

정식 지도를 그린다

그럼 변경한 데이터를 참조하면서 진짜 지도를 그립니다. 우선은 샘플 지도를 주석 처리해 둡니다.

```
/*
// [6-2-1.5] 지도 샘플을 그린다
printf(...);
*/
```

게임을 시작하는 연도를 변경합니다.

```
// [2] 상수를 정의하는 곳
...
#define START_YEAR        196    // [2-4] 시작 연도를 정의한다
```

주석 처리한 전국 SLG의 지도 그리기 코드에 위에서 작성한 삼국지 샘플 지도를 복사&붙여넣기하면서 1행씩 지도를 그립니다.

```
// [6-2-2] 지도의 1번째 행을 그린다
printf(" %d년                    %d%.4s%d         \n",
    year,                            // 연도
    CASTLE_YUJU,                     // 유주의 주 번호
    castles[CASTLE_YUJU].name,       // 유주의 이름
    castles[CASTLE_YUJU].troopCount);// 유주의 병력 수
```

```
// [6-2-3] 지도의 2번째 행을 그린다
    printf("                      %.4s   ~    \n",
        lords[castles[CASTLE_YUJU].owner].familyName); // 유주 주목의 성명
```

```
// [6-2-4] 지도의 3번째 행을 그린다
printf("%d%.4s%d        %d%.4s%d        ~ ~ ~ ~ ~\n",
    CASTLE_RYANGJU,                      // 량주의 주 번호
    castles[CASTLE_RYANGJU].name,        // 량주의 이름
    castles[CASTLE_RYANGJU].troopCount,  // 량주의 병력 수
    CASTLE_GIJU,                         // 기주의 주 번호
    castles[CASTLE_GIJU].name,           // 기주의 이름
    castles[CASTLE_GIJU].troopCount);    // 기주의 병력 수
```

```
// [6-2-5] 지도의 4번째 행을 그린다
    printf("%.4s        %.4s   ~ ~ ~ ~ ~ ~ ~\n",
        lords[castles[CASTLE_RYANGJU].owner].familyName,  // 량주 주목의 성명
        lords[castles[CASTLE_GIJU].owner].familyName);    // 기주 주목의 성명
```

```
// [6-2-6] 지도의 5번째 행을 그린다
    printf("                         ~ ~    ~ ~\n");
```

```
// [6-2-7] 지도의 6번째 행을 그린다
    printf("                %d%.4s%d        ~ ~ ~\n",
        CASTLE_YEONJU,                       // 연주의 주 번호
        castles[CASTLE_YEONJU].name,         // 연주의 이름
        castles[CASTLE_YEONJU].troopCount);  // 연주의 병력 수
```

```
// [6-2-8] 지도의 7번째 행을 그린다
    printf("    %d%.4s%d    %.4s    %d%.4s%d  ~ ~ ~\n",
        CASTLE_SAYE,                                        // 사예의 주 번호
        castles[CASTLE_SAYE].name,                          // 사예의 이름
        castles[CASTLE_SAYE].troopCount,                    // 사예의 병력 수
        lords[castles[CASTLE_YEONJU].owner].familyName,     // 연주 주목의 성명
        CASTLE_SEOJU,                                       // 서주의 주 번호
        castles[CASTLE_SEOJU].name,                         // 서주의 이름
        castles[CASTLE_SEOJU].troopCount);                  // 서주의 병력 수


// [6-2-9] 지도의 8번째 행을 그린다
    printf("    %.4s              %.4s  ~ ~ ~ ~\n",
        lords[castles[CASTLE_SAYE].owner].familyName,       // 사예 주목의 성명
        lords[castles[CASTLE_SEOJU].owner].familyName);     // 서주 주목의 성명


// [6-2-10] 지도의 9번째 행을 그린다
    printf("            %d%s%d          ~ ~ ~ ~\n",
        CASTLE_YEJU,                        // 예주의 주 번호
        castles[CASTLE_YEJU].name,          // 예주의 이름
        castles[CASTLE_YEJU].troopCount);   // 예주의 병력 수


// [6-2-11] 지도의 10번째 행을 그린다
    printf("            %.4s              ~ ~ ~\n",
        lords[castles[CASTLE_YEJU].owner].familyName);  // 예주 주목의 성명


// [6-2-12] 지도의 11번째 행을 그린다
    printf("    %d%.4s%d          %d%.4s%d  ~ ~\n",
        CASTLE_HYEONGJU,                                    // 형주의 주 번호
        castles[CASTLE_HYEONGJU].name,                      // 형주의 이름
        castles[CASTLE_HYEONGJU].troopCount,                // 형주의 병력 수
        CASTLE_YANGJU,                                      // 양주의 주 번호
        castles[CASTLE_YANGJU].name,                        // 양주의 이름
        castles[CASTLE_YANGJU].troopCount);                 // 양주의 병력 수
```

```
// [6-2-13] 지도의 12번째 행을 그린다
    printf("%d%.4s%d    %.4s        %.4s   ~ ~\n",
    CASTLE_IKJU,                                              // 익주의 주 번호
    castles[CASTLE_IKJU].name,                                // 익주의 이름
    castles[CASTLE_IKJU].troopCount,                          // 익주의 병력 수
    lords[castles[CASTLE_HYEONGJU].owner].familyName,         // 형주 주목의 성명
    lords[castles[CASTLE_YANGJU].owner].familyName);          // 양주 주목의 성명
```

```
// [6-2-14] 지도의 13번째 행을 그린다
    printf("%.4s                        ~ ~\n",
    lords[castles[CASTLE_IKJU].owner].familyName);            // 익주 주목의 성명
```

```
// [6-2-15] 지도의 14번째 행을 그린다
    printf("                          ~ ~\n");
```

```
// [6-2-16] 지도의 15번째 행을 그린다
    printf("                        ~ ~ ~\n");
```

```
// [6-2-17] 지도의 16번째 행을 그린다
    printf("                ~ ~ ~ ~ ~ ~ ~ ~ ~ ~\n");
```

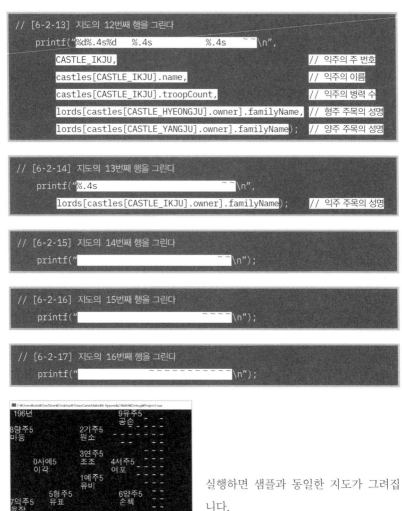

실행하면 샘플과 동일한 지도가 그려집
니다.

■ 정식 지도가 그려진다

주 배열 castles 선언에서 주의 연결 정보 connectedCastles를 추가합니다.

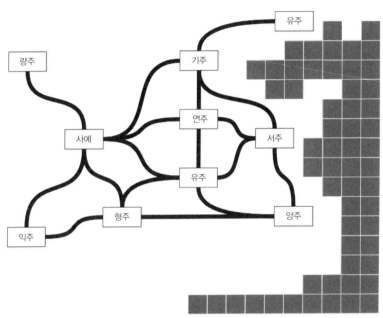

■ 주의 연결

```
// [5-2] 성 배열을 선언한다
CASTLE castles[CASTLE_MAX] =
{
    // [5-2-1] CASTLE_SAYE 사예
    {

        ...

        // std::vector<int> connectedCastles    연결된 성 리스트
        {
            CASTLE_YEJU,      // 예주
            CASTLE_GIJU,      // 기주
            CASTLE_YEONJU,    // 연주
            CASTLE_HYEONGJU,  // 형주
```

```
            CASTLE_IKJU,        // 익주
            CASTLE_RYANGJU      // 랑주
        },
    },

    // [5-2-2] CASTLE_YEJU  예주
    {
        ...

        // std::vector<int> connectedCastles   연결된 성 리스트
        {
            CASTLE_SAYE,        // 사예
            CASTLE_YEONJU,      // 연주
            CASTLE_SEOJU,       // 서주
            CASTLE_HYEONGJU,    // 형주
            CASTLE_YANGJU       // 양주
        },
    },

    // [5-2-3] CASTLE_GIJU  기주
    {
        ...

        // std::vector<int> connectedCastles   연결된 성 리스트
        {
            CASTLE_SAYE,        // 사예
            CASTLE_YEONJU,      // 연주
            CASTLE_SEOJU,       // 서주
            CASTLE_YUJU         // 유주
        },
    },

    // [5-2-4] CASTLE_YEONJU  연주
    {
        ...
```

```cpp
    // std::vector<int> connectedCastles        연결된 성 리스트
    {
        CASTLE_SAYE,    // 사예
        CASTLE_YEJU,    // 예주
        CASTLE_GIJU,    // 기주
        CASTLE_SEOJU    // 서주
    }
},

// [5-2-5] CASTLE_SEOJU  서주
{
    ...

    // std::vector<int> connectedCastles        연결된 성 리스트
    {
        CASTLE_YEJU,     // 예주
        CASTLE_GIJU,     // 기주
        CASTLE_YEONJU,   // 연주
        CASTLE_YANGJU    // 양주
    }
},

// [5-2-6] CASTLE_HYEONGJU 형주
{
    ...

    // std::vector<int> connectedCastles        연결된 성 리스트
    {
        CASTLE_SAYE,     // 사예
        CASTLE_YEJU,     // 예주
        CASTLE_YANGJU,   // 양주
        CASTLE_IKJU      // 익주
    }
},
```

```cpp
// [5-2-7] CASTLE_YANGJU 양주
{
    ...

    // std::vector<int> connectedCastles        연결된 성 리스트
    {
        CASTLE_YEJU,        // 예주
        CASTLE_SEOJU,       // 서주
        CASTLE_HYEONGJU     // 형주
    }
},

// [5-2-8] CASTLE_IKJU 익주
{
    ...

    // std::vector<int> connectedCastles        연결된 성 리스트
    {
        CASTLE_SAYE,        // 사예
        CASTLE_HYEONGJU     // 형주
    }
},

// [5-2-9] CASTLE_RYANGJU 량주
{
    ...

    // std::vector<int> connectedCastles        연결된 성 리스트
    {
        CASTLE_SAYE         // 사예
    }
},
```

```
// [5-2-10] CASTLE_YUJU 유주
{
    ...

    // std::vector<int> connectedCastles   연결된 성 리스트
    {
        CASTLE_GIJU   // 기주
    }
}
};
```

전국 시대 고유의 설정을 삼국지용으로 변경한다

병력 수 단위를 변경한다

병력 수 단위 매크로 TROOP_UNIT를 삼국지 스케일에 맞게 10000명으로 변경합니다.

```
// [2] 상수를 정의하는 곳
...
#define TROOP_UNIT       (10000) // [2-3] 병력 수 단위를 정의한다
...
```

진군 인원의 입력을 요청하는 메시지에서 병력 수의 단위를 변경합니다.

```
// [6-5-41] 입력된 성을 통지하고, 이동할 병력 수의 입력을 요청하는 메시지를 표시한다
printf("%s에 몇 만명 진군하시겠습니까?(0~%d)\n", ...);
```

전투 장면에서 표시하는 병력 수를 4자리에서 5자리로 수정합니다.

```
// [6-4-6] 전투의 경과를 표시한다
printf("%s군(%5d명)  X  %s군(%5d명)\n",
    );
```

이로써 병력 수 단위의 변경이 이루어졌습니다.

메시지를 수정한다

전국 시대에는 가신이 주군을 부르는 「주군님」을 사용하지만, 삼국지 드라마 등에
서는 「폐하」라고 부릅니다.

```
// [6-3-7] 주군 선택을 요청하는 메시지를 표시한다
printf("폐하, 우리 성은\n"
    ...);
```

군주가 적의 성을 공격했을 때의 메시지로, 자 부분에 괄호를 붙입니다.

```
// [6-5-65] 공격하는 메시지를 표시한다
printf("%s의 %s(%s)이(가) %s에 공격해 들어갔습니다!\n", ...);
```

군주가 다른 군주를 멸망시켰을 때의 메시지에도 자 부분에 괄호를 붙입니다.

```
// [6-4-24] 추가하는 문자열을 작성한다
sprintf_s(str, "%d년 %s(%s)이(가) %s에서 %s(%s)을 멸망시키다\n", ...);
```

마지막으로 엔딩 메시지를 변경합니다.

```
// [6-5-100] 엔딩 메시지를 표시한다
printf("%d년 %s (%s)이(가) 천하를 통일한다\n"
    "\n"
    "THE END",
    year,                          // 천하 통일한 연도
    lords[playerLord].familyName,  // 플레이어의 군주 성명
    lords[playerLord].firstName);  // 플레이어의 군주 자
```

■ 엔딩

축하합니다! 이제 전국 SLG가 삼국지로 되었습니다. 그러나 삼국지에는 군주 이외에도 매력적인 부하 무장이 많이 존재하여 그들이 등장하지 않는 것이 아쉽습니다. 부하 무장 시스템을 추가하여 주목을 맡기거나 전투에서 등장시키는 기능이 추가되면, 더욱 역사에 가깝고 흥미로운 게임이 될 것입니다.

Appendix

왕도 RPG 완전판

전투 장면에 필드 장면을 추가하여
완전한 RPG로 완성하자!

왕도 RPG의 세계를 완벽 재현하고 싶다!
제1장 전투 장면을 확장하여 완전한 RPG로 만들자

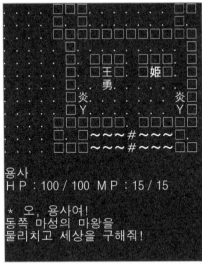

■ 이 Appendix에서 만들 게임의 화면

제1장에서 작성한 RPG는 전투 장면 뿐이므로 완성된 게임으로 보기에는 완성도가 부족한 점이 있었습니다.

그래서 이 Appendix에서는 제1장에서 작성한 RPG 전투 장면에 필드 장면을 추가하여 용사의 여정부터 최종 보스를 물리치기까지를 체험하는 최소한이지만 완전한 RPG로 완성합니다.

게임은 왕의 성에서 시작하여 필드를 탐험하고 마왕성에 도달하여, 마왕과의 결전까지를 그립니다.

프로그램의 기본 구조를 작성한다

제1장의 프로그램을 확장한다

프로그램의 베이스로 이전에 완성한 제1장의 프로그램을 사용하겠습니다.

콘솔 설정에서 폰트 크기는 36, 화면 버퍼와 윈도 크기의 너비는 34, 높이는 20으로 변경합니다.

■ 글꼴 설정

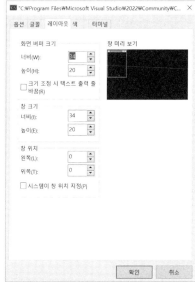

■ 레이아웃 설정

필드를 추가한다

게임 시작 시의 장면인 필드 장면을 작성합니다.

필드의 데이터를 작성한다

나중에 맵을 추가하여 전환하는 것을 상정하고, 우선은 맵의 종류를 정의합니다.

```
// [3] 열거 상수를 정의하는 곳

...

// [3-4] 맵의 종류를 정의한다
enum {
    MAP_FIELD,              // [3-4-1] 필드
    MAP_MAX                 // [3-4-4] 맵 종류의 개수
};
```

맵의 최대 너비와 높이를 정의합니다. 너비를 MAP_WIDTH, 높이를 MAP_HEIG
HT로 합니다.

```
// [2] 상수를 정의하는 곳

#define SPELL_COST       (3)      // [2-1] 주문의 소비MP를 정의한다
#define MAP_WIDTH        (16)     // [2-2] 맵의 너비를 정의한다
#define MAP_HEIGHT       (16)     // [2-3] 맵의 높이를 정의한다
```

■ 필드에서 표시되는 칸의 종류

칸의 종류	문자
바다	~
평지	.
산	M
다리	#
왕의 성	K
마왕의 성	B

맵의 지형 데이터 배열 map을 선언합니다. 각 칸
의 정보는 반각 문자로 기술합니다.

```
// [5] 변수를 선언하는 곳

...

// [5-4] 맵의 지형 데이터를 선언한다
char map[MAP_MAX][MAP_HEIGHT][MAP_WIDTH + 1] =
{
```

```
// [5-4-1]MAP_FIELD 필드
{
    "~~~~~~~~~~~~~~~~~~~",
    "~~MMMMM~~MMMM.~~~",
    "~M...M.#H#..M...~",
    "~M.M.M.~~M.M.M.~",
    "~M.M...~~M..M.~",
    "~M.MMMM~~MMMM..~",
    "~M..MM.~~~~~~#~~",
    "~~~M.M.~~~~~~#~~",
    "~~M.MM~~~~BMM..~",
    "~~...MM~~M.MMM.~",
    "~..~M~~M....M.~",
    "~..~~~K~~MMMM.M.~",
    "~..~~~.~~M..M.~",
    "~.....~~M.MM..~",
    "~~~....~~~....~",
},
};
```

이제 필드 데이터가 완성되었습니다.

필드를 그린다

이제 필드를 그리겠습니다.

우선, 제1장에서 작성한 전투 장면이 실행되지 않도록 전투 장면의 함수 Battle 호출을 삭제합니다.

```
// [6-6] 프로그램의 실행 시작점을 선언한다
int main()
{
    ...

    // [6-6-3] 전투 장면의 함수를 호출한다
    Battle(MONSTER_BOSS);
}
```

실행하면 프로그램이 바로 종료되기 때문에 메인 루프를 추가합니다.

```
// [6-6] 프로그램의 실행 시작점을 선언한다
int main()
{
    ...

    // [6-6-3] 메인 루프
    while (1)
    {
    }
}
```

실행하면 프로그램이 계속 진행됩니다.

다음으로 플레이어가 지금 어느 맵에 있는지를 보유하는 변수 currentMap을 선언합니다.

```
// [5] 변수를 선언하는 곳
...

int currentMap; // [5-5] 현재 맵을 선언한다
```

맵을 그리는 함수 DrawMap을 선언합니다.

```
// [6] 함수를 선언하는 곳
...

// [6-5] 맵을 그리는 처리를 기술하는 함수를 선언한다
void DrawMap()
{
}

...
```

맵을 그리는 함수 DrawMap을 main() 함수에서 호출합니다.

```
// [6-6-3] 메인 루프
while (1)
{
    // [6-6-4] 맵을 그리는 함수를 호출한다
    DrawMap();
}
```

이제 게임이 시작되면 맵이 그려지게 됩니다.

그 후 맵을 그리는 함수 DrawMap에서 맵의 모든 칸을 반복합니다.

```
// [6-5] 맵을 그리는 처리를 기술하는 함수를 선언한다
void DrawMap()
{
    // [6-5-2] 그리는 모든 행을 대상으로 반복한다
    for (int y = 0; y < MAP_HEIGHT; y++)
    {
        // [6-5-3] 그리는 모든 열을 대상으로 반복한다
        for (int x = 0; x < MAP_WIDTH; x++)
        {
        }
    }
}
```

각 칸의 문자에 따라 분기하고 각각의 아스키아트를 그립니다.

```
// [6-5-3] 그리는 모든 열을 대상으로 반복한다
for (int x = 0; x < MAP_WIDTH; x++)
{
    // [6-5-12] 칸의 종류에 따라 분기한다
    switch (map[currentMap][y][x])
    {
    case '~': printf("~"); break; // [6-5-13] 바다
    case '.': printf(". "); break; // [6-5-14] 평지
    case 'M': printf("M"); break; // [6-5-15] 산
    case '#': printf("#"); break; // [6-5-16] 다리
    case 'K': printf("王"); break; // [6-5-17] 왕의 성
```

```
case 'B': printf("魔"); break; // [6-5-18] 마왕의 성
    }
}
```

실행하면 칸의 아스키아트가 표시되는데, 문자가 대량으로 계속해서 흘러내려 맵
표시가 무너집니다.

맵을 그리기 전에 화면을 클리어합니다.

```
// [6-5] 맵을 그리는 함수를 선언한다
void DrawMap()
{
    // [6-5-1] 화면을 클리어한다
    system("cls");

    ...
}
```

실행하면 아스키아트가 밀리지 않게 되지만, 연속으로 그리기를 반복하기 때문에
화면이 깜박거립니다. 그러므로 맵 그리기가 끝나면 키보드 입력 대기 상태로 만들
겠습니다.

```
// [6-6-3] 메인 루프
while (1)
{
    ...

    // [6-6-7] 입력된 키로 분기한다
    switch (_getch())
    {
    }
}
```

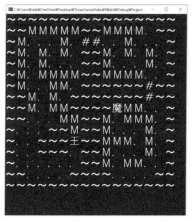

■ 맵이 올바르게 그려지지 않는다

실행하면 깜박거림이 멈추지만 맵이 올바르게 그려지지 않습니다. 맵의 오른쪽 끝에서 줄바꿈하지 않으면 맵이 밀립니다.

글자 깨짐 현상이 발생하면 p.20을 참고하세요.

그럼 각 행이 그리기가 끝날 때마다 줄바꿈합니다.

```
// [6-5-2] 그리는 모든 행을 대상으로 반복한다
for (int y = 0; y < MAP_HEIGHT; y++)
{
    ...

    // [6-5-25] 1행 그릴 때마다 줄바꿈한다
    printf("\n");
}
```

실행하면 이번에는 맵이 올바르게 그려집니다.

■ 맵이 올바르게 그려진다

마지막으로 이 다음에 이어지는 표시를 위해 1행을 비워둡니다.

```
// [6-5] 맵을 그리는 처리를 기술하는 함수를 선언한다
void DrawMap()
{
    ...

    // [6-5-26] 1행 비운다
    printf("\n");
}
```

이제 맵 그리기 기능이 완성되었습니다.

맵상에 플레이어를 추가한다

먼저 플레이어를 필드 화면에 추가하고 이동할 수 있게 만들겠습니다.

맵상에 플레이어를 그린다

우선 맵상의 플레이어 좌표를 보유하는 변수 playerX, playerY를 선언합니다. 좌표는 왕의 성에서 1칸 남쪽의 좌표로 초기화합니다.

```
// [5] 변수를 선언하는 곳

...

int playerX = 6;     // [5-6] 플레이어의 X좌표
int playerY = 12;    // [5-7] 플레이어의 Y좌표
```

각 칸을 그리는 부분에서 플레이어의 좌표와 그 외의 좌표로 처리를 분기하고, 플레이어가 있는 칸에는 플레이어의 아스키아트를 그립니다.

```
// [6-5-3] 그리는 모든 열을 대상으로 반복한다
for (int x = playerX - SCREEN_WIDTH / 2; x < playerX + SCREEN_WIDTH / 2;
x++)
{
    // [6-5-4] 대상 좌표가 플레이어의 좌표와 같은지 판정한다
    if ((x == playerX) && (y == playerY))
    {
        // [6-5-5] 플레이어의 아스키아트를 그린다
        printf("□");
    }

    // [6-5-11] 같지 않다면
    else
    {
        // [6-5-12] 칸의 종류에 따라 분기한다
        switch (map[currentMap][y][x])
        {
            ...
        }
    }
}
```

실행하면 플레이어의 좌표에 플레이어가
표시됩니다.

■ 플레이어가 표시된다

플레이어를 키보드 입력으로 조작한다

플레이어를 w s a d 키로 조작하여 맵 안을 이동할 수 있게 합니다. 맵을 그린 후
키보드 입력 처리에서 입력한 키에 따라 처리를 분기하여 플레이어를 조작합니다.

```
// [6-6-7] 입력된 키로 분기한다
switch (_getch())
{
case 'w':    playerY--;    break;    // [6-6-8]  w 키로 위쪽 이동
case 's':    playerY++;    break;    // [6-6-9]  s 키로 아랫쪽 위동
case 'a':    playerX--;    break;    // [6-6-10] a 키로 왼쪽 이동
case 'd':    playerX++;    break;    // [6-6-11] d 키로 오른쪽 이동
}
```

실행하면 키보드 입력으로 플레이어를
이동할 수 있게 되지만, 바다든 산이든
관계없이 이동합니다.

■ 플레이어를 조작할 수 있다

플레이어가 들어갈 수 없는 칸에 이동할 수 없게 한다

들어갈 수 없는 칸을 정하고 그 곳으로는 이동할 수 없게 만들겠습니다. 우선 이동
취소를 할 수 있도록 변수 lastPlayerX, lastPlayerY에 이동 전의 좌표를 저장합
니다.

```
// [6-6-3] 메인 루프
while (1)
{
    ...

    int lastPlayerX = playerX;// [6-6-5] 플레이어의 이동 전 X좌표를 선언한다
    int lastPlayerY = playerY;// [6-6-6] 플레이어의 이동 전 Y좌표를 선언한다

    ...
}
```

이동할 수 있는 지형은 평지와 다리 뿐이며, 그 밖의 지형은 진입할 수 없습니다. 평지나 다리의 칸과 그 밖의 칸으로 처리를 분기시키고, 그 밖의 칸으로 이동한 경우는 이동 전 좌표 lastPlayerX, lastPlayerY로 되돌리고 이동을 취소합니다.

```
// [6-6-3] 메인 루프
while (1)
{
    ...

    // [6-6-48] 이동 목적지 칸의 종류에 따라 분기시킨다
    switch (map[currentMap][playerY][playerX])
    {
    case '.':     // [6-6-49] 평지
    case '#':     // [6-6-50] 다리
        break;

    default:      // [6-6-53] 상기 이외의 칸
        playerX = lastPlayerX;// [6-6-54] 플레이어의 X좌표를 이동 전으로 되돌린다
        playerY = lastPlayerY;// [6-6-55] 플레이어의 Y좌표를 이동 전으로 되돌린다
        break;
    }
}
```

실행하면 들어갈 수 없는 칸으로 이동할 수 없습니다. 이제 플레이어 이동 제한 기능이 완성되었습니다.

■ 플레이어의 이동에 맞춰서 화면을 스크롤한다

플레이어가 항상 맵의 중심에 표시되게 플레이어의 이동에 맞춰서 화면을 스크롤하겠습니다. 먼저 스크롤 화면의 폭을 SCREEN_WIDTH, 높이를 SCREEN_HEIGHT로 정의합니다.

```
// [2] 상수를 정의하는 곳

...

#define SCREEN_WIDTH      (16)      // [2-4] 스크롤 화면의 너비를 정의한다
#define SCREEN_HEIGHT     (12)      // [2-5] 스크롤 화면의 높이를 정의한다
```

현 상태에서는 맵의 모든 칸을 그리고 있지만, 그리는 범위를 플레이어를 중심으로 한 스크롤 화면의 범위 내로 조정합니다.

```
// [6-5-2] 그리는 모든 행을 대상으로 반복한다
for (int y = 0; y < MAP_HEIGHT; y++)
for (int y = playerY - SCREEN_HEIGHT / 2; y < playerY + SCREEN_HEIGHT / 2;
y++)
{
    // [6-5-3] 그리는 모든 열을 대상으로 반복한다
    for (int x = 0; x < MAP_WIDTH; x++)
    for (int x = playerX - SCREEN_WIDTH / 2; x < playerX + SCREEN_WIDTH /
2; x++)
    {
        ...
    }
}
```

실행하면 맵이 플레이어를 중심으로 한 스크롤 화면과 같이 그려집니다. 이동하면 플레이어를 중심으로 화면이 스크롤되지만, 맵의 끝에 접근하면 맵이 어긋난 것처럼 됩니다. 이는 맵의 범위 밖 칸을 그릴 때 맵 데이터의 범위 밖을 참조하기 때문입니다.

■ 맵의 범위 밖이 오류가 난다

그럼, 맵의 범위 밖 칸은 그려질 때 특별한 처리가 적용되도록 합니다. 우선 맵의 각 칸을 그릴 때에 맵 데이터의 범위 밖 또는 지형이 설정되지 않은 칸과 그 밖의 통상 칸으로 처리를 분기시킵니다.

```
// [6-5-3] 그리는 모든 열을 대상으로 반복한다
for (int x = playerX - SCREEN_WIDTH / 2; x < playerX + SCREEN_WIDTH / 2;
x++)
{
    // [6-5-4] 대상 좌표가 플레이어의 좌표와 같은지 판정한다
    if ((x == playerX) && (y == playerY))
    {

        // [6-5-6] 대상 좌표가 맵 데이터의 범위인지 판정한다
        else if ((x < 0) || (x >= MAP_WIDTH)     // X좌표가 맵의 범위 밖
            || (y < 0) || (y >= MAP_HEIGHT)       // Y좌표가 맵의 범위 밖
            || (map[currentMap][y][x] == '\0'))   // 대상 칸이 설정되어 있지 않다
        }
    }

    // [6-5-11] 위의 조건이 아니면
    else
    {
        ...
    }
}
```

맵의 범위 밖 칸에 어떤 지형을 그릴지는 맵의 종류에 따라 다르기 때문에 맵의 종류에 따라 처리를 분기시킵니다. 필드의 경우는 바다의 아스키아트 「~」를 그립니다.

```
// [6-5-6] 대상 좌표가 맵 데이터의 범위인지 판정한다
else if (...))
{
    // [6-5-7] 맵 종류에 따라 분기한다
    switch (currentMap)
    {
    case MAP_FIELD:          printf("~");    break;   // [6-5-8] 필드 밖은 바다
```

```
    }
}
```

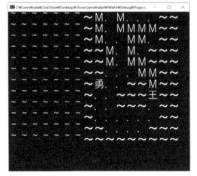

실행하면 맵의 범위 밖 칸이 바다로 채워
집니다. 이제 화면 스크롤이 완성되었습
니다.

■ 맵의 범위 밖이 바다가 된다

왕의 성을 구현한다

게임 시작 시의 맵으로 왕의 성을 추가하겠습니다.

왕의 성 데이터를 추가한다

우선 맵의 종류로 왕의 성을 추가합니다.

```
// [3-4] 맵의 종류를 정의한다
enum {
    MAP_FIELD,              // [3-4-1] 필드
    MAP_KING_CASTLE,        // [3-4-2] 왕의 성
    MAP_MAX                 // [3-4-4] 맵 종류의 개수
};
```

■ 왕의 성에 표시되는 칸의 종류

칸의 종류	문자
바다	~
평지	.
벽	H
불	W
촛대	Y
왕	O
공주	1

맵의 지형 데이터 map의 선언에서 왕의 맵 지형 데이터를 추가합니다.

```
// [5-4] 맵의 지형 데이터를 선언한다
char map[MAP_MAX][MAP_HEIGHT][MAP_WIDTH + 1] =
{
    ...

    // [5-4-2] MAP_KING_CASTLE    왕의 성
    {
        "HHH.......HHH",
        "H.H.......H.H",
        "HHHHHHHHHHHHH",
        ".H.........H.",
        ".H.HHH.HHH.H.",
        ".H.HOH.H1H.H.",
        ".H.........H.",
        ".HW.......WH.",
        ".HY.......YH.",
        "HHHHHH.HHHHHH",
        "H.H~~~#~~~H.H",
        "HHH~~~#~~~HHH",
        ".............",
    },
};
```

이제 왕의 성 데이터가 추가되었습니다.

플레이어의 초기 위치를 설정한다

게임을 시작하면 맵이 왕의 성으로 전환되어 왕의 앞에서 시작하게 만들겠습니다. 게임을 초기화하는 처리에서 맵을 왕의 성, 플레이어의 좌표를 왕 앞으로 설정합니다.

```
// [6-1] 게임을 초기화하는 함수를 선언한다
void Init()
{
    ...

    // [6-1-2] 현재 맵을 초기화한다
    currentMap = MAP_KING_CASTLE;

    playerX = 4;    // [6-1-3] 플레이어의 X좌표를 초기화한다
    playerY = 6;    // [6-1-4] 플레이어의 Y좌표를 초기화한다
}
```

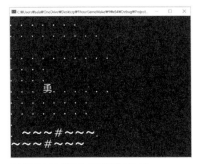

실행하면 왕의 성에서 시작하지만 맵이 올바르게 그려지지 않습니다. 이는 왕의 성에서 처음 나온 종류의 칸을 그리는 방법이 설정되지 않았기 때문입니다.

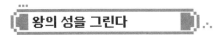

■ 왕의 성이 제대로 그려지지 않는다

왕의 성을 그린다

그럼, 왕의 성에서 추가된 칸 그리기 처리를 추가합니다.

```
// [6-5-12] 칸의 종류에 따라 분기한다
switch (map[currentMap][y][x])
{
```

```
...
case 'H':    printf("□");    break;    // [6-5-19] 벽
case 'W':    printf("炎");    break;    // [6-5-20] 불
case 'Y':    printf("Y");    break;    // [6-5-21] 촛대
case '0':    printf("王");    break;    // [6-5-22] 왕
case '1':    printf("姫");    break;    // [6-5-23] 공주님
}
```

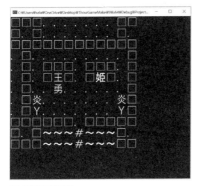

■ 화면이 밀린다

실행하면 스크롤 화면이 작아지는 현상이
발생합니다. 이는 맵의 범위 밖을 그리는
방법이 설정되지 않았기 때문입니다.

　왕의 성 범위 밖에는 평지를 그리도록
합니다.

```
// [6-5-7] 맵의 종류에 따라 분기한다
switch (currentMap)
{
case MAP_FIELD:          printf("~");    break;    // [6-5-8] 필드 밖은 바다
case MAP_KING_CASTLE:    printf(". ");    break;    // [6-5-9] 왕의 성 밖은 평지
}
```

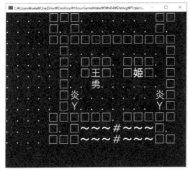

■ 맵의 범위 밖에 평지가 그려진다

실행하면 왕의 성이 정상적으로 그려집
니다. 그러나 밖으로 나갈 수 없습니다.

왕의 성에서 필드로 나간다

왕의 성에서 필드로 나갈 수 있게 만들겠습니다. 플레이어의 이동 목적지 칸이 맵의 범위 밖인지 설정되지 않은 칸인지 판정합니다.

```
// [6-6-3] 메인 루프
while (1)
{
    ...

    // [6-6-12] 맵 밖으로 나갔는지 판정한다
    if ((playerX < 0) || (playerX >= MAP_WIDTH)        // X좌표가 맵의 범위 밖
        || (playerY < 0) || (playerY >= MAP_HEIGHT)     // Y좌표가 맵의 범위 밖
        || (map[currentMap][playerY][playerX] == '\0')) // 미설정 칸
    {
    }

    ...
}
```

맵에서 나오면 어디로 이동할지는, 어떤 맵에서 나왔는지에 따라 달라지므로 현재 맵의 종류에 따라 처리를 분기시킵니다.

```
// [6-6-12] 맵 밖으로 나갔는지 판정한다
if (...)
{
    // [6-6-13] 현재 맵에 따라 분기한다
    switch (currentMap)
    {
    case MAP_KING_CASTLE:    // [6-6-14] 왕의 성
        break;
    }
}
```

왕의 성에서 나온 경우는 필드 맵으로 전환하여 왕의 성에서 1칸 남쪽의 칸으로 설정합니다.

```
// [6-6-13] 현재 맵에 따라 분기한다
switch (currentMap)
{
case MAP_KING_CASTLE:    // [6-6-14] 왕의 성

    // [6-6-15] 필드 맵으로 전환한다
    currentMap = MAP_FIELD;

    playerX = 6;    // [6-6-16] 플레이어의 X좌표를 설정한다
    playerY = 12;   // [6-6-17] 플레이어의 Y좌표를 설정한다

    break;
}
```

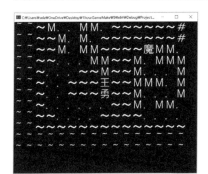

실행하여 왕의 성에서 나오면 필드로 나
옵니다. 그러나 필드에서 왕의 성으로 들
어갈 수는 없습니다.

■ 왕의 성에서 필드로 나간다

필드에서 왕의 성으로 들어간다

필드에서 왕의 성으로 들어갈 수 있도록 만들겠습니다. 플레이어가 이동하려는 칸
이 왕의 성인지 판정합니다.

```
// [6-6-3] 메인 루프
while (1)
{
    ...
```

```
// [6-6-22] 이동 목적지 칸의 종류에 따라 분기시킨다
switch (map[currentMap][playerY][playerX])
{
case 'K':    // [6-6-23] 왕의 성
    break;
}

...
}
```

이동 목적지가 왕의 성이라면 맵을 왕의 성으로 전환하고 플레이어의 좌표를 왕의
성 입구로 합니다.

```
// [6-6-22] 이동 목적지 칸의 종류에 따라 분기시킨다
switch (map[currentMap][playerY][playerX])
{
case 'K':    // [6-6-23] 왕의 성

    // [6-6-24] 왕의 성으로 맵을 전환한다
    currentMap = MAP_KING_CASTLE;

    playerX = 6;     // [6-6-25] 플레이어의 X좌표를 설정한다
    playerY = 12;    // [6-6-26] 플레이어의 Y좌표를 설정한다

    break;
}
```

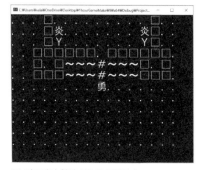

실행하면 필드에서 왕의 성으로 들어갈
수 있게 됩니다.

■ 필드에서 왕의 성으로 들어간다

인물과의 대화 이벤트를 구현한다

그럼 인물과 부딪치면 대화 이벤트가 발생하게 만들겠습니다.

왕과의 대화 이벤트를 구현한다

왕과 대화를 나누면 왕의 대화 메시지를 표시하고, 키보드 입력 대기 상태로 전환합니다.

```
// [6-6-22] 이동 목적지 칸의 종류에 따라 분기시킨다
switch (map[currentMap][playerY][playerX])
{
...

case '0':    // [6-6-31] 왕

    // [6-6-32] 왕의 대화 메시지를 표시한다
    printf("*「용사여!\n"
        "동쪽 마성의 마왕을\n"
        "물리치고 세상을 구해주세요!\n"
    );

    _getch();// [6-6-33] 키보드 입력 대기 상태로 전환한다

    break;
}
```

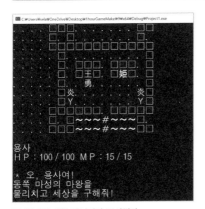

실행하여 왕에게 말을 걸면 대화 메시지가 표시됩니다.

■ 왕과의 대화 메시지가 표시된다

■ 공주와의 대화 이벤트를 구현한다 ■

공주도 마찬가지로 말을 걸면 대화 메시지를 표시합니다.

```
// [6-6-22] 이동 목적지 칸의 종류에 따라 분기시킨다
switch (map[currentMap][playerY][playerX])
{
...
case '1':      // [6-6-34] 공주

        // [6-6-35] 공주의 대화 메시지를 표시한다
        printf(" *「신께 기도드립니다.\n"
            "오, 신이시여!\n"
            "용사님에게 축복을!\n"
        );

        // [6-6-36] 키보드 입력 대기 상태로 한다
        _getch();

        break;
}
```

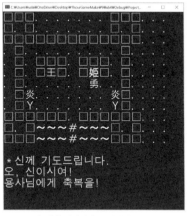

실행하여 공주에게 말을 걸면 대화 메시지가 표시됩니다. 이제 왕의 성이 완성되었습니다.

■ 공주의 대화 메시지가 표시된다

그럼 최종 보스인 마왕이 있는 성을 구현하겠습니다.

마왕성 데이터를 추가한다

우선 맵 종류로 마왕성을 추가합니다.

```
// [3-4] 맵의 종류를 정의한다
enum {
    ...
    MAP_BOSS_CASTLE,        // [3-4-3] 마왕성
    MAP_MAX                 // [3-4-4] 맵 종류의 개수
};
```

맵의 지형 데이터 map의 선언에서 마왕성 맵 데이터를 추가합니다. 칸의 문자
「2」는 마왕입니다.

```
// [5-4] 맵의 지형 데이터를 선언한다
char map[MAP_MAX][MAP_HEIGHT][MAP_WIDTH + 1] =
{
    ...

    // [5-4-3] MAP_BOSS_CASTLE    마왕성
    {
        "HHH.......HHH",
        "H.H.......H.H",
        "HHHHHHHHHHHHH",
        ".H....H....H.",
        "v".H..WHHHW..H.",
        ".H..YH2HY..H.",
        ".H.........H.",
        ".H..W...W..H.",
        ".H..Y...Y..H.",
        ".H.........H.",
        "HHHHHH.HHHHHH",
        "H.H~~~#~~~H.H",
        "HHH~~~#~~~HHH",
        "~~~~~~#~~~~~~",
        "~~~~~~#~~~~~~",
        "............."
    }
```

```
        }
    };
```

이제 마왕성의 맵 데이터가 완성되었습니다.

마왕성에 들어가게 한다

플레이어의 이동 목적지 칸이 마왕성이라면 맵을 마왕성으로 전환하고, 플레이어
의 좌표를 성의 입구로 설정합니다.

```
// [6-6-22] 이동 목적지 칸의 종류에 따라 분기시킨다
switch (map[currentMap][playerY][playerX])
{
...

case 'B':   // [6-6-27] 마왕성

    // [6-6-28] 마왕성으로 맵을 전환한다
    currentMap = MAP_BOSS_CASTLE;

    playerX = 6;   // [6-6-29] 플레이어의 X좌표를 설정한다
    playerY = 15;  // [6-6-30] 플레이어의 Y좌표를 설정한다

    break;
...
}
```

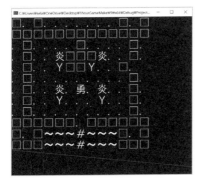

실행하면 마왕성에 들어갈 수 있지만 마왕이 없고, 스크롤 화면이 밀립니다. 이는 마왕이 그려지지 않고, 맵의 범위 밖 칸이 그려지지 않기 때문입니다.

■ 마왕이 표시되지 않고 화면이 밀린다

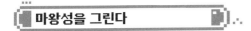

마왕성을 그린다

마왕이 있는 칸에는 마왕의 아스키아트를 그립니다.

```
// [6-5-12] 칸의 종류에 따라 분기한다
switch (map[currentMap][y][x])
{
...
case '2':    printf("魔");    break;    // [6-5-24] 마왕
}
```

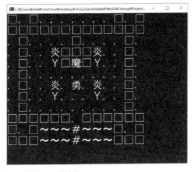

실행하면 안쪽의 옥좌에 마왕이 그려집니다.

■ 마왕이 표시된다

다음으로 마왕성 범위 밖은 평지로 그립니다.

```
// [6-5-7] 맵의 종류에 따라 분기한다
switch (currentMap)
{
...
case MAP_BOSS_CASTLE:    printf(". ");    break;    // [6-5-10] 마왕성 밖은 평지
}
```

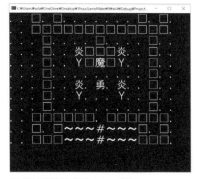

■ 맵의 범위 밖에 평지가 그려진다

실행하면 마왕의 성 밖이 평지로 메워지고 정상적으로 그려집니다. 그러나 마왕성에서 밖으로 나갈 수 없습니다. 이는 마왕의 함정이 아닙니다. 마왕성에서 나왔을 때의 처리가 구현되지 않아 생기는 버그입니다.

마왕성에서 필드로 나간다

그럼 플레이어가 마왕성에서 밖으로 나오면 맵을 필드로 전환하고, 플레이어의 좌표를 마왕의 성에서 1칸 남쪽으로 설정합니다.

```
// [6-6-13] 현재 맵에 따라 분기한다
switch (currentMap)
{
...

case MAP_BOSS_CASTLE:    // [6-6-18] 마왕성

    // [6-6-19] 필드 맵으로 전환한다
    currentMap = MAP_FIELD;

    playerX = 10;    // [6-6-20] 플레이어의 X좌표를 설정한다
    playerY = 9;    // [6-6-21] 플레이어의 Y좌표를 설정한다
```

```
        break;
    }
```

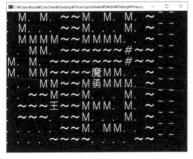

실행하면 마왕성에서 필드로 나올 수 있습니다.

■ 마왕성에서 필드로 나온다

마왕과의 대화 이벤트를 구현한다

마왕과 이야기를 하면 대화 메시지를 표시하고 키보드 입력 대기로 전환합니다.

```
// [6-6-22] 이동 목적지 칸의 종류에 따라 분기시킨다
switch (map[currentMap][playerY][playerX])
{
...

case '2':    // [6-6-39] 마왕

    // [6-6-40] 마왕의 대화 메시지를 표시한다
    printf("*어리석은 인간이여!\n"
        "나의 야망을 방해하는 자는\n"
        "이 세상에서 사라지게 될 것이다!\n"
    );

    // [6-6-41] 키보드 입력 대기 상태로 전환한다
    _getch();

    break;
}
```

실행하고 마왕에게 말을 걸면 메시지가 표시됩니다. 이제 마왕성이 완성되었습니다.

■ 마왕의 대화 메시지가 표시된다

전투를 발생시킨다

그럼 제1장에서 작성한 전투 장면을 포함시키겠습니다.

필드에서 조무래기 몬스터와 조우한다

먼저 필드의 평원이나 다리 칸으로 이동하면 1/16의 확률로 슬라임과의 전투를 발생시킵니다.

```
// [6-6-48] 이동 목적지 칸의 종류에 따라 분기시킨다
switch (map[currentMap][playerY][playerX])
{
case '.':    // [6-6-49] 평지
case '#':    // [6-6-50] 다리

    // [6-6-51] 적과 조우했는지 판정한다
    if ((currentMap == MAP_FIELD) && (rand() % 16 == 0))
    {
```

```
    // [6-6-52] 잡어 몬스터와의 전투를 발생시킨다
    Battle(MONSTER_SLIME);
}


    break;

...
}
```

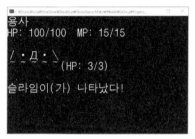

용사
HP: 100/100 MP: 15/15
/∴ДＬ∴ヽ (HP: 3/3)
슬라임이(가) 나타났다!

실행하여 필드를 돌아다니면 랜덤으로 슬라임과 전투가 발생합니다. 전투에서 이기든 지든 원래의 필드 씬으로 돌아갑니다.

■ 필드에서 몬스터와 조우한다

공주가 상태를 회복시켜 준다

전투에서 HP나 MP가 줄어들었을 때의 회복 수단이 필요합니다. 이 게임에는 마을이나 여관이 등장하지 않기 때문에 공주와 이야기하면 HP와 MP를 회복해 주기로 합니다. 그 전에 필드씬에서도 상태를 확인할 수 있도록 맵 아래에 플레이어의 상태를 표시합니다.

맵 그리기가 끝나면 플레이어의 이름과 상태를 그립니다. 그 후 메시지 표시에 대비하여 1행 비워 둡니다.

```
// [6-5] 맵을 그리는 함수를 선언한다
void DrawMap()
{

    ...

```

```
// [6-5-27] 플레이어의 이름을 표시한다
printf("%s\n", characters[CHARACTER_PLAYER].name);

// [6-5-28] 플레이어의 상태를 표시한다
printf("HP : %d/%d MP : %d/%d\n",
    characters[CHARACTER_PLAYER].hp,
    characters[CHARACTER_PLAYER].maxHp,
    characters[CHARACTER_PLAYER].mp,
    characters[CHARACTER_PLAYER].maxMp);

// [6-5-29] 1행 비운다
printf("\n");

...
}
```

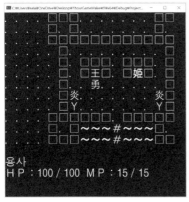

실행하면 맵 아래에 플레이어의 이름과
상태가 표시됩니다.

■ 플레이어의 상태가 표시된다

공주와의 대화가 끝나면 플레이어의 HP와 MP를 최댓값으로 설정합니다.

```
// [6-6-22] 이동 목적지 칸의 종류에 따라 분기시킨다
  switch (map[currentMap][playerY][playerX])
  {
case '1':   // [6-6-34] 공주
```

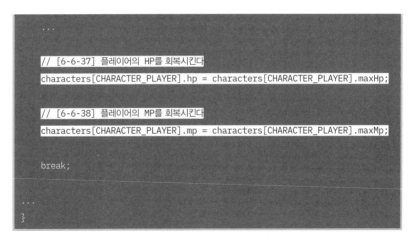

```
...

// [6-6-37] 플레이어의 HP를 회복시킨다
characters[CHARACTER_PLAYER].hp = characters[CHARACTER_PLAYER].maxHp;

// [6-6-38] 플레이어의 MP를 회복시킨다
characters[CHARACTER_PLAYER].mp = characters[CHARACTER_PLAYER].maxMp;

break;

...
}
```

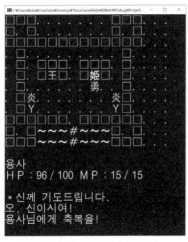

실행하여 HP와 MP를 줄이고 나서 공주에게 말을 걸면 대화 종료 후에 HP와 MP가 회복됩니다.

■ 공주와 이야기한 후에 상태가 회복된다

마왕과의 이벤트 전투를 발생시킨다

마왕과 이야기하면 마왕과의 전투를 시작하도록 만들겠습니다.

```
// [6-6-22] 이동 목적지 칸의 종류에 따라 분기시킨다
switch (map[currentMap][playerY][playerX])
{
```

```
case '2':    // [6-6-39] 마왕

    ...

    // [6-6-42] 마왕과의 전투를 발생시킨다
    Battle(MONSTER_BOSS);


    break;
}
```

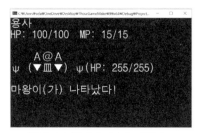

실행하여 마왕에게 말을 걸면 마왕과의 전투가 시작됩니다. 그러나 전투가 끝나면 이기든 지든 필드 씬으로 돌아가서 아무 일도 일어나지 않습니다.

■ 마왕과 이야기한 후에 전투가 발생한다

플레이어가 사망하면 왕에게 돌아간다

전투에서 플레이어가 지면 왕에게 돌아가게 만들겠습니다.

전투 후에 플레이어의 HP가 0 이하가 되었는지 여부로 플레이어가 졌는지 판정합니다.

```
// [6-6-3] 메인 루프
while (1)
{

    ...

    // [6-6-56] 플레이어가 사망했는지 판정한다
    if (characters[CHARACTER_PLAYER].hp <= 0)
    {
    }
    }
}
```

플레이어가 사망하면 게임을 초기화하고 화면을 갱신합니다.

```
// [6-6-56] 플레이어가 사망했는지 판정한다
if (characters[CHARACTER_PLAYER].hp <= 0)
{
    // [6-6-57] 게임을 초기화하는 함수를 호출한다
    Init();

    // [6-6-58] 화면을 다시 그린다
    DrawMap();
}
```

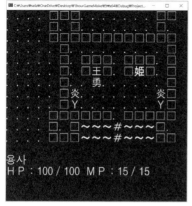

실행하여 플레이어가 사망하면 왕에게 돌아가지만 왕이 아무 말도 하지 않는 건 부자연스럽습니다.

■ 사망하면 왕에게 돌아간다

그러므로 죽어서 왕에게 돌아가면 왕과의 대화 메시지를 표시하고, 키보드 입력 대기 상태로 만들겠습니다.

```
// [6-6-56] 플레이어가 사망했는지 판정한다
if (characters[CHARACTER_PLAYER].hp <= 0)
{

    ...

    // [6-6-59] 왕의 메시지를 표시한다
    printf("* 오, 용사여!\n"
        "신이 그대를 구원하셨다!\n"
        "용사에게 영광을!\n");
```

```
//  [6-6-60] 키보드 입력 대기 상태로 한다
_getch();
}
```

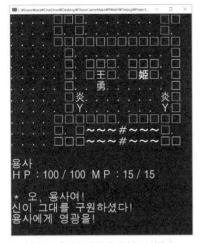

실행하여 플레이어가 사망하면 이번에는
왕의 대화 메시지가 표시됩니다. 이제 플
레이어가 사망했을 때의 처리가 완성되
었습니다.

■ 사망하면 왕과의 대화 메시지가 표시된다

엔딩을 구현한다

마지막으로 마왕을 쓰러뜨리면 엔딩으로 진행합니다. 마왕과의 전투 후에 마왕의
HP가 0이하인지 여부로 마왕에게 승리했는지 판정합니다.

```
//  [6-6-22] 이동 목적지 칸의 종류에 따라 분기시킨다
switch (map[currentMap][playerY][playerX])
{

case '2':   // [6-6-39] 마왕
...

        //  [6-6-43] 마왕이 죽었는지 판정한다
        if (characters[CHARACTER_MONSTER].hp <= 0)
```

```
        {
        }

    break;
}
```

마왕을 이기면 화면을 클리어하고 엔딩 메시지를 표시하며, 키보드 입력 대기 상
태로 만듭니다.

```
// [6-6-43] 마왕이 사망했는지 판정한다
if (characters[CHARACTER_MONSTER].hp <= 0)
{
    // [6-6-44] 화면을 클리어한다
    system("cls");

    // [6-6-45] 엔딩 메시지를 표시한다
    printf("  마왕은 사라지고 세상은\n"
        "멸망의 위기에서 구원되었다!\n"
        "\n"
        "  왕은 포고령을 내리고 용사를\n"
        "찾아 헤맸지만, 아무도\n"
        "본 사람은 없었다고 전해진다...\n"
        "\n"
        "\n"
        "        THE END");

    // [6-6-46] 키보드 입력 대기 상태로 한다
    _getch();
}
```

실행하여 마왕에게 승리하면 엔딩이 되지만, 엔딩이 끝나면 마왕과의 전투 전의
상태로 돌아갑니다. 그러므로 엔딩이 끝나면 프로그램을 종료하도록 만들겠습니
다. 그럼 엔딩 중에 키보드를 누르면 main() 함수를 빠져나갑니다.

```
// [6-6-43] 마왕이 사망했는지 판정한다
if (characters[CHARACTER_MONSTER].hp <= 0)
```

```
// [6-6-47] 게임을 종료한다
return 0;
}
```

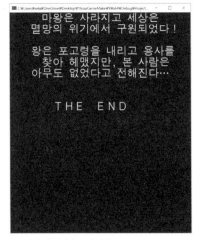

■ 엔딩 메시지가 표시된다

실행하여 엔딩을 종료하면 프로그램도 종료됩니다.

축하합니다! 왕도 RPG 완전판이 완성되었습니다. 최소한의 구현이었지만, 여기까지의 방법을 응용하면 마을이나 마을 사람, 던전 등을 추가하여 본격적인 RPG를 만들 수도 있을 것입니다.

한 시간 만에 게임 만들기

1판 1쇄 발행 2025년 1월 31일

저   자 | 게임도칸
발 행 인 | 김길수
발 행 처 | ㈜영진닷컴
주   소 | (우)08512 서울 금천구 디지털로9길 32
          갑을그레이트밸리 B동 10층 ㈜영진닷컴
등   록 | 2007. 4. 27. 제16-4189호

ISBN | 978-89-314-7846-4